Leben
LERNEN
Klett-Cotta

Zu diesem Buch

Klienten hinterlassen Spuren an ihren Helfern: einerseits Befriedigung, Sinnerfüllung und Lebensbejahung, andererseits Erschöpfung und Beschädigung. Die ersten Kapitel handeln von diesen *Beziehungen* zwischen Helfern und Klienten und von möglichen Schwierigkeiten zwischen dem Helfer und seinem Partner, seiner Familie, seiner Institution. Ausführlich ist dann von den *seelischen Belastungen* und den *möglichen Deformationen* die Rede, die auf den unterschiedlichsten Gebieten eintreten können. Über *Formen der Abhilfe* (Psychohygiene, Coping, soziale Unterstützung, Supervision, institutionelle Intervention) informieren die letzten Kapitel. Anschließend wird gezeigt, wie im Klienten der Helfer auch sich selbst begegnet: Der Klient spiegelt ihm seine eigenen beruflichen Weichenstellungen, Wertentscheidungen und Handlungsweisen wider.

Jörg Fengler, Dr. phil. Dipl.-Psych., war Professor an der Heilpädagogischen Fakultät der Universität Köln; er leitet das »Fengler Institut für Angewandte Psychologie«, ist Trainer für Gruppendynamik, Mitherausgeber der Zeitschrift »Gruppendynamik«, Berater im Advisory Board der Zeitschriften »Gestalt Theory«, »Organisationsberatung, Supervision, Clinical Management« und »Psychotherapeut«, Mitglied im wissenschaftlichen Beirat der Forschungsgemeinschaft ›Das körperbehinderte Kind‹. Veröffentlichungen zur Heilpädagogischen Psychologie, zur Gruppenpsychotherapie, Gruppendynamik und Supervision.

Alle Bücher aus der Reihe »Leben Lernen« finden sich unter:
www.klett-cotta.de/lebenlernen

Jörg Fengler

Helfen macht müde

Zur Analyse und Bewältigung von Burnout und beruflicher Deformation

Klett-Cotta

Leben Lernen 77

Klett-Cotta
www.klett-cotta.de

Printed in Germany
Umschlag: Hemm und Mader, Stuttgart
Titelbild: Alexej von Jawlensky, »Nacht«, 1933

Gesetzt aus der Stempel Garamond
Gedruckt und gebunden von CPI-Clausen & Bosse, Leck
ISBN 978-3-608-89072-3

Achte Auflage, 2012

Bibliografische Information der Deutschen Nationalbibliothek
Die Deutsche Nationalbibliothek verzeichnet diese Publikation in der
Deutschen Nationalbibliografie; detaillierte bibliografische Daten
sind im Internet über <http://dnb.d-nb.de> abrufbar

Dieses Buch widme ich
meinen Eltern, Dr. Ernst und Ilse Fengler,
meinem Freund Alf Däumling,
meiner Frau Dong Sun,
sowie Martin, Janne, Fila und Fiona

Inhalt

Vorwort zur 2. Auflage

Das vorliegende Buch geht auf 20 Jahre eigener Erfahrung als Helfer zurück. Ich habe in dieser Zeit mit vielen Kolleginnen und Kollegen und vielen Klientinnen und Klienten über diese eigenartige Tätigkeit Helfen gesprochen. Ich habe wahrgenommen, wie wir uns im Tun verändert haben, in erfreulicher Weise, oft auch zu unserem Nachteil. Ich habe mich mit Partnerinnen und Partnern von Helfern unterhalten und selbst als Helfer Partnerschaft erlebt. Begegnungen mit Helfer-Teams und psychosozialen Einrichtungen haben mich gelehrt, daß auch von hier Belastung und Unterstützung der Helfer ausgehen. Ergebnisse der empirischen Forschung haben mir vielfältig geholfen, eigene Beobachtungen besser zu verstehen, zu ordnen und zu vermitteln.

So ist dieses Buch entstanden, das von den Belastungen und Deformationen der Helferinnen und Helfer handelt, aber auch von ihren Fähigkeiten und Entwicklungsmöglichkeiten. Ich freue mich, daß nach so kurzer Zeit bereits eine 2. Auflage notwendig geworden ist.

Ich habe allen meinen Gesprächspartnern zu danken. Edeltraud Heuß hat zuverlässig das Manuskript erstellt und nebenher noch manche Unstimmigkeiten ausgemerzt. Meine Mitarbeiterinnen Dipl.-Päd. Barbara Kreutz und Dipl.-Psych. Irmtraud Schnitzler haben Quellen erschlossen, die Literaturliste betreut und die Korrekturfahnen gelesen. Danken möchte ich auch Frau Dr. Treml vom Pfeiffer Verlag, die mich immer wieder klug und umsichtig beraten hat.

Ein besonderes Wort des Dankes möchte ich an meine Mutter Ilse Fengler richten. Sie hat in stiller Art über viele Jahre hinweg zahlreiche eigene Ansprüche und Wünsche zurückgestellt und es mir damit ermöglicht, diesen Helfer-Beruf zu ergreifen.

Meine Frau Dong Sun hat mir viele aufmerksame Fragen gestellt und Beispiele aus ihrem eigenen Helferberuf beigesteuert. Unsere Kinder haben meine Arbeit manchmal wunderbar unterbrochen.

Köln, 1. Dezember 1992 Jörg Fengler

Vorwort zur 3. Auflage

Mittlerweile ist eine weitere Auflage erforderlich geworden – das freut mich. Es zeigt mir, daß viele Helferinnen und Helfer ihr eigenes Handeln aufmerksam wahrnehmen und auftretenden Belastungen entgegentreten. Ich habe diese Gelegenheit genutzt, um eine Reihe zusätzlicher Beispiele einzufügen, einige Sachverhalte neu zu formulieren, Anleitungen zur Auswertung der Fragebögen beizugeben und einen ausführlichen Abschnitt über die Belastung von Helferinnen und Helfern in Schule und Unterricht, Erwachsenenbildung und Sonderpädagogik aufzunehmen.
Ich habe in den letzten Jahren mit vielen Menschen gesprochen, die die Erfahrungen und Einsichten teilen, von denen ich hier berichte. Frau Dr. Treml vom Pfeiffer Verlag danke ich für ihre Hinweise und ihren Einsatz. Ich bin weiterhin dankbar für Beispiele, Zuspruch, Widerspruch und andere Rückmeldungen zu diesem Thema, das uns während unserer Helfertätigkeit täglich begleitet.

Köln, 2. März 1994 Jörg Fengler

Vorwort zur 5. Auflage

Die Bedeutung von Burnout und Psychohygiene in den Helferberufen wird mittlerweile weitgehend erkannt. Hatte mancher es anfänglich noch für ein Modethema gehalten, das kommt und geht wie andere auch, so ist man davon inzwischen weit abgerückt. Es wird in Fortbildungen und bei Kongressen regelmäßig als Seminar angeboten und hat Eingang in Curricula von Helferausbildungen gefunden.

In der 5. Auflage habe ich manche Belastungen noch konkreter und spezifischer formuliert. Ich gehe auf das Verhältnis von Burnout und Streß und auf die normalen wie auch die pathologischen Aspekte des Burnout ein. Das Team-Burnout findet Berücksichtigung. Die Kapitel zum Thema »Berufliche Deformation« habe ich neu gruppiert, eine Reihe weiterer Lösungsperspektiven neu aufgenommen. Ein Seminarkonzept zur Burnout-Prophylaxe, das ich entwickelt habe, stelle ich erstmalig vor.

Ich wünsche allen Leserinnen und Lesern bei der Lektüre Einsichten und Erfolge für die Vermittlung der Thematik an die Menschen, denen sie beruflich und privat begegnen, und für die Gestaltung ihres eigenen Lebens.

Köln und Bonn, März 1998 — Jörg Fengler

Einleitung

Dieses Buch handelt von Helfern und ihren Klienten bzw. Patienten. Dabei sind beide Begriffe umfassend gemeint. Unter Helferinnen und Helfern verstehe ich alle Personen, die sich im Haupt-, Neben- oder Ehrenamt anderen Menschen unterstützend, beratend, erziehend, therapeutisch, pflegend, lehrend und versorgend widmen. Es sind u. a. Psychologen, Supervisoren, Physiotherapeuten und Psychotherapeuten, Ärzte und Psychiater, Lehrer und Erzieher, Sozialpädagogen und Sozialarbeiter, Schwestern und Pfleger, Pfarrer, Polizisten, Juristen, Berater und Jugendgruppenleiter, aber auch Angehörige anderer Berufssparten sowie Familienmitglieder, die ein behindertes oder seelisch belastetes Familienmitglied betreuen, ferner informelle Helfer wie Gastwirte, Friseure, Masseure, Animateure, Taxifahrer und andere Menschen, mit denen man in Not über seine Sorgen spricht. Die Bezeichnung ›Klient‹ umfaßt alle Personen, an die sich Helfer bei diesen Tätigkeiten wenden, ohne daß damit Devianz, Krankheit oder Behandlungsbedürftigkeit ausgedrückt werden sollen.

Es ist seit vielen Jahren bekannt, daß Klienten Spuren an ihren Helfern hinterlassen: einerseits Befriedigung, Sinnerfüllung und Lebensbejahung, andererseits Erschöpfung und Beschädigung: Die chronische Müdigkeit im durchaus wörtlichen Sinne kann dabei als eines der zahlreichen Symptome betrachtet werden. Auch im Kontakt mit der Familie, den Kollegen und der Institution trägt der Helfer leicht Blessuren davon, indem er sich selbst Fallen stellt, auf modische Unsitten hereinfällt, das Neinsagen versäumt u. a. Alle diese Vorgänge und ihr Niederschlag im Seelenleben des Helfers sollen hier beschrieben werden.

Während der Berufstätigkeit kommt es bei Helferinnen und Helfern zu vielfältigen seelischen Belastungen. Von ihnen ist in den Kapiteln 3 bis 7 die Rede. In der gegenwärtigen Diskussion haben sie in dem Begriff Burnout ihren prägnantesten Ausdruck gefunden. Es wird in den Kapiteln 8 und 9 behandelt.

Bei einigen Helfern entwickeln sich daraus berufliche Deforma-

tionen auf verschiedenen Gebieten. Ihnen sind die Kapitel 10 bis 16 gewidmet.
Über Formen der Abhilfe (Psychohygiene, Coping, Soziale Unterstützung, Supervision, Institutionelle Intervention) informieren die Kapitel 17 bis 21. In Kapitel 22 stelle ich mein eigenes Seminar-Konzept zur Prävention von Burnout und beruflicher Deformation vor. Abschließend werde ich zeigen, wie im Klienten der Helfer auch sich selbst begegnet: Der Klient spiegelt ihm seine eigenen beruflichen Weichenstellungen, Wertentscheidungen und Handlungsweisen.
Das Buch ist keine Warnung vor der Wahl eines Helfer-Berufs, im Gegenteil. Das Helfen wird zu Recht von vielen Menschen als eine der schönsten Tätigkeiten erlebt, auch wenn es als Beruf ausgeübt wird. Wohl aber kann die Darstellung dazu dienen, das eigene Helfen mit besonderer Aufmerksamkeit zu beobachten. Das Buch bemüht sich um ein Verständnis in solchen Fällen, in denen das Helfen nicht so gut gelingt, wie Helfer und Klient es sich wünschen. Es mag bestehenden Deformationen des Helfens entgegenwirken und beginnenden Fehlentwicklungen auf diesem Gebiet vorbeugen.

I. Helfen

Die ersten Kapitel dieses Buches thematisieren folgende Fragen: Was verstehen wir unter Helfen? Wie kommt man zu einem Helferberuf? Worin besteht das Helfen? Was tun wir, und wie fühlen wir uns, wenn wir helfen?

1. Wege zum Helfen

In diesem Kapitel werden zunächst das Helfen und die Helfer kurz vorgestellt. Der Begriff ›Helfen‹ wird heute in einer großen Vielzahl von Bedeutungen und Zusammenhängen verwandt.

Alltägliches und berufliches Helfen

Im Alltag begegnet uns das *Helfen als spontane Anteilnahme und Hilfsbereitschaft,* als Freude daran, anderen Menschen etwas Gutes zu tun. Wir erleben ein wohliges Berührtsein, wenn es dank unserer Hilfe einem Menschen besser geht als zuvor. In der Fachliteratur wird dieses Helfen oft als *prosoziales Verhalten* bezeichnet.

Manchmal kommt es zu einem *Helfen aus Ratlosigkeit.* Man nimmt einen diffusen Aufforderungscharakter der Situation wahr; es fällt einem auch nichts anderes ein; so entschließt man sich, jemandem beizuspringen. Das Helfen ist hier Lückenbüßer für andere Formen der Beziehungsgestaltung. Wir spüren das Unbehagen an der Begegnung, in der wir uns intensiv und beharrlich nach den Problemen eines anderen Menschen erkundigen, ohne daß ein rechter Anlaß dazu besteht, und sind vielleicht dennoch nicht imstande, es zu unterlassen.

Helfen erscheint oft als *Kontaktersatz.* Für manche Helferinnen und Helfer sind Klienten die wichtigsten Gesprächspartner. Ferienzeiten mögen entsprechend Krisenzeiten des Helfers werden. Im Kollegenkreis wird immer wieder die Frage diskutiert, wie sich das Leben für den Helfer darstellt, der den Alltag zu einem wichtigen

Teil nur unter dem Blickwinkel seines Klienten kennenlernt, weniger detailliert aus eigener unmittelbarer Erfahrung.

Helfen mag Abwehr oder Therapie eigener Probleme sein. Natürlich entspringt manche Hilfsbereitschaft einer Faszination des Helfers durch Symptomatik und Leiden des Klienten. So kann die Beschäftigung mit ihm dazu dienen, das eigene ähnliche Leiden nicht zur Kenntnis zu nehmen. Oder der Helfer sieht in aller Klarheit, daß dieses Helfen ein Weg ist, selbst symptomfrei zu bleiben. Den Anonymen Alkoholikern und manchen Suchthelfern z. B. ist diese Verbindung ganz geläufig.

Helfen als Schicksal bezeichnet die Unfähigkeit, auf Hilfeleistung zu verzichten, also die nahezu zwanghafte Bereitschaft und Neigung, bei erkennbarer Not und notfalls auch ohne Not in die Bresche zu springen, oft zu Lasten der eigenen seelischen Gesundheit.

Helfen als Ware schließlich hebt auf den Käuflichkeitscharakter des beruflichen Helfens ab. Schmidbauer (1986) weist darauf hin, daß das Helfen sich von der biblisch geforderten Nächstenliebe weg und zu einer unter zahllosen Ausdifferenzierungen von Professionalität in den Industriegesellschaften hinentwickelt hat.

In der Tradition der Mystik hat es eine Lehre vom *Helfen mit Gottes Hilfe* gegeben (Dorst, 1989), die den Helfer in seiner inneren Haltung weit über das hinaus gefordert hat, was wir heute als Beratungs-*Techniken* bezeichnen.

Wir können mit einem kleinen Streifzug durch die Lebensräume beginnen, in denen Helferinnen und Helfer sich tagtäglich aufhalten. Dabei zeigt sich: Über diesen Alltag zu schreiben ist nicht ganz leicht. Derjenige, der sich anheischig macht, in das Leben anderer Menschen Tag für Tag professionell einzudringen, lebt selbst oft in einer Welt, zu der er anderen und zumal seinen Klienten den Zugang strikt verwehrt. Viele Helfer sind also in den langen Jahren der Berufsarbeit nahezu verstummt, was das eigene Leben angeht. Wenn man sie fragt, wie es ihnen gehe, sind sie verlegen oder bestürzt, murmeln ein paar Floskeln und versuchen hastig, das Thema zu wechseln.

Das von Freud formulierte segensreiche Abstinenz-Prinzip wirkt da noch fort. Die dem Helfer auferlegte Zurückhaltung erstreckt sich auf viele Bereiche. So soll er keine Ratschläge geben, auf Wünsche des Klienten nur in kontrollierter Weise eingehen, seine Inszenierungen nicht mitmachen und die Behandlung nicht gegen dessen Willen beenden. In der Freud-Nachfolge ging man so weit zu erörtern, ob der verheiratete Helfer einen Ehering tragen dürfe oder ob dies schon zu viel über ihn verraten werde. Heute wird das Abstinenz-Prinzip nicht mehr so streng gehandhabt wie früher; im Grundzug hat es seine Gültigkeit aber behalten.

Hier soll nun gerade von diesen zurückgezogenen, zurückgehaltenen Aspekten die Rede sein; davon, wie Helferinnen und Helfer in ihren Kontexten, mit ihren besonderen Bedingungen und Eigenarten, Chancen und Gefahren, Entfaltungsmöglichkeiten und Deformationen leben. Allgemeingültiges ist dabei nur schwer auszumachen. Jeder Werdegang, jede Helfer-Identität unterscheidet sich von jeder anderen so sehr, daß Gemeinsamkeiten eher als Ausnahme denn als Regel zu gelten haben. Dennoch gibt es übereinstimmende Berufsmotive, Zugehörigkeiten zu Ausbildungsgängen und Schulen, Vorgehensweisen, sprachliche Eigenheiten, Kompetenzerweiterungen, typische Lebensschicksale und Einseitigkeiten, die in jedem Helfer-Beruf auftreten.

Die folgende Darstellung ist wesentlich geprägt von meinen eigenen Erfahrungen beim Hineinwachsen in die Arbeitsfelder des Helfens, von der Lektüre, den Gesprächen mit Klientinnen und Klienten und der Begegnung mit Kolleginnen und Kollegen, die mir von ihrem Beruf im Guten wie im Schlechten berichtet und mir selbst dabei zugleich den Spiegel vorgehalten haben. Unter der Hand wird so auch ein Bild des Helfers entstehen, wie ich ihn mir und den Klienten wünsche.

Belustigte Mutmaßungen über den Geisteszustand ›der Psychologen‹ bekommt man häufiger zu hören, wenn man selbst diesen Beruf ausübt – im Ton geringschätzig, enttäuscht, als Anfrage, manchmal auch amüsiert oder mit mildem Spott. Die Öffentlichkeit unterscheidet zwischen Psychologie, Psychotherapie, Psychiatrie und Psychoanalyse nicht so scharf wie die Helfer selbst. In zahllosen Filmen vom Klamauk bis zur feineren Ironie und Selbstironie wird auf die Absonderlichkeiten unserer Profession abgezielt; und wirklich, es gibt viel zu lachen bei diesem Sujet. Eine typische

Äußerung von Außenstehenden lautet: ›Der will Psychologe sein? Der steckt ja selber voller Komplexe!‹ Und Karl Kraus' Bemerkung, die Psychoanalyse sei die Krankheit, für deren Heilmittel sie sich halte, ist inzwischen allseits bekannt und wird gern zitiert.
Einerseits ist in solchen Äußerungen der Wunsch erkennbar, derjenige, der sich als Helfer ausgibt, möge in der eigenen Person etwas von der Potenz des Verfahrens repräsentieren, so wie man ein Haarwuchsmittel lieber von einem Anbieter mit üppigem Schopf kauft als von einem Glatzkopf, und einem Sonnenstudio mißtraut, dessen Besitzer bleich wie ein Käse ist. Übertragen also: Helferinnen und Helfer sollten ein bißchen gesund, angstfrei und lebensbejahend sein und ihren Alltag bewältigen können, wenn sie beanspruchen, anderen den Weg zu diesen Eigenschaften zu weisen. Zu einem Helfer möchte man ein wenig aufsehen, ihm Respekt und Hochachtung entgegenbringen, nicht aber den Eindruck gewinnen, er sei hilfsbedürftiger als man selbst. Das ist gut zu verstehen. Aber andererseits: Kein Mensch, und auch kein Helfer, ist gefeit vor Angst, Schicksalsschlägen, Mißerfolg, Verlust und Trauer. Wer dies verleugnet oder zu vertuschen versucht, lebt gewiß ungesünder und unehrlicher als der, der auch seine Unzulänglichkeiten bejaht und erkennen läßt. Aber für Klienten und Öffentlichkeit ist diese Erkenntnis oft nur schwer zu akzeptieren.

Im Studium erlebte ich einen akademischen Lehrer, der sich über zu spät zur Vorlesung erscheinende Kommilitonen immer sehr ärgerte und dies auch ausdrückte. Lange Zeit dachte ich verwundert, als Psychologe müsse er doch über solche Kleinigkeiten erhaben sein. Erst viel später konnte ich sehen, daß er vielleicht in einem lebendigeren Bezug zu seinem Erleben stand als andere Hochschullehrer, die ungerührt vom Kommen und Gehen im Hörsaal weiterdozierten, und uns zugleich eine Lektion in Sachen Gemeinschaftsgefühl erteilen wollte; denn natürlich stellten die Unpünktlichen und Unsteten für alle Hörer eine Störung dar.

Motive der Berufswahl

Der Beruf des Helfers wird aus ganz unterschiedlichen Motiven ergriffen. So will ich mich darauf beschränken, einige Gesichtspunkte anzuführen, die in den Werdegängen von Helferinnen und Helfern oft aufscheinen. Einer der wichtigsten Impulse ist die

Identifikation mit einer Person, die den Beruf überzeugend ausübt. Viele Kinder beschließen auf diese Weise früh, Lehrer oder Krankenschwester zu werden.

Identifikation. Ein 16jähriger junger Mann wird mit seinen anhaltenden Stimmungsschwankungen und Errötungsschüben vom Hausarzt an mich überwiesen. Nach der ersten Sitzung notiert er arglos in sein Tagebuch: »Der Psychopath ist ein sehr netter Herr, man kann sich gut mit ihm unterhalten. Er hat irgendwie so etwas Vertrauenerweckendes.« In dem Maß, in dem ihm die Therapie vertraut wird, beginnt er, in der Schule Diskussionsbeiträge mit psychologischen Begriffen zu würzen. So schlägt er vor, Sophokles' Ödipusdrama einmal auf unbewußte Motive aus der Biographie des Autors hin zu untersuchen, und konstatiert, der römische Senat habe Karthago gegenüber ein neurotisches Überlegenheitsstreben entwickelt, das zweifelsfrei von einem verborgenen Minderwertigkeitsgefühl herrühre. Die Lehrer ertragen solche Ergüsse mit mißmutiger Geduld. Als er mir seinen Entschluß mitteilt, er wolle selbst Psychologie studieren, sage ich behutsam: »Hat dieser Berufswunsch vielleicht mit meiner Person zu tun?« Diesen Gedanken findet der junge Klient abwegig, so verneint er unbekümmert und aus vollem Herzen.

Interesse an sich selbst. Es ist kein Nachteil, sondern geradezu Bedingung für eine qualifizierte Helfertätigkeit, Interesse an eigenen seelischen Vorgängen zu haben. Nur so finden wir ja Zugang zur Besonderheit des Gegenüber. Ohne diesen Bezug zur eigenen Person bleibt das Helfen ein instrumentelles Tun. Problematisch wird dieses Interesse erst da, wo man die Flöhe husten und das Gras wachsen hört und dem Gegenüber eigene Gedanken aufdrängt. Bekannte mögen dann seufzen: ›Die Psycholeute sind immer so anstrengend und kompliziert!‹ Das mag man als Pauschalurteil zurückweisen; aber ein Stück Wahrheit steckt oft darin.

Existenzsicherung. Die meisten Helfer stimmen darin überein, daß eine Behandlung ohne Bezahlung nicht zu empfehlen ist. Selbst wenn der geforderte Betrag niedrig ausfällt, so wird damit doch ausgedrückt, daß es sich um ein faires Geschäft handelt: Geld gegen Leistung. Es kommt sonst beim Klienten leicht zu Schuldgefühlen; oder er traut sich nicht, Kritisches über die Arbeit auszusprechen, da sie ihm kostenlos gewährt wird. Aber das gilt nicht generell. In Institutionen werden Beratung, Therapie, Unterweisung und Betreuung oft kostenlos zur Verfügung gestellt, ohne daß sich dies nachteilig auf ihren Erfolg auswirkt. Helferberufe werden gewiß auch zum Broterwerb ergriffen. Aber eine ein wenig darüber hinausgehende Motivation und Haltung ist doch erwünscht und wird vom Klienten auch vermißt, wenn sie fehlt.

Ein Klient von mir, der glaubt, er könne nicht mehr weiterleben, und seine Selbsttötung bereits in mehreren Varianten durchdacht hat, sagt am Ende einer Sitzung mit Tränen in den Augen: »Vielleicht bin ich ja heute zum letzten Mal in diesem Raum.« Ich nehme ihn für ein paar Augenblicke vorsichtig in den Arm. Ich sage: »Rufen Sie mich an, wenn Sie mich brauchen.« Wir stehen einen Moment lang still. Bei der nächsten Sitzung berichtet er, er habe zweierlei gespürt in dem Moment: Erleichterung darüber, daß die Rollenverteilung in Helfer und Klient für ein paar Sekunden unterbrochen war; aber auch Trauer darüber, daß diese Begegnung trotz ihrer Intimität im Dienste der Behandlung steht und von ihm bezahlt wird; daß die Zeit läuft und daß er in wenigen Augenblicken wird loslassen müssen.

Macht und Abhängigkeit. Manchmal wird mir gesagt: ›Oh, Sie sind Psychologe, dann kann man sich in Ihrer Gegenwart ja gar nicht mehr frei äußern. Sie durchschauen einen ja gleich!‹ Der Gesprächspartner ist natürlich nicht wirklich erschrocken, eher ein bißchen kokett. Ich beeile mich zu versichern, daß ich jetzt Freizeit habe und kein Interesse daran, jemanden zu durchschauen, und auch, daß ich dies gar nicht könnte. Aber dieses gespielte Erschrecken weist dem Helfer eine Machtposition zu, die wohlige Gefühle entstehen lassen kann: andere Menschen zu durchschauen, das Verborgene zu erkennen, unerkannt Gutes zu tun. Auch die Möglichkeit, jemandem in Unglück und Ohnmacht zu helfen und selbst dadurch bedeutend zu sein, ist vermutlich ein starkes Motiv, einen Helferberuf zu wählen.

Eine Studentin schreibt darüber: »Was meinen Berufswunsch als Sonderschullehrerin betrifft, so kann ich mich erinnern, daß ich schon früh gerne Lehrerin gespielt habe. Ich wußte bereits in der Grundschule, daß ich diesen Beruf ergreifen wollte. Etwas zu wissen, was andere nicht wissen, und es ihnen zu vermitteln, war mir sehr angenehm. Als ich in die erste Klasse ging, besuchte ich am Nachmittag den Kindergarten, da meine Eltern beide arbeiteten. Ich genoß es sehr, den Vorschulkindern die Buchstaben zu zeigen, die ich bereits konnte.«

Begegnung. Im Kontakt zu Klienten erlebten Helferinnen und Helfer tiefe Begegnungen. Sie lernen eine Vielfalt von Motiven,

Leidenschaften, Irrtümern und Verbiegungen, Stockungen und Weiterentwicklungen kennen, die weit über den eigenen Lebenshorizont hinausweisen. Der Klient wird so zum Erfahrungslieferanten; er tut andere Blicke in die Welt als der Helfer und läßt jenen daran teilhaben. Manche Helfer machen die Erfahrung, daß sie in den wichtigen Lebensfragen ähnliche Probleme und Gedanken haben wie ihre Klienten, und werden dabei müde und mutlos oder menschlich, solidarisch und bescheiden.

Jeder Helfer findet auf andere Weise zum Beruf; die Motive sind so vielfältig wie die Menschen individuell. Wir müssen damit rechnen, daß das gleiche Berufsmotiv bei einem Helfer Grundlage einer gesunden Entscheidung wird, beim anderen Selbsttäuschungen und Illusionen erzeugt. Andererseits kann man auch mit sehr unterschiedlichen, ja entgegengesetzten Motiven Gutes bewirken und Schaden anrichten. Jedenfalls werden wir, wenn von beruflicher Deformation die Rede ist, auf die Frage der Berufsmotive zurückkommen.

Erstgespräche

Wer einen Arzt oder einen Anwalt aufsucht, legt außer auf Fachkompetenz meist Wert darauf, daß er mit Respekt behandelt wird, daß er dem Fachmann vertrauen kann und daß er individuell beraten und betreut, nicht als Routinefall abgefertigt wird. Ähnliches wünschen sich Klienten von ihren Helfern. Während aber Arzt und Anwalt nahezu jeden betreuen, der zu ihnen kommt, sofern sie bezüglich seines Problems über die erforderlichen Spezialkenntnisse verfügen, fragen sich manche Helfer: Welcher Klient paßt zu mir? Mit welchem Klienten kann ich gut, mit welchem nur mühsam oder gar nicht arbeiten? Die Klärung dieser Frage ist in den helfenden Berufen unerläßlich, auch wenn es oft unvermeidlich ist, mit Klienten zu arbeiten, die einem weniger liegen.

Für freiberufliche Helferinnen und Helfer ergibt sich ein zusätzliches Problem. War früher die Wahl des Helferberufs vielleicht eine existentielle Entscheidung, so ist es heute für viele eine Existenzfrage. Ein Klient ist oft gleichbedeutend mit einem Auftrag in der Größenordnung von mehreren tausend Mark. Unter solchen

Umständen ist es ein Zeichen besonderer Prinzipientreue, einen Klienten *nicht* anzunehmen; aber nicht jeder Helfer kann sie sich leisten.

Mir kommt die erste Begegnung von Helfer und Klient manchmal vor wie ein chemisches Experiment: Zwei unbekannte Substanzen werden miteinander in Berührung gebracht. Ob es dann knallt, explodiert und zischt, ob eine unscheinbare graue Masse entsteht oder eine schöne neue Legierung, ist oft weder Verdienst noch Schuld des einen oder des anderen, sondern ein Fügung – relativ unabhängig von Wollen oder Können der Beteiligten. Ich selbst habe immer die Therapien, Beratungen und Supervisionen am liebsten – und wahrscheinlich am erfolgreichsten – gemacht, in denen der Klient und ich gegenseitig etwas Inspirierendes füreinander hatten.

Wenige Wochen nach Beginn der Therapieausbildung erhielt ich den Anruf einer jungen Frau, die mir mit monotoner schleppender Stimme von ihren Depressionen und Selbstmordgedanken berichtete. Ich war alarmiert, aber auch elektrisiert, nun zum ersten Mal meine neue Kompetenz zum Einsatz zu bringen, und schlug ihr vor, gleich zu mir ins Psychologische Institut zu kommen; ich wartete dann sehr aufgeregt auf sie. Eine Stunde später klopfte wirklich eine junge Studentin an meine Zimmertür, bleich, schwarz gekleidet, ganz kraft- und mutlos.

In den Gesprächen unter Kollegen geht es ja oft um die Frage, was es bedeutet, das eigene Verhalten *situationsadäquat* zu gestalten. Dieser Situation nun war ich in keiner Weise gewachsen. Mit fliegenden Händen baute ich das Tonbandgerät auf, machte eine Sprechprobe, stellte das Mikrophon vor sie hin und schaute sie dann erwartungsvoll an – ganz so, als sei sie dazu da, mir einen in der Supervision vorführbaren interessanten Fall zu liefern. Das Gespräch verlief dann auch sehr mühsam. Ich fand zu ihrer tiefen Ausweglosigkeit und Hoffnungslosigkeit keinen Zugang. Sie war über meinen ehrgeizigen Eifer vermutlich bestürzt und konnte nicht sprechen. Ich habe sie nie wieder gesehen. Im Rückblick kann ich nur hoffen, daß jedenfalls die Empörung über mein dilettantisches Vorgehen ihr etwas Kraft gegeben hat.

Begleitungen, die sich über viele Jahre hinweg erstrecken, werfen noch einmal ganz andere Fragen und Probleme auf. Es geht dann außer um Einfühlung und Intuition auch um langen Atem, beraterische und therapeutische Konzeption, Frustrationstoleranz, zunehmende Herausforderung des Klienten, Umgang mit Fortschritt und Rückschlag und vieles andere mehr. Deformationen sind im einen wie im anderen Fall möglich. Aber in dem Maß, in dem das Helfen zur Dauertätigkeit wird, nimmt die Wahrscheinlichkeit, daß sie sich entwickeln, zu. Sie schleichen sich ein, zunächst unbemerkt, setzen sich fest und fallen eines Tages auf – jedenfalls den Menschen, die den Helfer aus der Nähe erleben.

2. Helferverhalten

Ausgangspunkt dieses Kapitels ist die Frage, was verschiedene Helferinnen und Helfer im beruflichen Tun miteinander verbindet, über Schulen, Tätigkeiten, Theorien und Techniken hinweg, denen sie sich zugehörig fühlen. Dies berührt auch die Frage, in welcher Hinsicht sie aus dem Blickwinkel der Klienten als ähnlich wahrgenommen werden. Wir werden sehen, daß sich solche Gemeinsamkeiten in Denken, Fühlen, Werten und Handeln aufweisen lassen.

Einfühlung

Die Fähigkeit zur Einfühlung ist Grundvoraussetzung allen Helfens. Empathie wird in allen zwischenmenschlichen Situationen, vom Alltagsgespräch über Beratung und bis hin zu Therapie, Supervision, Unterricht und Erwachsenenbildung auf unterschiedlichste Weise realisiert. Der Analytiker, der den Klienten fragt: ›Was fällt Ihnen zu dem Traum ein?‹, fühlt sich in anderer Weise in die Gefühlswelt des Klienten ein als der Gesprächspsychotherapeut. Der Helfer, der in Zusammenarbeit mit dem Klienten eine Analyse des Problemverhaltens vornimmt, setzt wieder andere Akzente, indem er verstärkt verhaltensbezogene und kognitive Abläufe berücksichtigt. Krankenschwestern und Ärzte, Lehrer und Erzieher müssen sich ebenso in ihre Klienten einfühlen wie Sozialarbeiter und Sozialpädagogen, Berater, Psychologen und Seelsorger, Physiotherapeuten und Erwachsenenbildner.
Generell ist es unerläßlich, bei der Arbeit mit Klienten außer Einfühlung auch noch eine ganze Reihe weiterer Kompetenzen vom Helfer zu fordern, die man vielleicht am treffendsten mit ›den

Klienten in seinem Denken, Fühlen und Handeln aufsuchen‹ bezeichnen könnte. Helferinnen und Helfer müssen sich also *nicht nur* in das Fühlen des Klienten hineinversetzen können, sondern auch in seine Denkstrukturen und Denkabläufe, in seine Überzeugungssysteme, seine Anpassungsstrategien und seine Formen des nonverbalen Ausdrucks. So berichtete Paul Watzlawick einmal, daß er sich mit dem Computerfachmann in einer Sprache zu verständigen bemüht, die dessen Denken in Form von Flußdiagrammen entspricht, mit dem Verwaltungsangestellten Hausaufgaben nach Art von Dienstanweisungen erarbeitet. Manche Helfer beginnen angesichts bestimmter Klienten, sich für Fußballergebnisse oder Taubenzucht zu interessieren, ohne daß dies zuvor Hobbys von ihnen waren. Die heute gängige Kennzeichnung dieses Sachverhaltes lautet, den Bezugsrahmen des Klienten vollständig zu erfassen, oder auch: dem Klienten in das Labyrinth seiner persönlichen Konstrukte zu folgen. Der Anspruch geht dahin, ihn in seiner Ganzheit zu verstehen und ihn dies auch spüren zu lassen. Am anschaulichsten wird der Vorgang vielleicht in einer Formulierung aus der Sprache der Indianer: ›Eine Meile weit in den Mokassins des anderen gehen.‹

Macht

Die Macht des Helfers wird in vielfältiger Weise sichtbar. Der Klient kommt zu ihm mit der Bitte um Unterstützung. Selten tritt der umgekehrte Fall ein, daß der Helfer zum Hilfsbedürftigen kommt und ihm eine Behandlung verordnet – er ist dann häufig auch unerwünscht. Der Klient muß seine Hilfsbedürftigkeit oft demonstrieren und legitimieren. Es hängt vom Helfer ab, die Belastung als therapiebedürftig und betreuungswürdig zu akzeptieren. Es ist der Helfer, der die meisten Bedingungen der Zusammenarbeit formuliert und Terminvorgaben macht. Er schlägt Zahl und Dauer der Treffen, den Abstand der Sitzungen, die Form der Arbeit und häufig die Höhe der Bezahlung vor. Von seiner Entscheidung hängt es oft ab, ob ein finanziell schlecht gestellter Klient Unterweisung, Beratung und Behandlung erhält.

Macht hat der Helfer auch dadurch, daß er betont, er könne keinen Erfolg garantieren. Er setzt damit die Gesetze des Marktes außer Kraft. Während in manchen anderen Lebensbereichen das Prinzip ›Ware gegen Geld‹ gilt und bei minderwertiger Qualität des Produkts Reklamationen möglich sind, muß sich der Klient einen Mißerfolg der Behandlung oder des Unterrichts meist selbst zuschreiben. Der Erfolg dagegen wird im allgemeinen dem Helfer zugerechnet.

Vermutlich ist dem Helfer seine Macht in der Beziehung zum Klienten oft gar nicht bewußt. Er erlebt sich selbst als unsicher und dem Klienten nur wenig überlegen, empfindet die Distanz als gering und vermag das Machtgefälle nicht wahrzunehmen. In einem Cartoon auf einem Buch über Beratung kommt diese Situation zum Ausdruck. Der Klient *sagt* in einer Sprechblase zum Helfer: ›Was soll ich bloß machen?‹ Der Helfer *denkt* in einer eigenen Sprechblase: ›Was soll ich bloß machen?‹ – Von seiten des Klienten ist das Machtgefälle immer groß, d. h. die Entfernung vom Klienten zum Helfer ist stets größer als die vom Helfer zum Klienten, so wie man es auch zwischen Schüler und Lehrer oder zwischen Student und Professor beobachten kann. Manche sexuellen Übergriffe in Behandlungen gehen vermutlich darauf zurück, daß der Helfer sich einbildet oder einredet, die Beziehung sei egalitär.

Bei jüngeren Helferinnen und Helfern beobachte ich manchmal eine etwas ängstliche Einstellung ihrer eigenen Autorität gegenüber. Sie zögern gleichsam noch, den Mantel anzuziehen, der ihnen nach Kompetenz und Amt bereitliegt. Manche Formen des Helfens kommen dieser Scheu entgegen, indem sie sparsam Deutungen nach langem Schweigen oder eine nichtlenkende Haltung des Helfers geradezu fordern. Der eigene Mangel an Initiative und klarer Stellungnahme kann so zu einer Tugend umgemünzt werden. In der Pädagogik kann man z. B. beobachten, wie selbstunsichere Studenten einen besonderen Hang zum schülerzentrierten Unterricht entwickeln.

Ein Student schreibt mir darüber: »Auch wenn ich im ersten Moment ein bißchen erschrocken schien, als Sie mich fragten, ob ich nicht Lust hätte, Beratung von Schülereltern zu machen, so habe ich mich doch sehr über Ihr Angebot gefreut. Natürlich war meine erste Reaktion: Das wäre genau das, was du möchtest, aber du kannst das doch noch gar nicht. Wenn man sieht, wie groß der Bereich Pädagogik ist, und dann auch sieht, in wie wenig man im Laufe des Studiums nur mal so hineingeschnuppert hat – das ist vielleicht nicht der richtige Weg. Darum war ich im nachhinein froh, daß Sie mir deutlich zu verstehen gaben, es sei nun an der Zeit, mich selbst auch als Fachmann zu betrachten.«

Modell-Funktion

Der Klient möchte in mancherlei Hinsicht so werden, wie der Helfer es ist, und schaut ihm, zumal in Beratung, Unterricht und Therapie, viele Dinge ab – eine Erscheinung, die auch aus dem Alltag bekannt ist: Wer nicht selber Chef ist, hält jedenfalls die Zigarette so wie der Chef und räuspert sich so wie er. Analog also: Der Klient imitiert Redewendungen und Formulierungen, Einfälle und Argumente, Standpunkte und Überzeugungen, Sichtweisen und Positionen des Helfers in erheblichem Maße, insbesondere zu Beginn einer Behandlung.

Während einer längeren Unterhaltung berichtete mir eine Kollegin einmal mit großer Detailkenntnis und Geläufigkeit von der psychoanalytischen Therapie, die sie zu dem Zeitpunkt absolvierte. Am Ende des Gesprächs stellte sich heraus, daß sie erst eine einzige (!) Sitzung gehabt hatte, das Vokabular aber bereits beherrschte wie nach langjähriger Analyse. Schüler halten ihren Eltern manchmal vor: »Das Fräulein hat aber gesagt ...« – dann gilt das Wort der Erziehungsberechtigten plötzlich nichts mehr.

Generell kann man sagen, daß der Klient gerade in der Anfangsphase der Begegnung das Helferverhalten aufsaugt wie ein trockener Schwamm. Die Formen des Imitierens haben häufig etwas Rührendes oder Stereotypes und lassen erkennen, daß noch wenig Verarbeitung stattgefunden hat. Häufig werden Kernsätze aus Theorie und Praxis des Helfers wahllos zitiert, als Argumente benutzt oder als Glaubenssätze vorgetragen. In guten Behandlungen hört das später auf.

Projektionsgelegenheit

Aus der anfänglichen Distanz heraus stattet der Hilfesuchende den Helfer mit vielerlei Eigenschaften aus, die aus dem Wunsch-, Tabu-

oder Defizitbereich seines eigenen Lebens stammen. So werden manche Helfer als unendlich gütig, väterlich und mächtig erlebt, dann wieder als übermäßig streng, mißgünstig und übelwollend. Die aktuelle psychische Situation des Klienten gibt sich u. a. in seinen Projektionen zu erkennen, etwa wenn er selbst gereizt, ungeduldig oder müde ist und diese Empfindungen dem Helfer zuschreibt. Jener kann versuchen, sich und sein Handeln dem Klienten transparent zu machen, im Gegensatz etwa zu einem einsilbigen, maskenhaften oder fassadenartigen Habitus. Er kann den Klienten anleiten, seine Projektionen an der Realität zu überprüfen; entgehen wird er ihnen in keinem Fall.

Die Fähigkeit zur Realitätsverkennung scheint je nach Affektlage unendlich groß. Ein Klient erzählte mir einmal, wie ihm unsere erste Begegnung in Erinnerung war: »Am Ende der Sitzung gaben Sie mir die Hand – wie Sie da so riesenhaft mächtig und ruhig vor mir standen, gewann ich richtig ein bißchen Zuversicht für die nächste Woche« – aber *er* war eineinhalb Köpfe größer als ich und bemerkte dies erst, als er den Vorgang nun so erzählte.

Modell-Funktion und Projektion ergänzen einander unter dem Gesichtspunkt der Distanz. Während das eine Nähe und Verwandtschaft zwischen Helfer und Klient herausstellt, vergrößert das andere die Unterschiedlichkeit zwischen beiden.

Belohnung und Bestrafung

Wir müssen damit rechnen, daß jeder Helfer in minimalen Signalen zu erkennen gibt, ob er an dem interessiert ist, was der Klient sagt, ob er es gutheißt oder mißbilligt oder ob eigene Ängste ihn an einer adäquaten Würdigung hindern. An dieser Tatsache ändern weder vorgesehene wohlwollende Neutralität noch gleichschwebende Aufmerksamkeit, weder Klientenzentriertheit noch Sachlichkeit etwas. Zugleich gilt aber das Verbot von Wertungen und Stellungnahmen; denn nur wenn der Klient sich frei fühlt, unkritisiert alles zu äußern, was ihm durch den Sinn geht oder schießt, wird er zu den Themen vordringen, die ihn wirklich im Innersten beschäftigen. Als Lösung ist hier einerseits Zurückhaltung, andererseits Transparenz in den Helfer-Äußerungen anzuraten. Beides sorgt dafür, daß die Beziehung zum Helfer für den Klienten übersichtlich bleibt.

Belohnung und Bestrafung erfolgen übrigens wechselseitig. Auch der Klient macht von ihnen Gebrauch, oft sogar viel deutlicher als der Helfer. Von der Dankesäußerung eines Klienten zehrt die Therapeutenseele eine ganze Weile. Ich kenne aber auch Klienten, die mich anfeinden und mich beleidigen, die immer wieder unzufrieden sind – und dennoch die Behandlung fortsetzen. In solchen Situationen fällt es mir schwer, auf einen Disput zu verzichten und meinen Grimm in Grenzen zu halten. Ich denke dann leicht: ›Rutsch mir doch den Buckel herunter!‹ Das denkt der Klient vielleicht auch. Aber zur nächsten Sitzung erscheint er wieder pünktlich.

Interpretation

Interpretation meint hier nicht den psychoanalytischen Terminus, also die Aufhellung des unbewußten Hintergrundes von Traum, Fehlleistung, Handlung oder Äußerung. Interpretation in diesem engeren Sinn geschieht in einigen Klärungsprozessen tatsächlich nicht oder nur selten. Wohl aber gilt: Jeder Helfer unterlegt den Klientenmitteilungen ein wissenschaftlich begründetes oder naives Interpretationsraster, und zwar sowohl in jedem Augenblick als auch übergreifend im Zusammenhang mit Diagnose, Indikation und Klärungsverlauf. Umgekehrt ausgedrückt: Kein Helfer ist imstande, die Fülle seiner Wahrnehmungen ohne eine wissenschaftlich oder persönlich begründete Ordnung und Straffung aufzunehmen und zu würdigen.
Die Verbalisierung emotionaler Erlebnisinhalte etwa ist ein solcher Interpretationsversuch. Sie macht das Bemühen des Helfers sichtbar, dem Klienten etwas Tiefe und Verständlichkeit für seine Mitteilungen anzubieten. Die Erstellung einer Angsthierarchie ist ein praktikabler und ökonomischer Weg, eine Angstverminderung vorzubereiten. Unter Verhaltenstherapeuten ist es seit einigen Jahren erlaubt, bei einer Zwangssymptomatik zu fragen, welche Angst dem Zwang *zugrunde liegt*. Das bedeutet: Es wird ein interpretativer Zusammenhang zwischen beiden Phänomenen hergestellt, der über die Beschreibung von problematischen Verhaltensweisen weit hinausgeht.

Menschenbild

Bei aller Nichtdirektivität und Neutralität kommt doch kein Helfer daran vorbei, den Klienten und seine Probleme im Rahmen seiner eigenen Schulenzugehörigkeit zu sehen und ihm dies auch zu erkennen zu geben. Eine seelische Klärung gilt im allgemeinen dann als am besten, wenn sie in der Sprache des Klienten durchgeführt wird. Es bleibt diesem aber nicht verborgen, ob der Helfer z. B. die Begriffe bewußt, vorbewußt und unbewußt benutzt. In der Arbeit mancher Helferinnen und Helfer spielen Träume eine zentrale Rolle, in der anderer eine untergeordnete, in der dritter gar keine. Der Klient merkt, ob in einem Klärungsprozeß nach einer Schichttheorie der Persönlichkeit gearbeitet wird oder der Mensch wie eine sich entfaltende Blume behandelt wird, ob mehr seine Stellung in der Welt oder sein Verhalten in der täglichen Lebensbewältigung behandelt werden. Er sieht, ob seine Körperhaltung und sein Atem besondere Beachtung finden oder sein Assoziationsfluß. Stets gibt der Helfer irgendwie zu erkennen, welchen Wahrnehmungsausschnitt er hat und welche Werte er vertritt. In keinem Fall kommt er daran vorbei, in seiner Intervention einen Akzent zu setzen, der nicht rein technischer Natur ist, sondern etwas über sein Menschenbild verrät.

Besonders sinnfällig zeigt sich dies im Selbstbehauptungstraining. Es handelt sich hier um ein psychohygienisch vertretbares und als Neurosenprophylaxe unmittelbar einleuchtendes Konzept. Die Durchführung wirft aber einige Fragen auf. Der Helfer muß nämlich u. a. sichtbar machen, wo die Erweiterung des Handlungsspielraums, die er dem Klienten ermöglicht, ihre Grenzen findet. Am glaubwürdigsten ist der Helfer in diesem Falle dann, wenn er die eigene Selbstsicherheit modellhaft, sparsam und manipulationsfrei erkennen läßt und darin vorbildlich ist.

Helfen durch Lassen

Jeder Helfer macht manchmal die Erfahrung, daß er den Klienten nicht ändern kann. Der Verhaltenstherapeut lenkt dann vielleicht ein und nimmt an, er habe den Lern- oder Übungsschritt zu groß gewählt. Der Tiefenpsychologe mag an einen Widerstand, gleichsam an ein Sich-Sträuben der unangenehmen Einsicht gegenüber denken. Jeder Helfer kennt das Argumentieren und Zögern, das Gehemmtsein, Ausweichen, Sich-Verweigern des Klienten. Dieser Widerstand ist sein Eigentum. Daran darf der Helfer nicht rühren. Zugleich aber *soll* er daran rühren, soll konfrontieren, *soll* verunsichern und weiß im selben Moment, daß er Schiffbruch erleiden wird, wenn er es zu sehr tut.

Der scheinbare Widerspruch löst sich dann auf, wenn der Klient zweierlei erfährt: Die unbedingte Zuneigung des Helfers, also eine Zuneigung, die nicht an Bedingungen geknüpft ist, und den Verzicht des Helfers darauf, ihn ändern zu wollen. Junge und unerfahrene Helfer scheitern häufig nicht etwa daran, daß ihnen Handwerkszeug und Technik fehlen, sondern blockieren sich damit, daß sie den Erfolg herbeizuzwingen versuchen und die Änderung des Klienten ihrer Selbstbestätigung dient.

Ein Beispiel aus einer Bhagwan-Gruppe: Die Teilnehmer stehen im Kreis. Sie sollen ihre Probleme mit elterlichen und anderen Autoritäten angehen, indem sie kollektiv schreien. Es wird erwartet, daß das Schreien später in ein Würgen übergeht und schließlich zu Erbrechen führt. Vorsorglich haben auf Anordnung des Gruppenleiters alle eine Flasche Bier getrunken; am Boden sind Tücher und Putzlappen ausgebreitet. Eimer stehen bereit, um das Erbrochene aufzunehmen. Die Übung soll wohl dazu dienen, daß die Teilnehmer alle früher hinuntergeschluckten Frustrationen und Aggressionen nun herauswürgen. Die Befreiung bleibt aber aus. Nur zu deutlich ist allen spürbar, daß das Erbrechen nicht allein Ausdruck ihres Protestes gegen familiäre und gesellschaftliche Autoritäten wäre, sondern den Hilfstherapeuten auch als Beweis ihrer Kompetenz dienen würde. Vor diesen Karren lassen sie sich nicht spannen, und die Eimer bleiben leer.

Konfrontation

Es mag befremdlich klingen, die Konfrontation zu den Tätigkeiten des Helfers zu rechnen. Personen, die in psychosozialen Berufen tätig sind, haben ja gleichsam die Verpflichtung übernommen, *nicht* zu konfrontieren, sondern sich einzufühlen, *nicht* wie der Rest der Umwelt mit Häme, Vorwurf und Mahnung zu reagieren, sondern mit Geduld, Zuwendung, Verständnis und Akzeptanz. Trotzdem: Die These gilt. Betrachten wir einmal das Erstgespräch. Der Klient

hat sich überlegt, was er sagen will, und ist nun gespannt auf die Reaktion des Helfers.
Da mag die erste Konfrontation darin bestehen, daß er tatsächlich eine ganze Stunde lang reden darf, ohne unterbrochen zu werden, und wirkliche Aufmerksamkeit und Anteilnahme spürt statt einer professionell geschäftigen Attitüde. Es mag auch eine Konfrontation darstellen, daß er bei der Erwähnung beschämender eigener Gedanken und Handlungen keinen Tadel erfährt, keine Verurteilung und Entwertung, sondern ungeteilten Respekt. Spätere Konfrontationen sind oft von der Art, daß der Helfer dem Klienten eine Wahrheit sagt, die dieser so nicht wahrnehmen will oder kann.

Ein Kollege, der mit Jugendlichen therapeutisch arbeitete, versetzte diese manchmal mit kleinen Gedankenexperimenten in enorme Verwirrung. Er fragte einen seiner jugendlichen Klienten z. B., ob er der Meinung sei, daß die meisten Menschen in den öffentlichen Verkehrsmitteln einen Fahrschein lösen würden, auch wenn dies nicht kontrolliert würde. Dieser antwortete, ja gewiß, es sei doch Gesetz. Der Therapeut machte verschiedene Einwendungen dagegen, bis der Klient ganz unsicher wurde und dachte, es sei nur seine eigene Vertrauensseligkeit, die ihn so auf die Ehrlichkeit der Menschen setzen ließ. Schließlich räumte er ein, es sei möglich, daß die meisten Menschen beim Fahrgeld unehrlich seien. Da wechselte der Therapeut die Stellung und meldete Zweifel an, wies auf dies und jenes hin, was der Auffassung des Klienten entgegenstand, bemerkte auch, daß es vielleicht dessen tiefinnere Mißtrauenshaltung sei, die ihn so urteilen lasse, bis der junge Mann schließlich erneut ganz unsicher in seiner Auffassung wurde. Diese Debatten waren für den Klienten immer sehr anregend und vergnüglich. Viel später erst erkannte er ihren tieferen Sinn: Er lernte, bei der Entwicklung des eigenen Urteils über die Welt sich auf Beobachtung und Selbstbeobachtung zu stützen, statt auf vorgefaßte Meinungen zu rekurrieren.

Sinnfindung

Es mag überraschen, diesen Begriff in die Liste der Helferverhaltensweisen aufgenommen zu finden. In manchen Theorien des Helfens tauchen Wörter wie ›Sinn‹ und ›Lebenssinn‹ gar nicht auf. Sollten sie denn so unabdingbar zum Tun der Helfer gehören? Ein Beispiel soll uns wiederum weiterhelfen.

Nach dem Tod seiner Frau sucht der zurückgebliebene Mann mit Symptomen starker, aber vager Angst eine Behandlung auf. Nun gibt es sehr unterschiedliche Zugangsmodi, um dem Problem zu begegnen. Die gegenwärtige Angst kann als Wiederkehr einer früheren Trennungsangst interpretiert werden. Das Erspüren und Erforschen, das Beschreiben und die Verknüpfung dieser Erlebnisse mit gegenwärtigen Wünschen und Sehnsüchten mögen im Vordergrund stehen. Oder die eingetretene Lähmung wird angegangen, indem der Helfer dem Klienten vorschlägt, neue Kontakte aufzunehmen, und ihn anleitet, Gespräche weder schüchtern-leidend noch aufdringlich-hausierend zu führen. Die Existenzanalyse ermöglicht dem Klienten vielleicht Einsichten in die Unsicherheit und Unwägbarkeit der menschlichen Existenz. Er mag dann Überlegungen hinsichtlich der eigenen Lebensbegrenztheit anstellen und dabei aus der Routine seines Alltags erwachen. Oder er entdeckt den Sinn des Leidens darin, daß der verstorbenen Ehefrau eben dieses Leiden erspart geblieben ist, und findet so die Möglichkeit, eine innere Verbindung zu ihr zu bewahren.

Es könnte scheinen, daß nur im letzten Fall die Sinnfrage gestellt wird. Tatsächlich geschieht dies aber in allen Interventionen. In der Tiefenpsychologie etwa wird nach Sinn und Last der Biographie und des Wiederholungszwangs gefragt. Der klientzentrierte Ansatz findet die Sinngebung im Akzeptieren des Faktischen, nämlich die Augen nicht zu schließen gegenüber der ängstigenden Erfahrung. Die Verhaltenstherapie fragt nach Sinn und Sinnlosigkeit des Leidens und betont den Sinn neu zu entfaltender Aktivitäten.

Parteilichkeit

In Darstellungen von der Funktion des Helfers wird stets betont, der Klient müsse die wichtigen Schritte selbst und alleine tun, der Helfer sei allenfalls Begleiter oder Weggefährte. Die Gegenthese lautet nun: Der Helfer ist ein starker Verbündeter, er ist identifiziert und parteiisch, und das ist gut so.

Es ist wohl das eine und das andere richtig. Der Helfer kann dem Klienten nicht viel abnehmen, wenn er wirksam helfen will. Aber der Klient muß spüren, daß dem Helfer an ihm liegt. Er muß erleben, daß der Helfer seine Haltungen, Entscheidungen und Handlungen versteht und respektiert. Er soll erfahren, daß der Helfer ihm bei seinen Vorhaben innerlich den Daumen drückt, wenn vielleicht auch in eigener Weise, und das Beste für ihn hofft.

Um sicherzustellen, daß daraus keine kritiklose oder realitätsferne Kumpanei oder Symbiose wird, ist es gut, wenn Helferinnen und

Helfer sich den Gedanken der *allseitigen Parteilichkeit* zu eigen machen. Dieser Begriff stammt aus der Familientherapie und bezeichnet zunächst das Engagement des Helfers für alle Familienmitglieder statt nur für eines oder einige. In der Arbeit mit einem Klienten heißt allseitige Parteilichkeit, zugleich Zwänge, Belange und Wünsche der Menschen im Blick zu behalten, mit denen der Klient es zu tun hat und vielleicht über Kreuz liegt. Es gelingt sogar klugen Anwälten, nicht nur die Sache des Mandanten durchzupauken, sondern unter dem Leitgedanken der Mediation auf einen Interessensausgleich hinzuwirken. Um so mehr ist dies von Helferinnen und Helfern zu wünschen und zu fordern.

Mit-Leiden

Die Wahl eines Helferberufs bedeutet, das eigene Arbeitsleben in der Nähe von Erfahrungen mit Trauer, Wut, Schmerz, Zerwürfnis und Ohnmacht anzusiedeln. Wer das nicht kann oder wem das rasch zuviel wird, der sollte darüber nachdenken, ob er den richtigen Beruf gewählt hat. Denn das Leiden des Klienten läßt uns nicht unberührt. Es mag in uns vergleichbare Erfahrungen und ähnliche Gefühle wach werden lassen. Dem stehen das Erlebnis des Klienten-Fortschritts und des eigenen Helfen-Könnens gegenüber. Beide Vorgänge gehören zusammen: Wir müssen mit dem Klienten Blockierung, Kummer, Aussichtslosigkeit und Durststrecke bestehen. Nur dann können wir auch seine Entwicklung erleben und genießen, die zugleich unsere eigene ist. Diese Fähigkeit des zuverlässigen Begleitens in schweren und leichteren Lebensabschnitten ist die eigentliche Besonderheit der Helferberufe – sie ist zugleich Ausgangspunkt zahlreicher Gefährdungen und beruflicher Deformationen.

Man sieht: Das Helfer-Verhalten ist nicht durch Begriffe rein technischer Art zu beschreiben, wie überhaupt Helferinnen und Helfer, die sich ausschließlich als Ingenieure einer Technologie der Verhaltensänderung verstehen, vermutlich eine armselige Figur machen und bei vielen Problemen schnell an die Grenzen ihrer Interventionskompetenz stoßen werden. Gefordert ist vielmehr die Beherrschung der Technik in Verbindung mit einem lebendigen menschlichen Interesse an der anderen Person. Hierin die dem Klienten und der eigenen Person gemäße Form zu finden ist lebenslange Aufgabe aller Helferinnen und Helfer. In diesem wie in anderen Bereichen des Helfer-Lebens lauern zahlreiche Fußangeln, Gefährdungen und Fehlentwicklungen.

II. Belastung und Burnout

In den nun folgenden Kapiteln werde ich zunächst kurz auf die angeblich hilflosen Helfer eingehen und dann die Belastungen darstellen, denen Helferinnen und Helfer ausgesetzt sind. Belastungen gehen von der Partnerschaft, den Klienten, den Kollegen, dem Team und der Institution aus. Aber natürlich ist es immer auch der Helfer selbst, der sich Belastungen schafft oder ihnen nicht entschieden genug entgegentritt. Im Anschluß daran werde ich die Grundzüge des Burnout-Konzepts vorstellen und den Stand der Forschung zur Belastung in verschiedenen Helferberufen referieren.

3. Selbstbelastung

Wenn Helferinnen und Helfer über ihre Belastung nachdenken, so liegt es nahe, daß sie sich zunächst fragen, wie sie denn selbst in Persönlichkeit und Verhalten dazu beitragen. Wir werden also zunächst einen Blick auf die sog. ›Helfer-Persönlichkeit‹ werfen und prüfen, wie Helfer selbst ihre Belastungen arrangieren.

›Helfer-Persönlichkeit‹

Was ist von dem Konzept ›Helfer-Persönlichkeit‹, das ja inzwischen Eingang in die Alltagssprache gefunden hat, zu halten?
Vorab muß man sagen: Die Theorie ist nicht ohne Reiz. Viele Leser fühlen sich von Schmidbauers Büchern spontan angesprochen und verstanden. Sie vermeinen, es sei gleichsam von ihnen selbst ganz persönlich die Rede darin. Natürlich sind wir alle u. a. auch abgelehnte Kinder, haben uns zu sehr mit dem Über-Ich identifiziert, die Gegenseitigkeit in Beziehungen vermieden, sind verdeckt narzißtisch und neigen zu indirekter Aggression.
Es liegt auch nahe, jemanden für einen Propheten zu halten, der uns mit ein paar Federstrichen unser Zukurzgekommensein erklärt, zumal, wenn wir dabei nicht verurteilt, sondern bemitleidet und nur

milde kritisiert werden – so, wie mehrere Helfergenerationen das Buch ›Das Drama des begabten Kindes‹ (Miller, 1979) begierig gelesen und sich mit ihm identifiziert haben. Denn als begabtes Kind schon früh in Seelendramen verwickelt worden zu sein ist eigentlich eine ganz schöne Vorstellung für Helferinnen und Helfer.
Aber andererseits: Wir sind als Kinder ja nicht nur abgelehnt, sondern auch geliebt worden. Wir haben nicht nur pflichtgemäß gehandelt, sondern auch triebhaft. Wir haben Gegenseitigkeit nicht nur vermieden, sondern auch gesucht und gefunden; und wir sind nicht nur verdeckt narzißtisch und indirekt aggressiv, sondern auch offen narzißtisch und offen aggressiv. Diese Kehrseite, gleichsam das *frische vitale* Gegenbild zum *armen* Helfer, wird in dem Begriff ›Helfer-Persönlichkeit‹ zu wenig beleuchtet.
Zudem sind die fünf Merkmale, die die Helfer-Persönlichkeit charakerisieren sollen, recht unspezifisch. Daß sie in Schmidbauers Darstellung für alle möglichen Helfer und ihre Deformationen in Anspruch genommen werden, macht sie nicht wahrer. Genauso überzeugend könnte man sagen: Helfer werden aus dem Stoff tiefer elterlicher Liebe, Neigung zu depressiven Stimmungen, Hilfsbereitschaft, Geltungsbedürfnis und Realitätssinn gebacken – und gute Beispiele dafür finden.
Leserinnen und Leser mögen diesen Zweifel an der Einheitlichkeit der Helfer-Persönlichkeit in einem kleinen Gedanken-Experiment selbst nachvollziehen: Wenn Sie einmal die vielen Kolleginnen und Kollegen, die Sie kennen, vor Ihrem inneren Auge Revue passieren lassen – ist dann darunter jemand, von dem Sie denken: ›Ja, der oder die ist mit in Motiven und Handeln ähnlich!‹ (i. S. einer modalen, einheitlichen Helfer-Persönlichkeit)? Oder ist es nicht vielmehr so, daß Sie Verwandtschaften in manchen Neigungen, Auffassungen, Handlungsweisen und Verarbeitungsformen entdecken, zugleich aber eine extrem große Zahl von Unterschiedlichkeiten sogar in der Praxis des Helfens zu benennen vermögen? Brunner et al. (1978) fanden im Vergleich zwischen Sozialarbeitern und Personen aus dem Durchschnitt der Bevölkerung keine Unterschiede in Skalen des Freiburger Persönlichkeits-Inventars. Dies widerspricht der Auffassung, daß Helferinnen und Helfer sich als Gruppe vom Rest der Bevölkerung unterscheiden.

›Helfer-Syndrom‹

Ernsthafte empirische Nachweise für die Schmidbauerschen Thesen vom Helfer-Syndrom fehlen. Zu ihrer Überprüfung wäre es jedenfalls erforderlich, einmal aus einer unausgelesenen Population von Vorschulkindern solche zu identifizieren, auf die seine Beschreibung der Helferdispositionen zutrifft, und sie mit einer Stichprobe der restlichen Kinder zu parallelisieren. Man sollte dann 30 Jahre später untersuchen, wie viele von der einen und der anderen Gruppe einen Helferberuf gewählt haben und ausüben und welcher Anteil von ihnen eine Deformation der von Schmidbauer beschriebenen Art erlitten hat.

Dabei ist zu bedenken: Begriffe entwickeln leicht ein Eigenleben, wenn sie nur hinreichend eingängig sind. Sie werden von Diskussion zu Diskussion weitergegeben und verlieren auf diesem Weg immer mehr den Charakter von Versuchen der Annäherung an die Realität. Stattdessen gelten sie am Ende als erwiesene Tatsachen und gewinnen normative Bedeutung. Dieses Schicksal hat auch der Begriff ›Helfer-Syndrom‹ inzwischen erlitten.

Zwar hat der Begriff ›Helfer-Syndrom‹ viele Helferinnen und Helfer wachgerüttelt und ihnen die Unbeweglichkeit ihres *Helfen-Müssens* aufgewiesen. Aber der Begriff diskreditiert das Helfen insgesamt, nicht nur die zwanghafte Variante. Es kommen jetzt schon Studenten zu mir, die einem Kommilitonen bei einer Diplomarbeit oder in einer schwierigen Lebenssituation geholfen haben und darüber eine eigene Aufgabe zurückstellen mußten, und sagen, gleichsam sich entschuldigend: »Ja, ja, ich weiß, ich habe da mein Helfer-Syndrom noch nicht ganz im Griff.« Durch den Begriff Helfer-Syndrom ist also das Helfen insgesamt in den Verdacht geraten, etwas Unseriöses, Neurotisches, Egozentrisches oder Dummes zu sein. Aber die berufliche Deformation lugt an beiden Extremen hervor: beim Helfen-Müssen, aber auch da, wo jemand in einer leichtfertigen Preisgabe von Hilfsbereitschaft Anteilnahme verweigert, um nur ja nicht den Eindruck zu erwecken, er sei zum Helfen übermäßig verfügbar, und sich dabei noch für besonders schlau oder progressiv hält.

Die Ethik des Helfer-Syndroms ist dabei denkbar schmalbrüstig. Das erste Beispiel in dem ganzen Buch handelt von einem Mann, der auf der Suche nach einer Prostituierten ist, aber dann doch lieber einer Frau mit einer Autopanne den Reifen wechselte. Da muß man sich doch fragen, ob diese Hilfsbereitschaft therapiebedürftig ist. Die Formulierung ›Die hilflosen Helfer‹ läßt vermuten, die Helfer seien hilflos oder machtlos; aber dies sind sie keineswegs. Vielmehr sind sie dem Klienten gegenüber in vielfältiger Weise hilfreich. Auch untereinander sind sie nicht hilflos, sondern durch Beratung, Therapie, Kontrollanalyse und Supervision in differenzierter Weise wirksam. Sie sind auch im Umgang mit sich selbst nicht hilflos, sondern aufmerksam, reflexiv und sorgsam. Wohl aber sind sie nach meinem Eindruck aus verschiedenen Gründen in besonderer Weise verführbar und gefährdet. So würden Formulierungen wie ›Die verführbaren Helfer‹, ›Die gefährdeten Helfer‹, ›Die verstrickten Helfer‹ oder ›Die belasteten Helfer‹ besser zutreffen, die Lebens- und Arbeitsbedingungen von Helferinnen und Helfern zu bezeichnen. Wir können also sagen: Die Persönlichkeiten von Helferinnen und Helfern sind gewiß so unterschiedlich wie die von Personen in anderen Berufsgruppen. Dagegen ist eine frühe Weichenstellung hin zum Helferberuf in vielen Fällen nachweisbar. Hierin liegt Schmidbauers Verdienst, auf solche frühen Verpflichtungen, Verstrickungen und Verbiegungen *mancher* Helfer hingewiesen und zu ihrer Bewußtmachung eingeladen zu haben.

Helfer-Motiv und Berufswahl

Ich selbst ging der Frage nach dem Zeitpunkt, zu dem das Helfermotiv entsteht, in einer eigenen Untersuchung nach. Ich bat Studentinnen und Studenten (lauter angehende Helfer), die bei Kollegen oder bei mir Lehrveranstaltungen besuchten, einmal entlang einer Zeitachse von ihrer Geburt bis zur Gegenwart anzugeben, in welchem Lebensalter sie welchen Berufswunsch gehabt hätten (vgl. Anhang 1). Die Angaben wurden von zwei Diplom-Psychologinnen, die die Fragestellung der Untersuchung nicht kannten, unabhängig voneinander nach den sechs Werten der Spranger-Typologie (Spranger, 1958: ökonomisch, sozial, religiös, ästhetisch, politisch, theoretisch) klassifiziert. Für unsere Auswertung wurden nur solche Äußerungen herangezogen, die von beiden Mitarbeiterinnen übereinstimmend als ›sozial‹ klassifiziert wurden

und denen – ebenfalls übereinstimmend – ausschließlich weitere ›sozial‹-Zuordnungen folgten.
Dabei zeigte sich: Im Durchschnitt wird etwa um das 16. Lebensjahr herum ein Helferberuf angestrebt ($M = 16,42$, $s = 6,17$), z. B. Krankenschwester, Lehrerin, Kindergärtnerin, dem dann bis ins Erwachsenenalter hinein ausschließlich weitere Helferberufswünsche folgen. Bei Mädchen ist dies sehr signifikant früher der Fall als bei Jungen ($M_M = 15,80$, $s_M = 6,16$; $M_J = 19,49$, $s_J = 5,30$; $t = 3,20$). Eine Studentin gibt z. B. an (Altersangaben vorangestellt) 6: Lehrerin, 12: Kinderkrankenschwester, 15: Lehrerin, 20: Sonderpädagogin. Eine andere nennt folgende Berufswünsche: 4: Tierpflegerin, 6: Kindergärtnerin, 14: Stewardeß, 16: Erzieherin, 18: Krankenschwester, 26: Sprachbehindertenpädagogin. Ein Student macht folgende Angaben: 5: Müllwagenfahrer, 8: Polizei, 14: Pilot, 21: Bundeswehr/Berufssoldat, 23: Restaurator für Bücher/Buchbinder, 25: Gehörlosenlehrer. Ein anderer Student schreibt: 13: Werkzeugmacher, 16: Historiker, 18: Philosoph, 23: Heilpädagoge. Die Ergebnisse zeigen, daß bei einem Teil der Helferinnen und Helfer durchaus frühe Prägungen zu diesem Beruf bestehen, allerdings wohl nicht zwingend mit den Determinanten, die Schmidbauer anführt.
Worin bestehen nun die Belastungen, für die Helferinnen und Helfer in gewissem Umfang selbst die Verantwortung übernehmen müssen? Wir beschränken uns hier darauf, einige Verhaltenstendenzen von Helfern aufzuzeigen, die sie besonders anfällig für Belastung und Überbelastung machen, und können offenlassen, für welchen Anteil aller Helfer dies im einzelnen charakteristische Haltungen oder Gefahren sind.

Charakteristische biographische Ausgangsbedingungen

Helferberufe werden oft aus einer ganz besonderen Familienkonstellation heraus gewählt. So werden ehemalige Heimkinder manchmal als Erwachsene zu besonders engagierten Betreuern von Heimkindern. Studenten der Sonderpädagogik haben oft einen behinderten Familienangehörigen. Manche von ihnen versuchen halb bewußt, mit der Wahl dieser Fachrichtung die ›Schuld‹

abzutragen, die sie dafür empfinden, daß das Schicksal der Behinderung nicht ihnen selbst widerfahren ist. Helfer im Suchtbereich kennen oft Suchtverhalten aus der eigenen Familie oder der engeren Lebensumgebung in der Kindheit (Fengler, 1994). Pflegeverpflichtung oder Rücksichtnahme auf die psychiatrische Krankheit eines Angehörigen wird von vielen Helfern als frühe prägende Erfahrung angegeben. Oft findet man Parentifizierungen, d. h. das Kind muß früh Elternfunktionen für die eigenen Eltern übernehmen und bleibt in der späteren Berufswahl dieser frühen Rollenzuweisung treu, die u. U. als Versuch einer Verarbeitung verstanden werden kann. Reich (1984) nimmt an, daß frühkindliche Vernachlässigung zur Wahl des späteren Helferberufs beitragen. Mac Lenann et al. (1982) weisen darauf hin, daß ein nennenswerter Teil der Laien-Therapeuten aus dem gleichen Milieu wie die Klienten stammt und ein Teil ähnliche Schicksale durchlitten hat wie diese. Aber darin liegt außer einer Chance auch eine Gefahr. Im Umgang mit Klienten begegnet Helferinnen und Helfern nun stets auch die eigene Biographie. Sie werden von Klienten oft Dinge erfahren, die sich so oder so ähnlich auch in ihrem eigenen Leben abgespielt haben und vielleicht erst kürzlich durch eine Ausbildungsanalyse schmerzlich ins Bewußtsein gedrungen sind. All dies wird nun immer wieder aktualisiert; es gilt, eine gute Balance von Identifikation und Abgrenzung vorzunehmen, um hier nicht Schaden zu nehmen.

Ideal des Helfens

Helferinnen und Helfer orientieren sich oft an Leitbildern – Personen wie Institutionen –, die das Helfen in idealer Weise verkörpern. Das Tun des Idols erscheint allerdings aus der Distanz des Verehrers leicht übermäßig klar, rein, konsequent, ganzheitlich, fehler- und widerspruchsfrei. Dem großen Helferideal gegenüber fällt die eigene Praxis des Helfens in der Regel bescheiden aus, ist oft konzeptionslos, konfus und dilettantisch, ein Flickwerk voller Irrtümer und Selbstzweifel. Es ist mit allen Unzulänglichkeiten behaftet, die das Leitbild natürlich auch aufwies, als es noch lebte

und am Werk war, die aber im Zuge der Historisierung und Heroisierung verschwinden oder retuschiert werden.
Leitbilder entstehen sehr früh im menschlichen Leben, oft schon mit dem fünften Lebensjahr. Sie sind wichtige Weichenstellungen auf dem Weg zur Entwicklung der Persönlichkeit. Aber in diesem Alter liegen Realität und Vision noch ziemlich dicht und ungetrennt beieinander; das Kind hält manches für wirklich, was in erster Linie seiner Phantasie entsprungen ist. So fällt es offenbar auch vielen Erwachsenen nicht leicht, ihr Leitbild entgegen den eigenen Idealisierungswünschen auf das zu beschränken, was vorbildlich und nachahmenswert an ihm ist und auch die eigenen Möglichkeiten nicht ständig übersteigt (Däumling, 1969).
Manche dieser Idealbildungen sind so weit verinnerlicht, daß sie den Helfern nun als abstrakte Maßstäbe knechten. Helferin und Helfer mögen also selbst zu ihrer Belastung beitragen, indem sie sich im Übermaß von pflichtgemäßem Enthusiasmus treiben lassen. Oft sind beide miteinander verquickt und führen dazu, daß noch die beste eigene Arbeit unwert erscheint. In Kap. 12 werden wir sehen, daß unkritischer Idealismus ein frühes Warnsignal für eine später drohende Burnout-Entwicklung darstellt. Mit den folgenden fünf Aussagen (aus Enzmann und Kleiber, 1989, S. 206) können Leserinnen und Leser ihre entsprechende eigene Neigung überprüfen (Tab. 1).

Tab. 1. Fragebogen über Idealismus

Im folgenden finden Sie verschiedene Meinungen zu einer bestimmten Berufstätigkeit. Kreuzen Sie jeweils diejenigen Antwortmöglichkeiten an, von denen Sie persönlich der Meinung sind, daß sie für Ihren Beruf zutreffen.

Dabei bedeutet 1 = trifft gar nicht zu
2 = trifft wenig zu
3 = trifft mittelmäßig zu
4 = trifft überwiegend zu
5 = trifft völlig zu

1. Wer in einer Tätigkeit wie meiner nicht mit Idealismus bei der Sache ist, sollte besser den Beruf wechseln 1 2 3 4 5
2. In meinem Beruf kann man eigentlich nicht etwas wirklich Gutes erreichen, wenn man ihn vorwiegend als Mittel zum Broterwerb auffaßt 1 2 3 4 5

3. Mein Beruf kann prinzipiell nicht mehr Befriedigung verschaffen als andere Berufe auch 1 2 3 4 5
4. Einen Beruf wie meinen sollte nur derjenige wählen, der bereit ist, um der Aufgabe willen auch beträchtliche persönliche Opfer zu bringen 1 2 3 4 5
5. Das Gefühl, einigen Menschen in ihrem Leben eine wichtige Stütze gewesen zu sein, ist eine Entschädigung für die Belastungen in meinem Beruf 1 2 3 4 5

Wer bei den Fragen 1, 2, 4 und 5 die Ziffern 4 oder 5 ankreuzt, läßt eine Portion Idealismus erkennen, die sich am Ende gegen ihn wenden könnte.

Der ›gute‹ Helfer

In der Klinischen Psychologie gibt es vier Forschungsimpulse zur Untersuchung und Identifikation erfolgreicher Therapeuten: Es werden Kataloge von Verhaltensmerkmalen über sie erstellt; Persönlichkeitseigenschaften von Therapeuten werden eruiert; bestimmte Therapeuten werden bestimmten Klienten zugeordnet (A- und B-Typ); die Beziehungsgestaltung zwischen Therapeut und Klient wird untersucht (Swensen, 1971). Erfolgreiche Therapeuten sind demnach durch Interesse an Menschen, Originalität, Selbsteinsicht, Herzlichkeit, Integrität und Selbstbeherrschung zu charakterisieren. Combs et al. (1975) berichten, daß erfolgreiche Helfer sich als identifiziert, adäquat, vertrauenswürdig, erwünscht und wertvoll wahrnehmen. Von anderen Menschen hatten erfolgreiche Helfer die Meinung, sie seien fähig, freundlich, wertvoll, von innen motiviert, zuverlässig und helfend.

Solche empirisch fundierten und damit anscheinend undiskutierbaren Beschreibungen richtigen Helfer-Verhaltens können dazu beitragen, daß Helferinnen und Helfer sich selbst unter Druck setzen sowie das eigene Tun unzulänglich finden und entwerten.

Methodenvielfalt

Die Vielzahl der Therapien, Schulen und Fortbildungen ist eine Chance zur Entwicklung eines höheren Professionalisierungsgrades. *Aber Angebote, die dem Helfer vorführen, was er noch alles werden kann, zeigen ihm stets zugleich, was er alles noch nicht ist.*

Das Spektrum möglicher Kompetenzen führt ihm vor allem den Grad seiner Inkompetenz vor Augen; immer gibt es in seiner Nähe einen Kollegen, der mit dieser oder jener Zusatzausbildung die Nase vorn hat. Hinzu kommt, daß manchen Helfer schon im Interesse der Klienten der Gedanke quält, ob er hinreichend qualifiziert ist. Es zeigen sich hier eindrucksvoll Magie und Macht der neuen Wörter: Aqua-Energetik, Thymopraktik, Impasse-Priority-Therapie, Mainstreaming, Morita-Therapie und viele andere, die Unbekanntes bezeichnen, prasseln in neuerer Zeit auf den Helfer ein. Bei manchen dieser Termini traut man sich kaum mehr, nach ihrer Bedeutung zu fragen, weil dies ein Eingeständnis der Tatsache wäre, daß man therapeutisch nicht auf dem Laufenden ist. In dem Handbuch der Psychotherapie von Corsini (1983; englisch 1981) werden 70 psychotherapeutische Verfahren beschrieben und gewürdigt. In der Publikation von Herink (1980) werden 256 Verfahren angeführt. Das *Kursbuch Psychotherapie* von Eichmann und Mayer (1985) nennt 593 Verfahren. Bei dieser letzten Lektüre habe ich selbst endgültig den Anspruch aufgegeben, über psychotherapeutische Verfahren einigermaßen auf dem Laufenden zu sein. Offenbar ist es ein aussichtsloses Unterfangen; wer sich immer weiter bemüht, hier Schritt zu halten, entscheidet sich für eine baldige berufliche Erschöpfung.

Innerhalb der Methodenvielfalt kommt dem wiederkehrenden Paradigmenwechsel eine besondere Bedeutung zu. Er trifft Helferinnen und Helfer in ganz besonderer Weise, weil er ein Umdenken in zentralen Kategorien ihres professionellen Wissens und eine tiefgreifende Neuorientierung ihres Wahrnehmens und Handelns fordert. Kaum hat der Helfer einen substantiellen Bezug zur *Person des Klienten* gefunden, muß er sich schon zur *Gruppen*dynamik, zur *Familien*therapie und zum *System*ansatz umorientieren (z. B. Antons, 1994). Weitere Theorieadaptationen stehen uns bevor. Oder es folgt im psychosozialen Umfeld und im eigenen Team ein Perspektivenwechsel von Tiefenpsychologie zu Verhaltenstherapie und Körpertherapie, dem der Helfer hinterherhinkt. Strotzka (1986) beschreibt aus ironischer Distanz vier Typen von Stellungnahmen der Helfer zur Methodenvielfalt: die Spezialisierer, die Integrierer, die wilden Agierer und die Selbsthilfe-Propagierer. Dies sind zugleich vier Formen, der Methodenflut zu entgehen. Daß paradoxe Bücher wie die von Paul Watzlawick (1983; 1986), in denen sich der Autor offen über die Neigung, das Glück zu suchen und anderen Leuten das Glück zu bringen, lustig macht, und Satirebücher über die Psychokultur gegenwärtig so sehr Konjunktur haben, mögen Indizien dafür sein, daß manche Helfer ihr eigenes Tun mit Übersättigung, Erschöpfung, Spott oder Zynismus betrachten.

Mangelnde Selbstabgrenzung

Es ist eine humane Haltung, wenn Helferinnen und Helfer mit ihren Klienten wirklich mitleiden können und sie am Ende der Sitzung nicht ganz abstreifen. Aber zugleich muß man ihnen wünschen, daß sie es nicht zu sehr tun; denn dieses Mitleiden, im Übermaß praktiziert, kann müde und krank machen. Zwei Beispiele dafür lernte ich als Supervisor in einer Gruppe von Sozialarbeiterinnen und Sozialarbeitern kennen.

Eine dieser Kolleginnen berichtete von einem wohnungssuchenden Mann, für den sie schließlich einen Platz in einer Gruppenwohnung gefunden hatte. An dem Tag, an dem er dort einziehen sollte, kam er in so jämmerlichem Zustand zu ihr, betrunken, verdreckt, voller Schürf- und Platzwunden, daß sie fürchtete, die Wohngemeinschaft werde ihn gleich wieder an die frische Luft setzen. Sie besorgte ihm saubere Sachen, ging unter Hintanstellung des eigenen Widerwillens mit ihm in eine öffentliche Badeanstalt und kleidete ihn frisch ein, bevor er seinen Wohnplatz aufsuchte.

Eine andere Sozialarbeiterin hatte mehrere Monate lang mit einem gehörlosen Mann zu tun, der arbeitslos, völlig überschuldet, verwahrlost und ohne eine Spur von Perspektive vor den Trümmern von gescheiterten Berufs- und Eheversuchen stand. Sie selbst konnte sich nur sehr schlecht mit ihm verständigen, da er weder sprechen noch von den Lippen absehen oder gebärden konnte und auch keine der anderen Verständigungsmodi Hörgeschädigter (Fengler, 1990) beherrschte. Da ertappte sie, die ihm ebenfalls weder materiell noch auf andere Weise helfen konnte, von ihm aber ständig mit Forderungen und Vorwürfen überschüttet wurde, sich manchmal bei dem Gedanken, ob es nicht besser für ihn sei, wenn er seine Drohung, sich das Leben zu nehmen, wahrmachen würde. Sie verwarf diese Gedanken stets rasch, weil sie darin auch ihre eigenen heimlichen Wünsche erkannte, beobachtete aber, daß sie sich nach besonders schweren Gesprächen immer wieder einstellten.

Es ist nur zu natürlich und üblich, daß Helferinnen und Helfer die eigene Bedeutung für Institution, Kollegen und Klienten ein wenig überschätzen. Vermutlich ist dies das Salz in der Suppe der Berufsmotive. Es führt aber leicht dazu, daß Verpflichtungen eingegangen werden, die die Kräfte des Helfers weit übersteigen: Mehr Klienten, mehr Therapiestunden, mehr Teamsitzungen, noch ein Protokoll, noch ein Vorgang und ein Schriftwechsel, noch ein Kommissionsvorsitz, noch eine Regional-, Landes- oder Bundeskonferenz usw. Eugen Roth hat diese Haltung in einen Vierzeiler gebracht:

Ein Mensch sagt – und ist stolz darauf –
er geh' in seinen Pflichten auf.
Bald aber, nicht mehr ganz so munter,
geht er in seinen Pflichten unter.

In einem ähnlichen Gedicht treibt Wilhelm Busch Absurdität und Gedankenanarchie auf die Spitze:

Wirklich, er war unentbehrlich!
Überall, wo was geschah
zu dem Wohle der Gemeinde,
er war tätig, er war da.

Schützenfest, Kasinobälle,
Pferderennen, Preisgericht,
Liedertafel, Spritzenprobe,
ohne ihn da ging es nicht.

Ohne ihn war nichts zu machen,
keine Stunde hatt' er frei.
Gestern, als sie ihn begruben,
war er richtig auch dabei.

Für manche Helferinnen und Helfer ist dies ein berufliches Aphrodisiakum; eine Fülle von Aufgaben, Orten und Begegnungen, viele Töpfe, in denen sie abwechselnd rühren können und sich dabei zugleich von anderen erholen. Aber für einige ist es zuviel. Dabei

ist zu beobachten, daß die zusätzliche Funktionsübernahme von gewissen Sommerschlußverkaufs-Gefühlen angespornt wird (»Greifen Sie zu! Eine einmalige Chance!«). Wenn dann der Helfer sieht, mit welchen Terminbeanspruchungen das neue, zweifellos ehrenhafte Amt verbunden ist, so mag ihm klamm zumute werden. Die Klügsten unter ihnen machen dann noch rasch einen Rückzieher, ehe es sie ganz auffrißt. Andere lassen sich von inneren und äußeren Ansprüchen immer wieder zu Höchstleistungen anspornen und müssen dann heftig abbremsen, um für eine Weile zu einem vernünftigen Tonus zu finden, vergleichbar manchen Rasern auf der Autobahn, die den nächsten Stau doch zuverlässig einholen.
Die Unersetzlichkeitsphantasien (oft auch Unersättlichkeitsphantasien) verführen uns dazu, auf allerlei Angebote begeistert einzugehen, weil sie uns schmeicheln. Das Neinsagen fällt solchen Helfern oft schwer. Sie würden also in manchen Fällen durchaus gern ablehnen, bringen aber das Nein nicht über die Lippen, zumal wenn Klienten und Kollegen sehr bitten oder drängen. Ich empfehle manchen dieser Helfer, einmal zehn Minuten lang vor dem Spiegel das Nein zu üben, in allen Tonlagen, Körperhaltungen, mimischen Varianten und Betonungen. So lernen sie die Verspannungen, aufsteigenden Ängste und Verlegenheiten kennen, die ihnen immer wieder im entscheidenden Augenblick einen Streich spielen und zur Überflutung mit ungeliebten Verpflichtungen führen. Ich selbst habe es mir auf Rat meiner Frau ganz abgewöhnt, am Telefon Zusagen sofort zu geben; vielmehr erkundige ich mich detailliert nach dem Projekt und biete einen Rückruf an.
Manche Helferinnen und Helfer übernehmen Aufgaben, die nicht nur einmalig Zeit beanspruchen, sondern fortlaufend weitere Termine nach sich ziehen. So werden aus harmlosen zwei Stunden, die gewiß fast jeder Helfer irgendwo in einer Woche freimachen kann, leicht zwei Stunden in *jeder* Woche – dann sind es gewiß bald die Abendstunden. Richtig ist also, wenn man als Helfer arbeitsmäßig gut ausgelastet ist und eine neue Aufgabe sich stellt, zuerst zu fragen, welche andere Verpflichtung abgelegt werden kann. Das schafft eine gewisse Frische im eigenen Leben.

Oft lassen die Klienten nicht los, wie in stiller Übereinkunft mit dem Helfer. Ein Supervisandin hatte sich entschieden, meine Gruppe zu verlassen, weil sie mit mir nicht arbeiten konnte. Ich dämpfte meine Kränkung zunächst durch Gedanken der Art, daß dies jedem Supervisor einmal passieren könne. In der nächsten Sitzung wollte die Supervisandin eigentlich nur noch unsere Beziehung abschließend klären und sich dann verabschieden, um ihre Fortbildung in einer anderen Gruppe fortzusetzen. Wir gerieten dann aber, die Vergeblichkeit unseres Bemühens vor Augen, doch wieder in einen langen Disput und versuchten immer wieder, den eigenen Anteil an dem Trennungsvorgang zu verstehen und auch den des anderen – natürlich ohne Erfolg.

Fehlen innerer Rückmeldung

Helferleben verlaufen vermutlich mit ähnlichen Höhen und Tiefen wie die Leben anderer Menschen, sind also durch Erfolg und Bestätigung, Beziehungsprobleme, berufliche Rückschläge usw. gekennzeichnet. Nun begegnen dem Helfer just zu Zeiten eigener Belastung gehäuft Klienten mit der gleichen Problematik, oder er nimmt sie mit vermehrter Aufmerksamkeit wahr. Da mag er insgeheim denken: ›Himmel, ja, genauso wie ihm (i. e. dem Klienten) geht es mir ja auch, und ich habe – so wie er – keine Ahnung, was daraus werden soll!‹ Aber in der Berufsrolle fühlt er sich leicht gezwungen, Souveränität, Zuversicht und unbegrenzte Kraft zu verkörpern.

Am stärksten gefährdet sind vermutlich diejenigen Helferinnen und Helfer, die ihre Belastung nicht mehr spüren und erleben. Hier scheint eine psychophysiologische Rückmeldung zu fehlen, die Belastungssignale angemessen anzeigt. Entsprechend ist eine Selbstkorrektur erschwert: Wer nichts fühlt, fühlt sich auch nicht pausenbedürftig und urlaubsreif und kann nichts gegen die Belastung unternehmen. Boemen et al. (1982) konnten z. B. anhand von Pulsfrequenzmessungen bei Lehrern zeigen, daß zwischen physiologischer Aufzeichnung und Selbsteinschätzung keine Beziehung erkennbar war, d. h. die Lehrer die in ihrem Körper sich äußernde Belastung subjektiv nicht warnehmen.

Wir verlassen hier das Thema Selbstbelastung, das sich gewiß für jeden Helfer unterschiedlich darstellt, und wenden uns nun den Belastungen zu, die im privaten Lebensraum auf Helferinnen und Helfer zukommen.

4. Belastung in Partnerschaft, Familie und Freundeskreis

Die Menschen, mit denen Helferinnen und Helfer zusammenleben, können neben zahlreichen Unterstützungsfunktionen, die von ihnen ausgehen (vgl. dazu Kap. 19), auch belastend in Erscheinung treten und zu Deformationen im Helferleben beitragen. Die Weichen werden oft schon in der Art gestellt, wie Freundschaften beginnen und Partnerschaften eingegangen werden. Einige Aspekte dieser Gefährdung und ein Fragebogen zur Selbstüberprüfung bilden den Gegenstand des vorliegenden Kapitels.

Helferattraktivität

Ich vermute, daß Helfer in den ersten Kontakten mit anderen Menschen auffallend häufig als attraktiv empfunden werden. Sie sind – von Berufs wegen und so auch in der privaten Begegnung – am Gesprächspartner interessiert. Sie können zuhören. Sie sorgen dafür, daß der Rapport nicht abreißt, und vermögen einem ins Stocken geratenen Gespräch einen neuen Impuls zu verleihen. Sie neigen zu Tiefgang. Sie stehen natürlich nicht auf der Seite des Habens, sondern auf der Seite des Seins. Sie haben und äußern Verständnis für die Lebenslage des anderen. Das ist schon viel, wenn man bedenkt, wie Gespräche auch oberflächlich, substanzlos, sprunghaft und unbezogen verlaufen können.

Als ich im Zuge einer Therapieausbildung im Kollegenkreis viele Abende lang das Verbalisieren von Klientengefühlen trainierte, hörte der Partner einer Kollegin, der Musikjournalist war und damals als Taxifahrer arbeitete, unseren sprachlichen Übungen immer wieder zu. Eines Tages sagte er: »Ich mach' das jetzt im Taxi mit den Fahrgästen auch immer so, also einfach wiederholen, was die gesagt haben, mit ein bißchen anderen Worten. Seitdem sind die viel gesprächiger und erzählen mir oft ganz intime Dinge aus ihrem Leben, und mit dem Trinkgeld sind die seitdem auch großzügiger.« Mit so wenig kann man offenbar attraktiv werden.

Das mag dazu führen, daß Helfer Partnerschaften eingehen, in denen für Hilfsbedürftigkeit Hilfsbereitschaft erhofft und in Aussicht gestellt wird. Manche Helfer signalisieren also zu Beginn der Partnerschaft in verdeckter Weise, sie könnten alles verstehen und alles ertragen, was der Partner tut. Das kommt dann schon leicht dem nahe, was Schmidbauer (1985) als Helferschicksal beschreibt: Verstehen, helfen und dulden, koste es, was es wolle. Aber das kann natürlich kein Helfer ein Leben lang durchhalten. Im Kontakt zu Klienten führen solche Angebote, die man später angestrengt und ohne Erfolg einzulösen versucht, zu den bekannten Burnout-Erscheinungen: Erschöpfung, Widerwille gegen Klienten, Schuldgefühle, Fehlentscheidungen, psychosomatische Erkrankungen, Unfälle, Selbsttötungs- und Fluchtgedanken, Krankheitstage, Kündigungsphantasien usw.

Im Kontakt mit dem Partner ist es damit natürlich nicht besser, sondern schlimmer. Der Partner entwickelt zunächst ein unrealistisch-überhöhtes Bild des Helfers und mag immer anspruchsvoller werden, weil er die notwendige Grenzsetzung nicht kennenlernt. Kolleginnen und Kollegen beschreiben dies mit folgenden Worten:

* »Patienten, Chefs und Familie fordern, fordern, und ich soll geben, geben, geben. Dadurch bin ich ernster und nervöser geworden« (32jährige Krankenschwester).
* »Mein Problem besteht darin, eine Grenze zu ziehen zwischen freundschaftlichem Gespräch im Privatbereich und aktivem Zuhören i. S. einer therapeutischen Interaktion« (42jährige Lehrerin und Familientherapeutin).
* »Ich erkenne meine Unfähigkeit, selbst in der Freizeit von den Problemen anderer, die den ganzen Tag über auf mich einstürmen, loszukommen. Ich schalte dann ab. Was meine Angehörigen mir erzählen, höre ich oft nur noch wie ein undeutliches Gemurmel, ohne seinen Inhalt zu erfassen. Meine Gedanken sind noch ganz beim Tagesgeschehen« (50jähriger Universitätsprofessor).

Der Partner oder die Partnerin erfahren vielleicht lange Zeit nichts von der Überforderung des Helfers und reagieren dann nach vielen Jahren mit vollständigem Nichtverstehen auf seine Erkrankung, seine Wut oder seinen Scheidungswunsch. Also: Alles zu verstehen heißt keineswegs, alles zu ertragen. Sondern: Vieles zu verstehen macht es in besonderer Weise notwendig, an der richtigen Stelle die Grenze der eigenen Belastbarkeit sichtbar zu machen.

Robertiello (1978) hat den Vorgang der Partnerfindung folgendermaßen beschrieben: Helferinnen und Helfer fühlen sich manchmal von Personen des anderen Geschlechts angezogen, die weniger selbstsicher und erwachsen sind als sie selbst, sind diesen gegenüber hilfsbereit und unterstützend und reihen sie so in ihre Klientenschar ein. Die Gratifikation des Helfers besteht in diesem Fall darin, daß er überlegen ist, die Situation kontrolliert und einen Partner hat, der ihn bewundert. Das mag einige Zeit lang für beide gutgehen; aber dann werden Partner oder Partnerin des Helfers vielleicht immer abhängiger, und er selbst erhält nicht den Rückfluß an Energie, den er benötigt.

Depressivität und Intrapunitivität

Das Leiden des Klienten Tag für Tag anzunehmen und zu begleiten setzt eine gewisse eigene Affinität des Helfers zu einem depressiv getönten Erleben voraus. Auch das Intrapunitive, also die Bereitschaft, Belastungen eher als selbstverschuldet denn als durch fremdes Einwirken verursacht zu betrachten, ist der Helferhaltung eigen. Wenn der Klient mit der Behandlung nicht zufrieden ist, so fühlt sich der Helfer verpflichtet, sich in Supervision zu begeben und sich zu fragen, was er in dem schwierigen Fall zu tun versäumt hat. Er ist also gehalten, die Ursache des Problems zumindest teilweise bei sich selbst statt beim Klienten allein zu suchen.
Aber diese in der Therapie angemessene Haltung hat eine Kehrseite. Sie macht es dem Helfer schwer, in der eigenen Partnerschaft auf Kritik, Wut und Beschuldigung angemessen zu reagieren. Manche Helfer verfallen bei häuslichen Konflikten in melancholisches oder nachdenkliches, aber jedenfalls tiefes Schweigen, bis ihnen eine Deutung einfällt. Andere beginnen mit vor unterdrückter Erregung bebender Stimme, jedoch sehr diszipliniert, die Gefühle des Partners zu verbalisieren, etwa in der Art: ›Ich fühle jetzt ganz deutlich, wie wütend du bist.‹ Wieder andere versuchen, sich mit der Haltung stillen Leidens auf früher einmal vereinbarte Beziehungsregeln zurückzuziehen, und kehren die Trauer darüber heraus, daß der Partner sich nun nicht mehr daran hält.
Für Partnerin und Partner ist dabei die Tatsache, daß der Helfer scheinbar die Ruhe bewahrt, oft das, was sie erst gerade in Rage bringt. Sie äußern dann: ›Deine Selbstkontrolle geht mir unglaublich auf die Nerven!‹ oder ›Kannst du denn nicht einmal wütend werden

wie ein normaler Mensch?‹ oder ›Wenn ich was von dir will, komme ich einfach nicht an dich heran!‹ Der Helfer aber, der als Fachmann für gefühlsmäßig verwirrende Situationen den Überblick zu behalten gelernt hat, kann sich in der Partnerschaft nicht mehr einfach mitten ins Getümmel stürzen. Er behält so wie dem Klienten gegenüber mit verhaltener Anspannung den Überblick.
Aber auch die Überwindung der depressiven und intrapunitiven Position durch den Helfer ist nicht ohne Probleme in der Partnerschaft. Wenn der Helfer den Partner in der Auseinandersetzung ruppig unterbricht oder anschreit, mag dieser den Spieß rumdrehen und antworten: ›So gut wie deine Klienten möchte ich es auch einmal haben. Denen hörst du eine ganze Stunde lang zu, auch wenn sie dir den größten Quatsch erzählen und dich beleidigen oder beschimpfen. Aber für mich hast du keine Zeit oder nur zwischen Tür und Angel, und dann muß ich meine Anliegen auch noch in wohlgesetzte Worte kleiden und als Selbsteröffnung oder als Feedback formulieren, und meine Wut darf ich auch nicht äußern, sondern nur beschreiben. Das stinkt mir jetzt!‹ Da nützt es nicht viel, wenn der Helfer darauf hinweist, daß der Kontakt mit dem Klienten ja nur eine Stunde lang dauert und daß es für dabei auftretende Konflikte technisch ausgefeilte Abfederungen gibt. Der Partner bleibt dabei, der Klient habe es besser als er selbst, und droht, sich heimlich als Klient in den Terminkalender des Helfers einzutragen.

Öffentlicher Erwartungsdruck

Partnerschaften verlaufen gut oder weniger gut; aber bei Helfern *sollten* sie *gut* verlaufen. So sagen im Krisenfall Bekannte, die selbst nicht Helfer sind: »Gerade von Euch hätten wir das nie gedacht! Ihr habt uns doch so oft erklärt, wie wir mit unseren Konflikten und Problemen umgehen sollten, und jetzt kommt Ihr mit Euren eigenen nicht zurecht!« – worin sich die Auffassung verrät, Trennungen seien Versagen und Niederlage. Außenstehende äußern also Enttäuschung, Verwirrung und Vorwürfe; denn natürlich haben die Helfer Idealisierungen Vorschub geleistet, indem sie sich als Experten für Partnerschaft ausgegeben und viele Beziehungsprobleme als lösbar

bezeichnet haben, denen sie in der eigenen Person und Partnerschaft noch nicht begegnet sind. Darauf kann man als Helfer antworten: Auch Rennfahrer hätten ja manchmal Unfälle, obwohl man an ihren Fahrkünsten nicht zu zweifeln brauche; und vielleicht seien Helfer ja eine Art Rennfahrer auf psychischem Gebiet. Aber das bringt die Irritation des Gegenüber nicht zum Verschwinden.
Im Kollegenkreis ist der Erwartungsdruck einerseits weniger groß. Man stößt oft auf Verständnis, wenn man von Problemen in der eigenen Partnerschaft erzählt. Man weiß auch, an welchen unter den Kollegen man sich wirklich wenden kann, wenn es einem damit einmal nicht gut geht. Aber auch innerhalb der Zunft gibt es Fallstricke. Der Kollege ist eben nicht nur Helfer, sondern auch Beobachter und Diagnostiker dessen, was er erfährt.

Eine Psychotherapeutin, die in zehn Jahren drei Trennungen von Lebenspartnern erlebt hat, sagt mir: »Zu meinem persönlichen Schmerz kommt die Angst vor den Kollegen. Ein normaler Mensch würde sagen: ›Sie hat aber Pech gehabt mit den Männern. Das hat sie nicht verdient.‹ Aber die Kollegen sagen jetzt doch: ›Die hat wohl ein Problem mit Männern‹, und fangen an, mich zu deuten.« Das mag dazu führen, daß Helferinnen und Helfer die Probleme ihrer eigenen Partnerschaft zu lange einem Dritten gegenüber nicht zur Sprache bringen. Vorsicht, Scham oder Stolz, Über-Ich und Ich-Ideal lassen es nicht zu.

Falsche Fürsorge

Solche selbst geschaffenen Bedingungen für das Zusammenleben mögen dazu führen, daß Helferin und Helfer sich in der eigenen Partnerschaft ständig übernehmen. Das Konzept ›Falsche Fürsorge‹ greift diesen Sachverhalt auf. Es wendet sich an Helfer und andere Personen, die mit übermäßigem Einsatz versuchen, einen Angehörigen zu retten. Leserin und Leser sind eingeladen, im Selbstversuch eine eventuelle eigene entsprechende Neigung und Bereitschaft einmal zu beleuchten (Tab. 2).

Tab. 2: Fragebogen über ›Falsche Fürsorge‹ in Partnerschaft, Familie und Beruf (Hambrecht, 1987)

Die folgenden Fragen sind als Hilfe zur Selbstbeobachtung des Helferverhaltens gedacht. Statt ›Partner‹ kann man jeweils ›Kind‹, ›Klient‹, ›Kollege‹ usw. einsetzen.

1. Haben Sie oft besser als Ihr Partner gewußt, was gut für ihn ist?
○ ja ○ nein
2. Machen Sie sich häufig Sorgen über Ihren Partner? ○ ja ○ nein
3. Getrauen Sie sich oft nicht zu zeigen, daß es Ihnen schlecht geht?
○ ja ○ nein
4. Haben Sie manchmal das Gefühl, alles könnte zusammenbrechen, wenn Sie es nicht zusammenhalten? ○ ja ○ nein
5. Haben Sie sich manchmal so sehr mit dem Verhalten Ihres Partners befaßt, daß Sie nur noch wenig Aufmerksamkeit für sich selbst hatten?
○ ja ○ nein
6. Empfinden Sie Verantwortung für die Probleme Ihres Partners?
○ ja ○ nein
7. Versuchen Sie, auf den anderen Optimismus auszustrahlen?
○ ja ○ nein
8. Haben Sie manchmal Ihre ganze Energie darauf verwandt, jemand anderen ändern zu wollen? ○ ja ○ nein
9. Machen Sie Ihrem Partner häufig Vorwürfe? ○ ja ○ nein
10. Gebrauchen Sie bisweilen Notlügen, um Ihrem Partner zu helfen?
○ ja ○ nein
11. Haben Sie Ihre eigenen Ziele häufig hintangestellt? ○ ja ○ nein
12. Haben Sie schon oft den Wunsch verspürt, sich einfach auch einmal gehen lassen zu können? ○ ja ○ nein
13. Hoffen Sie manchmal, daß Ihr Partner Ihnen zuliebe seine Symptome aufgibt? ○ ja ○ nein
14. Haben Freunde gelegentlich zu Ihnen gesagt: »Jetzt denk' auch mal an Dich!«? ○ ja ○ nein
15. Versuchen Sie öfter, Ihrem Partner negative Konsequenzen seines Tuns zu ersparen und selbst auf sich zu nehmen? ○ ja ○ nein
16. Ist es für Sie riskant, sich offen und frei auszudrücken, wenn Sie die Reaktionen Ihres Partners fürchten? ○ ja ○ nein
17. Wenn Sie sich nach Ihren eigenen Wünschen und Bedürfnissen fragen, fällt Ihnen dann wenig ein, was Sie nur für sich möchten?
○ ja ○ nein
18. Neigen Sie dazu, die Probleme von anderen zu Ihren eigenen zu machen? ○ ja ○ nein

Die Zahl der Ja-Antworten kann ein Indikator für Falsche Fürsorge sein. Unter Umständen genügt aber auch eine einzige bejahte

Antwort, den Leser in eine heilsame Beunruhigung zu versetzen. Für manche Helferinnen und Helfer lohnt es sich, diese Fragen im Abstand einiger Wochen oder Monate mehrmals zu beantworten und zu prüfen, ob die Zahl der Ja-Antworten zunimmt, gleich bleibt oder abnimmt. Für andere kann es hilfreich sein, den Fragebogen hinsichtlich des eigenen Einsatzes für verschiedene Hilfsbedürftige zu beantworten. Es mag dann sichtbar werden, daß ein Helfer in einigen Bereichen richtig und sinnvoll handelt, in anderen seine Kräfte weit überfordert oder ohne Einfluß bleibt.

In einem Seminar für Psychotherapeuten und andere Helfer zum Thema Burnout bat ich Seminarteilnehmerinnen und Seminarteilnehmer, den Fragebogen über Falsche Fürsorge sowohl für die eigene Partnerschaft als auch für die eigenen Klienten zu beantworten. Bezüglich ihrer eigenen Partner antworteten sie im Durchschnitt 7,6mal mit Ja, für ihre Klienten 7,2mal (zwischen 4 und 13 bzw. 3 und 17 Zustimmungen). Antoch (1986) empfiehlt diesbezüglich, was die Haltung zu Klienten angeht, daß Helfer ihr therapeutisches Handeln nicht als Akt der Heilung, sondern als Gelegenheit zur Selbstheilung verstehen und dem Klienten auch so verdeutlichen.

5. Belastung durch Klienten

Wesentliche Belastungen von Helferinnen und Helfern haben ihren Ausgangspunkt bei den Klienten. Das nun folgende Kapitel benennt einige dieser Lebenserschwernisse, die von Helfern oft als ermüdend, frustierend oder blockierend erlebt werden. Vermutlich kann jeder Helfer mit manchen ›schwierigen‹ Klienten gut umgehen, während andere ihn an einem empfindlichen Punkt treffen und ihn dann wild oder apathisch machen. Oft sind es Kleinigkeiten in Tonfall, Wortwahl, Argumentationsweise des Klienten, die im Helfer tiefe Abneigung hervorrufen. Vermutlich enthalten die meisten davon Erinnerungsanteile früherer Erfahrungen. Von einer Helfergefährdung ist dann auszugehen, wenn immer mehr Klienten von unterschiedlicher Art anfangen, seinen Widerwillen zu erregen.
Wir beginnen mit der Darstellung einiger Klienten-Merkmale, die Helferinnen und Helfer oft zu schaffen machen. Dies ist keine

Schuldzuschreibung. Denn natürlich gehört zu einer Helferbelastung immer auch ein Helfer, der sie mitmacht. Es ist nicht meine Absicht, eine Kliententypologie zu erstellen. Vielmehr hat die Darstellung rein beschreibende Intention. Je nach Beruf können Leserinnen und Leser dabei auch an Patienten, Schüler, Pflegebedürftige, Ratsuchende, Antragsteller und andere Gegenüber denken.

Klienten-Merkmale

Gierige Klienten. Manche Klientinnen und Klienten beanspruchen ihre Helfer so sehr, daß diese sich am Ende eines Arbeitstages wie leer fühlen. Helfer sagen dann über ihre Klienten: ›Sie saugen mir alle Lebenskraft aus – am Abend bin ich nur noch ein Schatten meiner selbst.‹ In meiner eigenen therapeutischen Arbeit ist mir dies besonders im Umgang mit depressiven und mit süchtigen Klienten begegnet. Bezeichnenderweise werden beide Störungsbilder oft mit einer oralen Problematik in Verbindung gebracht, also einer übermäßigen Gehemmtheit oder Gier im Bereich der Nahrungsaufnahme und Selbstversorgung. Das kann so weit gehen, daß Helferinnen über die eigene Schwangerschaft bestürzt sind, weil einige Klienten dies als Zurücksetzung empfinden könnten.

Mich selbst bedrängte einmal eine Klientin in mehreren Telefonaten, ihr und ihrem Mann einen Sitzungstermin während der Ferienzeit einzuräumen. Ich blieb aber allen Argumenten, Drohungen und Tadeln gegenüber standhaft. In der ersten Sitzung nach den Ferien wechselte sie die Position und sagte, zu ihrem Mann gewandt: »Siehst du, am Herrn Fengler solltest du dir einmal ein Vorbild nehmen mit deinem blöden Beruf. Der weiß jedenfalls, wann er Dienst hat und wann Freizeit!«

Stark beeindruckende Klienten. Starke Eindrücke hinterlassen oft auch Klienten ohne besondere Pathologie, die einfach durch Ausstrahlung, Ausdrucksform, Aussehen oder Behinderung besonders hervortreten. Dem entspricht ein Untersuchungsergebnis von Good (1975), der zeigen konnte, daß Klienten ihre Therapeuten um so offener, hilfreicher, einfühlsamer, fähiger, anziehender und empfehlenswerter fanden, je mehr Ähnlichkeiten sie zwischen ihnen und sich selbst wahrnahmen. Das ist unmittelbar einleuchtend; intuitiv tragen wohl die meisten Helfer dem Rechnung, indem sie sich während der ersten Sitzungen betont gewährend und zustimmend äußern, mehr an die gemeinsamen Möglichkeiten als an die Unterschiede anknüpfen und die Konfrontation auf später verschieben. Aber daraus mag sich ein Grad an Offenheit und Empfangsbereitschaft entwickeln, der dem Helfer selbst abträglich ist. Grundlegende Aufgeschlossenheit für den anderen, frei von Bewertung und Tadel, ist gewiß eine gute Voraussetzung für den Beruf des Helfers. Aber dieses Sich-Öffnen hat eben eine gefährliche Kehrseite, und da geht es dem Helfer an die Substanz.

Eine Supervisandin, die mit gehörlosen Klienten zu tun hat, sagt: »Manchmal fühle ich mich gar nicht mehr als ich selbst. Ich bin sprechfaul geworden; ich kann mich aus Gesprächen mit Klienten und Freunden einfach ausklinken, indem ich wirklich nicht mehr höre, was gesprochen wird. Ich kann kaum mehr grammatisch richtige Berichte schreiben; längere Texte verstehe ich schon lange nicht mehr. Manchmal merke ich, daß ich die Fehleinschätzungen meiner Klienten ganz normal finde. Mein eigenes Denken ist sprunghaft und kurzschrittig geworden. Ich glaube, ich muß aus dieser Arbeit schleunigst raus oder jedenfalls mehr Pausen und Erholungszeiten unter Hörenden einlegen.«

Ähnliche Beobachtungen wird mancher Leser des Buches ›Ich hab Dir nie einen Rosengarten versprochen‹ (Green, 1975) an sich gemacht haben. Nach der Lektüre der ersten Kapitel erscheinen Erleben und Verhalten des wegen Schizophrenie behandelten jungen Mädchens zunehmend vernünftig und einfühlbar, die Reaktionen der Umwelt immer uneinsichtiger und verrückter. Professor Reimer von der Universität Gießen berichtete neulich von einem Arzt, der die apathische depressive Patientin physisch aus dem Bett zerrte mit dem Ausruf: »Stehen Sie endlich auf! Ich muß auch jeden Morgen aufstehen, dann können Sie es doch wohl auch!« – so unerträglich waren ihm ihre Erschöpfung und Hilflosigkeit.

Passiv-aggressive Klienten. Manchen Klienten gelingt es, den Helfer zum Arbeiten zu veranlassen, während sie selbst es sich bei allem Lebensunglück während der Sitzungen doch einigermaßen bequem zu machen vermögen.

So berichtete mir ein sehr depressiver Klient immer wieder von nächtlichen Aufenthalten in Parks, während derer er sich der Phantasie hingab, seine ganze gestaute Wut an einem zufällig vorbeikommenden Fußgänger auszulassen und diesen totzuschlagen – eine Vorstellung, die angesichts seiner kräftigen Statur für mich durchaus beunruhigend war. Ich machte mir nach solchen Sitzungen immer große Sorgen, weil ich die potentiellen Opfer und auch ihn in wirklicher Gefahr sah. Er dagegen lehnte sich nach diesen Darstellungen oft mit einer gewissen Selbstgefälligkeit zurück, ganz so, als wolle er sagen: ›Nun habe ich dir doch wirklich was richtig Pathologisches geboten, nun mach mal!‹

Eine Klientin antwortete auf Deutungen, die ihr nahekamen, stets mit der in scharfem Ton gestellten Frage: »Heißt was?« und veranlaßte mich so, ihr meine Äußerungen im Detail zu erklären. Am Ende war dann die Luft raus, keine Spur von Aha-Erlebnis, und sie sagte mir abschließend, die Deutung sei blöd gewesen.

In der Begegnung mit passiv-aggressiven Klienten mag der Helfer sich fühlen wie der Hase im Wettlauf mit dem Igel: Er strengt sich an, bis er ganz außer Atem ist. Der Klient dagegen bleibt recht entspannt und erklärt immer wieder, er selbst könne nichts tun; der Helfer habe leider wieder einmal nicht das Richtige getroffen; doch spüre er sein Bemühen und betrachte es mit Wohlwollen; vielleicht werde die Arbeit des Helfers in Zukunft ja doch noch etwas besser; das werde sich dann auch positiv auf sein, des Klienten, Befinden auswirken. Frederik Kanfer (1996) hat diesem Umstand mit der ›Goldenen Regel‹ Rechnung getragen: »Wenn Du als Therapeut in einer Sitzung härter arbeitest als Dein Klient, ist irgend etwas schiefgelaufen in der Sitzung.« Manche Klienten belasten uns auch durch ihre penetrante Bescheidenheit. Wir spüren den Vorwurf, der dahinter steht, und tun uns doch schwer damit, uns des in uns aufsteigenden Schuldgefühls zu erwehren.

Manipulative Klienten. Einigen Klienten gelingt es, ihre Helfer zu Entscheidungen und Handlungen zu veranlassen, die diese bei klarer Besinnung (die oft allerdings erst reichlich verspätet eintritt) nicht bejahen könnten.

Ich arbeitete einmal mit einem sehr charmanten 30jährigen Mann. Gleich in der ersten Sitzung überredete er mich zum Du. Ein paar Wochen später senkte ich ihm das Therapiehonorar und stundete es ihm. Am Ende holte ich ihn mit dem Auto von der Bahn ab und brachte ihn nach der Sitzung wieder hin. Er war der geborene Verführer. Ich bemerkte die wiederkehrende Überrumpelung erst, als meine Frau mich grinsend fragte, ob ich jetzt eine Nebentätigkeit als Taxifahrer angetreten hätte.

Manchen Süchtigen gelingt es, ihre Helfer in ein sadistisches Arrangement hineinzuziehen. Sie verstoßen immer wieder gegen alle vereinbarten Regeln. Die Helfer reagieren zunehmend penibel, kontrollierend, übertrieben bestrafend, fühlen sich nicht wohl dabei und stehen dem eigenen Verhalten befremdet gegenüber, können aber aus dem Spiel nicht mehr heraus. Eben dies ist das Wesen der Manipulation: Das Opfer bemerkt sie nicht, sondern findet den Vorgang im Gegenteil über längere Zeit hinweg ganz natürlich und rechtfertigt ihn auch noch.

Intrigierende Klienten. Besonders in Institutionen besteht die Gefahr, daß Klienten Helfer gegeneinander ausspielen und aufhetzen. Ein intrigierender Klient wird den Helfer vielleicht in kleinen Nebenbemerkungen wissen lassen, was er von dessen Arbeit hält und was er in ihr vermißt, was ein anderer Helfer besser macht und was jener von diesem Helfer und seiner Kompetenz hält. Solche Äußerungen sind nie wirklich überprüfbar, können aber in einem Team binnen kurzer Zeit heillose Verwirrung stiften.

Ein Sozialarbeiter sagte mir einmal: »Ich komme in einen Raum unserer Klinik, in dem ein Kollege mit einem Klienten sitzt, und irgendwie gelingt es dem Klienten, mir das Gefühl zu vermitteln, sie hätten eine unglaublich dichte, kostbare Beziehung miteinander, und mein Hereinkommen drohe nun alles zu zerstören. Und auch der Kollege scheint dies zu empfinden.« Schon herrscht Zwist zwischen den beiden Helfern.

Seelisch schwer kranke Klienten. An manchen Klienten spüren Helfer die Schwere der seelischen Erkrankung zum Greifen deutlich. Die krassen Fehlwahrnehmungen und Fehlurteile, unkontrollierten Aggressionen, bizarren Gedanken und Pläne sind oft sehr auffallend.

Eine Therapeutin schreibt mir: »Eine Klientin hat mich in ihren Wahn einbezogen, und ich kann mich ihren Vorwürfen gegenüber nicht wehren. Ich werde dann wütend und kann nicht mehr konstruktiv handeln angesichts der jahrelangen Fortdauer von Anrufen.« Eine andere Kollegin mußte erleben, wie eine Klientin ihr die Praxis anzündete. Sie hatte später große Skrupel, vor Gericht gegen sie auszusagen und wegen des angerichteten Schadens gegen sie zu prozessieren.

Dieses Krankhafte ist ansteckend. Helfer wissen dann oft nicht mehr, ob ihr eigenes Denken und Handeln noch normal ist oder auch schon so pathologisch verbogen wie das der Klienten. Einfühlung heißt ja, daß der Helfer den Klienten so sehr in dessen Fühlen und Wünschen, Empfinden und Wollen, Denken und Planen versteht, als sei er er selbst, also gleichsam bis in die Fingerspitzen hinein. Einen solchen Grad der Identifikation darf sich der Helfer stets nur für kurze Zeit abverlangen. Alles, was darüber hinausgeht, gefährdet seine eigene Persönlichkeit. C. G. Jung (1968) und Carl R. Rogers (1972) haben von solchen Gefährdungen berichtet. Nicht ohne Grund wird immer wieder betont, der Helfer solle so fühlen, *als ob er der Klient sei.* Er soll also stets wissen, wo die Grenze zwischen ihm und dem Klienten liegt.

Tatsächlich wissen Helfer im dauernden Umgang mit solchen Klienten oft nach einiger Zeit nicht mehr genau, wer sie selbst sind, oder sichern die eigene Identität durch übermäßige Abgrenzung gegen jene ab. Es ist kein Zufall, daß der in Kapitel 8 vorgestellte Fragebogen zur Burnout-Messung u. a. eine Skala über Depersonalisation enthält (»Ich habe das Gefühl, manche Klienten so zu behandeln, als wären sie ›Objekte‹«; »Es interessiert mich nicht wirklich, was mit manchen Klienten geschieht« ...

Manche Helfer helfen sich über die Zielgruppen schwerkranker Klienten mit Bezeichnungen wie ›früherworbene Grundstörung‹ oder ›Borderline-Syndrom‹ hinweg. Das verhilft ihnen im Kollegenkreis zu einem Mitleidsrabatt: Wer bei diesen Klienten nichts erreicht, dem ist gewiß kein Vorwurf zu machen, lautet das einhellige Kollegenurteil. Aber man muß doch fragen, ob diese Bezeichnungen wirklich eine klinisch einigermaßen einheitliche Klientel bezeichnet oder ob hier nicht eine Ontologisierung der Begriffe erfolgt, die in der Praxis zur Legitimation einer ›Therapie mit Untherapierbaren‹ führt.

Ein Arzt aus dem Suchtbereich berichtete mir dazu einmal: »Wir haben in der Supervision ganz damit aufgehört, uns gegenseitig zu deuten. Bei unseren frühgestörten Patienten würden Deutungen oft auch ziemlich trivial ausfallen. Natürlich aktualisieren sie in uns korrespondierende Störungsanteile – das wissen wir alle, aber es hilft uns nichts. Stattdessen haben wir uns gegenseitig die Erlaubnis erteilt, in der Supervision über jeden Klienten ausgiebig zu schimpfen. Das klärt und reinigt sehr schön unsere Beziehung zu ihnen, viel deutlicher, als jede Deutung es könnte.«

Unerreichbare und uneinsichtige Klienten. Manche Helfer klagen darüber, daß sie zu ihren Klienten keinen Rapport gewinnen oder daß dieser immer wieder abbricht. Dies ist besonders schmerzhaft, wenn der Helfer einen klaren eigenen Impuls zur Unterweisung, Unterstützung und Klärung in sich spürt, den er nicht vermitteln kann. Der eigene Verhaltensfluß wird so immer wieder blockiert, muß neu in Gang gebracht werden und stößt schon nach wenigen Minuten wieder vor eine Wand. Für die Arbeit mit geistigbehinderten Klienten läßt sich diese Belastung in Form einiger Polaritäten darstellen:

- Initialbegegnung zwischen personaler Offenheit und professioneller Zurückhaltung
- Psychodiagnostische Abklärung zwischen Hoffnung und Enttäuschung
- Vorgeschichte zwischen Wirksamkeitsanspruch und Ohnmacht
- Einfühlung zwischen Annäherung und Barriereerfahrung
- Konzeption zwischen therapeutischem Ansatz und bescheidenem Handeln
- Evaluation zwischen Erfolg und letztendlicher Begrenztheit
- Legitimation zwischen erfolgreicher Praxis und unklarer ethischer Handlungsgrundlage
- Erlebnisverarbeitung zwischen Bejahung der Behinderung durch die Therapeuten und weiterbestehender Trauer der Klienten und ihrer Angehöriger
- Menschenbild zwischen Gleichheitspostulat und wiederkehrenden inneren Zweifeln (Fengler, 1996 b).

Eugen Kennedy widmet in seinem Handbuch der Lebensberatung (1978) diesen Klienten, die man nicht erreicht, aber auch nicht loswerden kann, ein eigenes Kapitel. In der Arbeit mit Psychotikern, Süchtigen, Gehörlosen, Geistigbehinderten ist dies oft der Fall. Hohe Kommunikationsbarrieren sprachlicher, kognitiver und emotionaler Art stehen einer Verständigung immer wieder im Wege. Verständlicherweise bezeichnen Helfer solche Klienten rasch als ›uneinsichtig‹ und sehnen sich nach ›normaleren‹, ›vernünftigeren‹ oder ›gesünderen‹ Klienten. Auch die Tatsache, daß der Begriff ›compliance‹, also die Mitarbeit des Klienten, in den letzten

Jahren in Helferkreisen immer beliebter wird, weist darauf hin, daß hier besondere Belastungen erlebt werden.
Für den Klienten ist es meist schwer, sich mit einem Symptom anzufreunden, das er loswerden möchte: Beim Erröten und beim Stottern wird dies besonders deutlich. Dabei ist u. a. gerade der Widerwille gegenüber dem Symptom ausschlaggebend dafür, daß es dem Menschen mit solcher Beharrlichkeit anhaftet.

Ich selbst arbeitete einmal mit einem jungen Mann, der sein Erröten aufs Tiefste haßte. Er konnte spüren, wie ihm das Blut in heißen Wellen ins Gesicht stieg. Er versuchte, es zu tarnen, beneidete Menschen mit einer gesunden, kräftigen Sonnenbräune und dachte, bei ihnen sei das Erröten unsichtbar und das Problem damit behoben. Er hoffte auch, mit dem Ende der Schulzeit und dem Beginn der Handwerksausbildung werde sich alles bessern, weil die Freunde in der neuen Umgebung von seinem Erröten noch nichts wüßten. Kurz, er hielt das Symptom für das Problem und schämte sich nach außen, statt sich nach innen zu wandeln. Als ich ihm nahelegte, sich mit dem Erröten auszusöhnen, antwortete er heftig: »Niemals!«

Die Annahme des Schattens, also der ungeliebten, gern übersehenen, geleugneten oder angefeindeten dunklen Seite der eigenen Person scheint sehr schwer. Aber dies zu ermöglichen ist eine der wichtigsten Aufgaben von Klärungsprozessen.

In einer anderen Therapie sagte ich zu einer Klientin, die sich über ihre Schüchternheit sehr ärgerte: »Aber diese Zurückhaltung verleiht Ihnen auch eine ganz besondere Anmut.« Da fuhr sie wütend hoch: »Herr Fengler, wir leben nicht im Biedermeier!«

Abbrecher. Einige Klienten verschwinden, ohne sich abzumelden, aus dem Blickfeld ihrer Helfer. Diese interpretieren den Vorgang oft als Votum gegen ihren eigenen Einsatz, sind gekränkt und zweifeln an ihrer Kompetenz. Manche dieser Abbrecher melden sich nach Monaten oder Jahren wieder und äußern sich dann zustimmend und dankbar bezüglich der damaligen Behandlung. Es gibt begründete Hinweise, daß sich frühe Abbrecher von späten unterscheiden. Während erstere von der Behandlung meist nicht viel Nutzen haben, können späte Abbrecher teilweise ›erfolgreichen‹ Klienten gleichgestellt werden. Dem Helfer, dem der Abbruch des Klienten widerfährt, nützt dieses Wissen aber zunächst wenig, weil er dessen Motive nicht kennt und die Schuld bei sich selbst sucht.

Unattraktive Klienten. Die Zielgruppen, mit denen manche Helferinnen und Helfer arbeiten, entsprechen keiner der aktuellen Merkmalskombinationen attraktiver Menschen. Die Klienten sind weder YUPPIES (= Young Urban Protestant Professionals) noch YAVIS (= Young, Attractive, Verbal, Intelligent, Successful) oder DINKS (= Double Income – No Kids) noch weisen sie eine interessante Lebensgeschichte auf. Es fehlen ihnen die Attribute, die dem Helfer den Rückschluß ermöglichen könnten, er selbst sei anziehend und bedeutsam. Vielmehr befinden sich viele Klienten am Ende eines Abstiegs, weder für sich noch für andere Menschen begehrenswert. Im Alltag kann man beobachten, daß es meist mehr Spaß macht, einem Prominenten einen Gefallen zu tun als einem Stadtstreicher. Auf Kongressen wird auffallend gern von prestigehaltigen Klienten berichtet (›Ich hatte da einmal einen erfolgreichen Geschäftsmann in Behandlung, Anfang fünfzig, vital, Villa, Segelyacht, mehrere Autos, Weltreisen, hübsche Frau, drei gesunde Kinder, und zu mir kam er mit einer schweren Depression und Herzneurose ...‹). Settin et al. (1981) konnten in einem fingierten Fall zeigen, daß Therapeuten männliche Klienten um so positiver darstellen, je höher deren Schichtzugehörigkeit angegeben wurde. Aber Helferinnen und Helfer sollen auch mit wenig erfolgreichen, im Leben gescheiterten Personen arbeiten, und das auch noch gerne.

Erfolglose Klienten. Unter erfolglosen Klienten leiden Helfer gewiß fast immer, also solchen Klienten, die nichts begreifen, nichts entscheiden, nichts verändern, auch auf solchen Gebieten nicht, die dem Helfer leicht angehbar erscheinen. Der Helfer wird dabei stets mit der Vergeblichkeit seines Handelns konfrontiert.

Ein Verkehrspsychologe schreibt mir: »In der Therapie von Alkoholauffälligen (Driver Improvement) erlebte ich bei Rückfällern besonders zu Anfang starke Gefühle der Enttäuschung und Demotivation – m. E. eine zu starke persönliche Betroffenheit.«

Erfolglose Klienten führen dem Helfer stets seine eigene Erfolglosigkeit vor Augen. Immer wieder kommt es zu Vorsätzen, Neuansätzen, Versprechungen und Schwüren, immer wieder zu Rückfällen, Lügen, Treulosigkeiten nach vorangegangener Treuherzigkeit oder einfach zu Unbeweglichkeit in den kleinsten

Verrichtungen. Ist der Helfer in einer konfessionellen Einrichtung tätig, so wird von ihm erwartet, daß er *nie die Hoffnung aufgibt,* einem Klienten doch helfen zu können. Dies kollidiert manchmal mit entsprechenden Gedanken des Helfers, die er nun folgerichtig nur noch ganz heimlich zu denken wagt.
In der Staff Burnout-Scale for Helping Professions (SBS-HP) werden mögliche Reaktionen darauf formuliert:

Ich habe das Interesse an meinen Klienten verloren und habe die Tendenz, diese Menschen in einer distanzierten und fast mechanischen Art zu behandeln (ja – nein). Auf meine Klienten reagiere ich häufig ärgerlich und gereizt (ja – nein). Wegen unkooperativer Klienten habe ich in letzter Zeit einige Probleme mit meiner Arbeitsleistung (ja – nein). Bei meiner Arbeit vermeide ich Kontakt mit Klienten (ja – nein) (nach Enzmann und Kleiber, 1989).

Man kann Helfern aber nicht raten, dem Klientenfortschritt gegenüber eine indifferente Haltung einzunehmen, sich also über Erfolge nicht mehr zu freuen und sich über Stagnationen *nicht* mehr zu beunruhigen. Denn manche Erfolge kommen gewiß nur in der Wechselwirkung zwischen Klienten-Bemühen und Helfer-Engagement zustande. Leake et al. (1977) konnten zeigen, daß die Heilungserwartung des Beraters signifikant in Beziehung zur tatsächlichen Besserung jugendlicher Alkoholabhängiger stand. Am Ende bleibt dem Helfer also nichts übrig, als eine Haltung ›distanzierter Anteilnahme‹ (Aronson et al., 1989) zu entwickeln und darin Impulse und Gegenimpulse unterzubringen.

Übertragung und Gegenübertragung

Viele Vorgänge in Klärungsprozessen sind nicht mit einer bestimmten Klientenart in Verbindung zu bringen, sondern können in jeder Behandlung auftreten. Snider (1985) hat darauf hingewiesen, daß in Amerika zunehmend Berater, Supervisoren, Beratungsstellen und Stiftungen zur Verantwortung gezogen werden, wenn deren Klienten andere Personen geschädigt haben. Eine solche Entwicklung könnte in absehbarer Zeit auch auf Helferinnen und Helfer in Europa zukommen. In zahlreichen amerikanischen Arbeiten wird die Belastung erörtert, die aufgrund einer Klienten-Selbsttötung beim Helfer entsteht. In den Vereinigten Staaten wird in solchen

Fällen oft gerichtlich geprüft, ob der Helfer sich durch Tun oder Unterlassen schuldig gemacht hat und belangt werden muß (z. B.

Tab. 3: Aufbau und Wirkung von Gegenübertragungshaß bei der Behandlung suizidaler Patienten (Reimer, 1981, S. 9)

Abwehr	Bewußte Phantasie des Therapeuten	Erlebter Affekt	Potential für »Acting Out«
Keine	Mord, Marter, Abweisung	Haß	gering
Verdrängung von Haß	Wunsch, irgendwoanders zu sein, Konzentrationsschwierigkeit auf das, was Pat. sagt	Ruhelosigkeit, Angst, Schläfrigkeit, Erfahrung eines geringen Affektes gegenüber dem Pat.	Tendenz, auf die Uhr zu sehen, ungeduldig zu sein, indirekte Übermittlung einer leichten Abweisung
Wendung des Hasses gegen sich selbst	Impuls, aufzugeben. Phantasien von Selbstentwertung u. Degradierung. Suizidgedanken	Gefühl von Wert- und Hoffnungslosigkeit; deutliches Gefühl von Unfähigkeit	Pat. irgendwoanders hinschicken; in masochistischer Weise die Entwertung durch den Pat. ohne weitere Nachforschungen akzeptieren
Verkehrung des Hasses ins Gegenteil (Reaktionsbildung)	Wunsch, den Pat. von der Bindung an ihn zu lösen	Gefühl von ängstlicher Einsamkeit, Drang zu helfen und zu heilen	Einmischung in die Angelegenheiten des Pat., zu häufiges Nachfragen nach Suizidimpulsen
Projektion des Hasses	Der Pat. ist dabei, sich selbst zu töten. Der Pat. will mich töten	Furcht, leichter Haß	Verstoßung des Pat.; Versuche, suizidales Verhalten durch aufgezwungene Kontrollen zu kontrollieren
Verschiebung und Verleugnung	Pat. ist jenseits jeder Hilfe	Gleichgültigkeit, Mitleid, Resignation	Verstoßung des Pat.

Knapp et al., 1983). Maltsberger und Buie (z. n. Reimer, 1981) haben einmal zusammengestellt, welche Wechselbäder verschiedene Affekte der Helfer in solchen Fällen durchmachen mag (Tab. 3).

Die Fähigkeit des Helfers, Übertragungen anzunehmen und die eigenen Gegenübertragungen zu kontrollieren, wird oft sehr strapaziert. Tab. 4 zeigt die darin verborgenen Gefahren. Manchmal kommt es zu unauflösbaren Verstrickungen. Dörte von Drigalski (1980) hat in dem Bericht ihrer eigenen Analyse den Begriff ›West-

Tab. 4: Übertragung und Gegenübertragungsrisiko zwischen Klient und Helfer (Antons, 1982)

Übertragungsangebot des Patienten	Risiko der unkontrollierten Gegenübertragung beim Therapeuten
Patient verleugnet sein Symptom, verbirgt und weicht aus.	Therapeut läßt sich täuschen, glaubt dem Patienten, was er – oft unter Einsatz schauspielerischer Mittel – beteuert. Gefahr, sich auf die Seite des Patienten zu schlagen, gegen die ihn verfolgende Umwelt.
Patient klagt die ihn verfolgende und mißverstehende soziale Umwelt an.	Therapeut identifiziert sich mit dem »armen« Patienten und verhilft ihm, seine Gut-Böse-Spaltung aufrechtzuerhalten: Das Böse ist außen.
Patient zeigt sich hilflos.	Therapeut läßt sich in seiner Helfermotivation anrühren und organisiert sehr vieles um den Patienten herum und für ihn.
Patient stellt sich als arm und krank dar (nicht zu verwechseln mit Krankheitseinsicht!).	Therapeut hält in bester Absicht und in Übereinstimmung mit einem klassischen Krankheitsmodell den Patienten unmündig und unverantwortlich.
Patient zeigt sein grandioses Selbst und produziert sein Ideal-Ich (das bekannte Bramarbasieren).	Therapeut macht sich selber klein, indem er durch das Größenselbst des Patienten mit seiner eigenen Hilflosigkeit in Kontakt gerät, gleitet dadurch aber am Patienten ab und erreicht ihn nicht.
Patient zeigt sich angepaßt und brav.	Therapeut belohnt ihn für seine Anpassung und dafür, daß er ihm so wenig Schwierigkeiten macht, und gerät in eine verwöhnende Haltung.

wallstimmung‹ geprägt. Er bezeichnet eine Atmosphäre der Empfindlichkeit und Feindseligkeit zwischen ihr und ihrem Therapeuten während einer langjährigen, am Ende abgebrochenen Lehranalyse. Das schleicht sich in manche Beratungen und Behandlungen ein: eine wiederkehrende Animosität bei bestimmten Äußerungen und Themen, die nahezu unklärbar ist. Der Helfer muß sich hier fragen, was ihn so wund, verletzlich oder hochfahrend sein läßt. Es bestätigt sich darin das Bild von der Chemie in den Beziehungen: Offenbar gelingt es manchen Klienten und Helfern immer wieder, in der gemeinsamen Arbeit kleine oder große Explosionen zustande zu bringen.

Oft kommt eine Westwallstimmung auf, wenn der Klient in kritischer Weise über die Arbeit, den Erfolg der Behandlung oder die Grenzen der Helferkompetenz sprechen will. Da ist ein Rollenwechsel der Beteiligten erforderlich. Normalerweise gilt: Alles wird gedeutet; oder auch: Alles, was der Klient sagt, ist auf seine Störung zu beziehen – gemäß der Prämisse, daß der Klient krank ist. Aber nun beansprucht der Klient in einem solchen Moment, als gleichberechtigter Partner mit dem Helfer zu debattieren. Der Helfer versucht, diesen Rollenwechsel zurückzuweisen, und deutet das Ansinnen, der Klient beharrt – schon ist das Streitspiel perfekt.

Fritz Künkel hat einmal vorgeschlagen, in regelmäßigen Abständen eine ganze Sitzung der ›Analyse der Analyse‹ zu widmen. Helfer und Klient sollen also den Fortgang des Klärungsprozesses mit den Augen eines gemeinsamen Expertentums besprechen – über das in dieser Hinsicht gewiß beide verfügen. Das mag langen fruchtlosen Beratungen und Behandlungen entgegenwirken und manchmal zu raschen heilsamen Trennungen führen – oder zu einer Fortsetzung der Arbeit mit neuer Inspiration.

Rollenkonflikte

Helfer und Klienten haben Rollenerwartungen aneinander und machen sich wechselseitig Rollenangebote. In dem notwendigen ständigen Rollenwechsel mag mancher Helfer Mühe haben, konsistent, stabil und glaubwürdig zu bleiben. Auch wenn ihm dies gut gelingt, bleibt er doch den Reaktionen des Klienten ausgesetzt, der den Rollenwechsel unter Umständen erst verspätet wahrnimmt und sich, da für ihn ebenfalls eine Veränderung damit einhergeht, erst nach einigem Widerstand auf die neue Linie einstellt.

Für Helferinnen und Helfer ist besonders belastend, daß Klienten oft wechselnde Bedürfnisse zu befriedigen versuchen und dabei die Rollen-, Generations- und Institutionsgrenzen durchbrechen. Der Klient verbündet sich mit dem einen Kollegen gegen den anderen und spielt alle gegeneinander aus. Kollegen, die Co-Therapie miteinander machen, und ganze Teams werden auf diese Weise in gute und böse Teile aufgespalten – was von vielen Autoren als Hinweis auf eine frühe Störung interpretiert wird. Wenn Vorgesetzte oder Leiter von Einrichtungen sich auf solche Bündnisse mit Klienten einlassen, so kommt es auf Mitarbeiterseite schnell zu inneren Kündigungen. Sie bleiben dann zwar physisch anwendend, haben sich aber innerlich längst distanziert. Solche Vorgänge sind sehr schwer anzusprechen und kommen auch in Supervisionen nicht ohne weiteres zur Sprache, weil sie weitgehend präverbal ablaufen und eher geahnt als sicher erkannt werden können.

Viele Klienten inszenieren das sog. Drama-Dreieck ›Opfer-Retter-Verfolger‹, d. h. der Klient bietet sich selbst als Opfer an und lädt den Helfer ein, ihn entweder aus dem positiv-kritischen Eltern-Ich heraus zu verfolgen. Diese Einladungen sind Fallen. Wenn der Helfer auf sie eingeht, so hat er schon verloren. Denn verfolgen *darf* er den Klienten nicht und retten *kann* er ihn nicht. Es scheint aber nicht leicht, sich diesem Sog des Klienten zu entziehen.

Manche Klientenbedürfnisse sind durch Kompetenzen des Helfers nicht abgedeckt, etwa Rechtsberatung, Familientherapie, Wohnraumbeschaffung; oder sie liegen so weit ab von seinem beruflichen Selbstverständnis, daß er zögert, hier dilettierend in Funktion zu treten.

Ein Kollege, der in der Sozialtherapie arbeitet, hat dies erkannt und die richtigen Konsequenzen daraus gezogen: »Unser Anspruch lautet, Gefängnisinsassen nach kurzen Strafzeiten, also maximal zwei Jahren, in die Teilhabe an der Gesellschaft zurückzubegleiten. Aber zwei Drittel unserer Arbeitszeit verbringen wir in Verhandlungen mit Banken, die noch

Forderungen an den Haftentlassenen haben und ihn in die nächste Delinquenz hineintreiben.«

Eine Gesprächsführung mit Klienten, die vorrangig auf Erlebnisaktivierung, Katharsis, Klärung und Neuorientierung im Leben abzieht, mag sehr wohl nützlich und wichtig sein, aber an seinen tatsächlich desolaten Aussichten im Leben vorbeizielen und insofern für ihn und auch für seinen Helfer marginal bleiben.
In einer empirischen Untersuchung findet sich weitgehend Bestätigung für unsere Beobachtungen. Enzmann und Kleiber (1989) interviewten 56 Helferinnen und Helfer bezüglich ihrer beruflichen Entwicklung, Berufszufriedenheit und Belastung. Dabei wurden als charakteristische Probleme in absteigender Häufigkeit genannt:

* das Bedürfnis nach Distanzierung von Klientenproblemen
* Kompetenzprobleme
* die Einschätzung, nicht grundsätzlich helfen zu können
* damit verbundene Ohnmachts- und Hilflosigkeitsgefühle sowie Resignation
* die Unfähigkeit, nach der Arbeit abzuschalten
* Angst, durch die Entwicklung von Routine betriebsblind zu werden
* Reizbarkeit und Nervosität, Schlafprobleme, Depressivität, Abstumpfung und Verhärtung, Aggressivität und Zynismus (S. 12 f.).

Rauchfleisch (1983) betrachtet die Reaktionsbildung als verbreitetstes Helferverhalten bei Belastungen, also die Verkehrung des eigenen Affekts in sein Gegenteil. Der Helfer erlebt dann den Klienten nicht als Last, sondern zwingt sich, sich auf ihn zu freuen, und spürt statt Ungeduld besonders tiefklebrige Anteilnahme. Dabei bleibt er aber im Teufelskreis des krankmachenden Helfens gefangen. Schmidbauer (1983) hat in amüsanter Weise die Reaktionsformen ›Opfer des Berufs‹, ›Spalter‹, ›Perfektionist‹ und ›Pirat‹ beschrieben, die ebenfalls alle eine Tendenz zur Selbsterhaltung und Selbstverstärkung in sich tragen.

Klienten-Wahrnehmungen

Oft haben Helferinnen und Helfer die Vorstellung, sie dürften ihre Klienten die eigene Belastetheit nicht spüren lassen, weil dies deren Freiheit, sich mit sich selbst zu befassen, beeinträchtigen werde.

Und wirklich: Die Sitzung gehört dem Klienten; der Helfer soll sie nicht zu seiner Stunde machen. Aber zugleich zeigt sich in dieser Auffassung eine Überschätzung des eigenen Gesundheitsgrades (oder der Fähigkeit, Müdigkeit zu überspielen) und eine Unterschätzung der Klientenwachheit. Klienten scheinen manchmal ein feines Gespür für die Belastung ihrer Helfer zu haben.

Aus der Literatur wird folgender Fall berichtet. Der Klient sprach seinen Therapeuten an und erkundigte sich nach dessen Befinden, weil er schlecht aussehe und sich offenbar Sorgen mache. Der Therapeut antwortete freundlich und mit einem leichten Lachen: »Das ist jetzt Ihre Stunde.« 14 Tage später erhängte er sich (Aronson et al. 1983).

Nachdem eine Schulfreundin von mir, die als Psychotherapeutin arbeitete, an Magenkrebs gestorben war, erkundigte ich mich bei einem Mitglied des Instituts, dem sie angehörte, nach den näheren Umständen. Der Kollege antwortete mir, daß alles innerhalb weniger Monate geschehen und für alle völlig überraschend gekommen sei. Eine Patientin der Verstorbenen war aber nach ihrem Tode zu ihm gekommen und hatte ihm gesagt: »Daß mit dem Magen von Frau X. etwas nicht stimmt, weiß ich schon seit zwei Jahren. Ich habe auf der Couch immer die Geräusche gehört, die von da kamen, sie aber natürlich (!) nicht darauf angesprochen.«

Wir schließen hier das Thema ›Helfer-Belastung im Umgang mit Klienten‹ ab und wenden uns den Arbeitsbedingungen zu, die Helferinnen und Helfer im Team vorfinden.

6. Belastung im Team

Wenn Helferinnen und Helfer in ein Team eingebunden sind, kann sich dies segensreich oder auch äußerst belastend auswirken.

* So ist an dem stellvertretenden Leiter einer Beratungsstelle vorbei schon zweimal ein Kollege zum Leiter der Einrichtung ernannt worden.
* Das Team hat eine einheitliche therapeutische Konzeption – das kann Synergie oder Korsett bedeuten; oder es verfährt pluralistisch – das mag Chance und Freiheit mit sich bringen oder destruktive neidische Konkurrenz.
* Ein Arzt schreibt über seine Arbeitssituation: »Ich habe einen meine Person unmißverständlich ablehnenden Chef, den ich als eitel und kleinlich empfinde. Neue Ideen werden von ihm als störend und unerwünscht angesehen, der Dienstweg muß unbedingt eingehalten

> werden, auch wenn dies nicht sinnvoll bzw. regelrecht widersinnig ist. Die Vorurteile, die er mir gegenüber hat, sind nicht abbaubar, es liegt aber nicht an ihm allein, sondern das System insgesamt ist autoritär-bürokratisch und nimmt einem die Lust an der Arbeit.«

Eine Rolle spielt dabei oft, ob man frisch in eine bestehende Abteilung hineinkommt, ihr seit vielen Jahren angehört oder ihr Leiter ist, gemeinsam Supervision erhält usw. Ich werde hier einige Besonderheiten von Teams beschreiben, die mir von Helferinnen und Helfern wiederholt als belastend genannt worden sind. Dabei soll stets bedacht sein, daß der Helfer, der sich im Team belastet erlebt, selbst der schwerste Störfall desselben sein mag; er stöhnt dann hauptsächlich über die Erschwernisse, die er selbst verursacht hat. Die Verhältnisse in unterschiedlichen Teams sind hier oft verblüffend ähnlich, unabhängig davon, ob es sich um Erziehungsberatung, Schulkollegium, Klinikstation, Universitäts-Institut, Heimeinrichtung, Rehabilitationszentrum, Fortbildungsakademie oder Referat einer Behörde handelt.

Zu großes Team

Manche Helferinnen und Helfer klagen darüber, daß das Team zu groß und zu unpersönlich ist. Es herrscht ein ständiges Kommen und Gehen. Manche Kolleginnen und Kollegen lernt man erst kennen, nachdem man schon monatelang zur gleichen Abteilung gehört, vor allem dann, wenn im Schichtdienst gearbeitet wird. Ist ein Hand-in-Hand-Arbeiten notwendig, so hat man leicht täglich mit anderen Kollegen zu tun, von denen man naturgemäß nur einen begrenzten Teil auch sympathisch findet und selbst für die Zusammenarbeit wählen würde. In großen Teams, z. B. Krankenhausstationen und Gefängnissen, entsteht nach schubweiser Überlastung manchmal Leerlauf, der zu allseitigem Klatsch und Tratsch einlädt. Mitarbeiter in solchen Teams können sich glücklich schätzen, wenn es ihnen gelingt, einer Kerngruppe von wenigen befreundeten Kolleginnen und Kollegen anzugehören, die hin und wieder Gelegenheit haben, eine Schicht lang zusammen zu arbeiten. Das vermischte Du und Sie innerhalb der Belegschaft mag zusätzlich täglich nuancenreich Sympathie und Zurückweisung spürbar machen.

Künzel und Schulte (1986) konnten auf Grund der Befragung von 120 Berufsanfängern im Bereich der Klinischen Psychologie zeigen, daß die starken Belastungen nicht bei der Ausübung berufsspezifischer Techniken wie Diagnostik und Therapie auftraten, sondern im Bereich der Beziehungsgestaltung mit Klienten, Kollegen, Team und Vorgesetzten. Nach ein bis zwei Jahren Berufstätigkeit war es der Hälfte der Stichprobe noch nicht gelungen, die Belastung zu verringern.
Der Helfer, der als Teilzeitkraft arbeiten will und dies in der Institution durchsetzen kann, ist vermutlich ziemlich überlastungsgeschützt. Aber für das Team ist eine große Zahl von Teilzeitkräften ein Nachteil. Sie wissen über viele Vorgänge nicht Bescheid, deren Kenntnis für die Zusammenarbeit unabdingbar ist. Sie nehmen an der Supervision teil, ohne eigentlich zum Team zu gehören; oder bleiben ihr fern und sind dann von vielen gemeinsamen Erfahrungen des Teams ausgeschlossen. Sie kommen und gehen und werden kaum bemerkt, oder der Neid der Vollzeitkräfte mag sie treffen. Jedenfalls werden sie meist nicht als vollwertige Mitarbeiter betrachtet, auf die man sich verlassen kann, eher wie durchreisende Gäste, um die sich Zugluft verbreitet.

Zu kleines Team

Wenn einerseits das zu große Team mancherlei Unzufriedenheit entstehen läßt, so mag es andererseits im kleinen Team nicht besser zugehen; vielmehr sind die Nachteile von anderer Art. Hier ist es Helferinnen und Helfern vielleicht unangenehm, täglich die gleichen Gesichter zu sehen, alle Kollegen porentief zu kennen und ohne Rückzugsmöglichkeit in zahlreiche Einzelheiten des Privatlebens der Kollegen eingeweiht zu werden.

Diese Situation ergab sich einmal in einer sozialtherapeutischen Anstalt. Die Lehrwerkstatt war personell großzügig ausgestattet; diese Beamten waren vom Schichtdienst freigestellt, um den Gefangenen kontinuierlich zur Verfügung stehen zu können. Letztere sollten Gelegenheit haben, während der Haftzeit eine Handwerksausbildung zu absolvieren. In der Supervision zeigte sich nun bald mehrerlei: Die Beamten aus der Lehrwerkstatt wurden von den anderen Mitarbeitern beneidet, weil sie die ›vornehmere‹ Arbeit taten, gleichsam den ›white-collar-job‹. Zugleich wurden sie mit dem Titel

›Mini-Therapeuten‹ belegt und verspottet. Den Werkstattbeamten selbst war ihre Arbeit ein sehr saures Brot, weil sie so viel Kontakt untereinander und mit den Bewohnern gar nicht wünschten und ertragen konnten. Einige von ihnen ließen sich nach kurzer Zeit in den Schichtdienst zurückversetzen, weil es dort, was die Beziehungsdichte anging, etwas weniger konzentriert zuging.

Nachteilige Zusammensetzung

Manchmal entwickeln Teams ohne besonderes Versäumnis oder Verschulden einfach auf Grund ihrer Zusammensetzung Einseitigkeiten, die der Arbeit nicht gut tun. So mag ein einseitig depressives Team ebenso unangenehm sein wie ein hysterisches, schizoides oder zwanghaftes, weil erst die Vielfalt unterschiedlicher Charaktere ein lebendiges Teamleben ermöglicht. Ein ausgesprochen überichbetontes Team mag ebenso eine Last werden wie ein impulsivtriebhaftes, ein einseitig extravertiertes ebenso sehr wie ein solches, das aus stummen Schweigern besteht.

Ich selbst erlebte als Supervisor einmal ein Team, in dem ich gut ausbalancierte und dann wieder einseitige Arbeitssequenzen deutlich unterscheiden konnte. Es handelte sich um das Team einer Tagesklinik, und ich bediene mich zu seiner Beschreibung der Begriffe aus der griechischen Temperamenten-Lehre, deren Aussagekraft und Gültigkeit m. E. in der gegenwärtigen Psychologie unterschätzt wird. Zu dem Team gehörte – in den Begriffen der Temperamenten-Lehre gesprochen – eine melancholische Ärztin und ein phlegmatischer Pfleger, ein sanguinischer Sozialarbeiter und eine cholerische Psychologin. Letztere, eine Studienkollegin von mir, hatte die Initiative zur Supervision ergriffen und mich engagiert. Die Supervision ging anderthalb Jahre; ich hatte von dem Team und der Supervision einen positiven Eindruck und kehrte von den Sitzungen meist zufrieden nach Hause zurück. Dann nahm die Psychologin einen Schwangerschaftsurlaub. Da wurde die Supervision rasch unregelmäßig. Schließlich versäumten die drei übrigen Teammitglieder es ganz, wieder Kontakt mit mir aufzunehmen und neue Termine zu vereinbaren, und ein halbes Jahr lang fanden nun keine Sitzungen mehr statt. Später berichteten sie mir, wie jeder in seiner Art reagiert hatte. Der Sozialarbeiter sagte: »Da muß doch mal wieder einer anrufen!« Der Pfleger schwieg lange und fragte dann: »Meinst du wirklich? Oder sollten wir nicht noch ein bißchen damit warten?« Und die Ärztin fand es sehr, sehr traurig, daß es keine Supervision mehr gab, unternahm aber ebenfalls nichts. – Als die Psychologin aus dem Schwangerschaftsurlaub zurückkehrte, lautete eine ihrer ersten Fragen: »Was macht die

Supervision?« Da drucksten alle ein bißchen, und sie sagte: »Ja, dann werde ich das mal in die Hand nehmen«, und wirklich, drei Wochen später konnten wir die Arbeit wieder aufnehmen.

Fehlen von Kontakt und Unterstützung

In kleinen und großen Teams kann der Kontakt eng und herzlich oder flüchtig und oberflächlich sein. Manche Helfer werden das eine, manche das andere begrüßen. Aber für einige von ihnen ist das Team zugleich der wichtigste Ort von Kontakt und Beziehung; für sie ist die Kontaktlosigkeit eine tägliche Versorgungslücke.

Eine solche Situation lernte ich einmal in einer Neurologischen Intensivstation kennen: Zwei Schwestern hatten ein gemeinsames Abendessen vorbereitet, einen großen Tisch in einem Ausflugslokal gebucht und intensiv für die Teilnahme an der Veranstaltung geworben. Es kamen aber dann außer ihnen selbst nur zwei weitere Mitglieder der Station, und sie verbrachten den Abend in düsterer Stimmung. Als die Enttäuschung darüber in der nächsten Supervision zur Sprache kam, goß einer der Pfleger noch Öl in das Feuer, indem er äußerte: »Die, die es nötig haben, können ja daran teilnehmen; aber ich habe Familie, mir ist es gerade genug, wenn ich Euch während der Dienstzeit sehe!« Damit hatte er einerseits recht, denn die Kontaktbedürfnisse innerhalb der Station waren wirklich recht unterschiedlich verteilt; aber andererseits ging es ja nicht nur um gemeinsames Essen und Reden, sondern auch um die aktive Gestaltung des Betriebsklimas. Wenn dies zu wünschen übrig läßt, so hat es auch für diejenigen Mitarbeiter nachteilige Folgen, die Kontakt und soziale Unterstützung an anderer Stelle in zufriedenstellendem Umfang erhalten.

Helferinnen und Helfer leben zumindest unter anderem von dem Respekt, der ihnen aus dem Team entgegengebracht wird, von der Bejahung ihrer Arbeit, von Loyalität und Zustimmung der Kollegen. Auch wenn ihnen ein Patzer unterläuft oder eine Therapie mißlingt, wünschen sie sich gleichbleibende Achtung und Unterstützung. Bleiben diese aus oder treten Gleichgültigkeit, Mißbilligung, Spott und Verachtung im Team spürbar in Erscheinung, so fehlt dem Helfer ein wichtiges Unterstützungssystem, und zwar nicht nur für den Arbeitstag, sondern rund um die Uhr. Denn natürlich sind Helferinnen und Helfer auch in ihrer Freizeit, am Wochenende, während der Fortbildung und in den Ferien *Helfer in der Institution X.* Vermutlich wird die Identifikation mit dem

Arbeitsplatz dann rasch geringer werden, und Helfer lassen sich vom Arbeitsamt in die Liste der Arbeitsuchenden aufnehmen (zum Thema Soziale Unterstützung vgl. Kap. 19).
In manchen Teams ist der Kontakt reichhaltig und vielfältig, aber es herrschen Ton und Stimmung, die Unbehagen erzeugen.

In dem Dozententeam einer Fortbildungsakademie herrschte enger Kontakt zwischen allen Kolleginnen und Kollegen. Man duzte sich; die meisten arbeiteten gern in wechselnden Gruppierungen miteinander. Während der trainingsfreien Wochen lud man sich oft privat gegenseitig ein – auch die Partner der Trainerinnen und Trainer waren so einbezogen. In den Teamsitzungen herrschte ein Stil schneller, witziger Wechselreden und brüllenden gemeinsamen Gelächters. Es hatte sich eine Umgangsform entwickelt, sich in Auseinandersetzungen etwas unernst mit psychoanalytischen Termini zu bombardieren, was oft gemeinsame Heiterkeit hervorrief. Wer hierin am schnellsten, schlagfertigsten und treffsichersten war, gewann. Aber einer der Teilnehmer dieser Runde sagte mir im privaten Gespräch: »Eigentlich ist es blöd, aber ich kann es nicht lassen und auch nicht ändern. Der Witz ist längst raus aus diesem Stil, und ich gehe aus unseren Sitzungen oft müde und deprimiert nach Hause. Da hilft auch alles gemeinsame Lachen nichts. Eigentlich ist der ganze Stil destruktiv und paßt mir auch nicht, ständig kleine Spitzen und in Scherze gekleidete Sticheleien.«

Fehlen von Rückmeldung

In manchen Helferteams sind die wesentlichen äußeren Voraussetzungen für eine gedeihliche Zusammenarbeit gegeben, und trotzdem wird die Arbeit nicht angenehm. Das liegt manchmal daran, daß die Teammitglieder füreinander nichts Inspirierendes haben. Das Team ist ja meist mehr eine Zwangsgemeinschaft als eine Liebesverbindung – jeder muß also mit Menschen sehr unterschiedlicher Art auszukommen versuchen. Da sind wechselseitige Anregung und konstruktive Herausforderung ein schönes Geschenk, aber keine Selbstverständlichkeit. Der folgende Fragebogen (Tab. 5) zielt darauf ab, Stärken und Defizite in diesem Bereich kenntlich zu machen und bei Bedarf Korrekturen einzuleiten, z. B. durch Bildung sozialer Unterstützungsgruppen und Supervision.

Tab. 5: Fragebogen über Feedback zum beruflichen Handeln
(nach Enzmann und Kleiber, 1989, S. 206)

Wir bitten Sie, die jeweils entsprechende Antwort für jede Aussage anzukreuzen

Dabei bedeutet 1 = trifft gar nicht zu
2 = trifft wenig zu
3 = trifft mittelmäßig zu
4 = trifft überwiegend zu
5 = trifft völlig zu

1. Ich habe eine Arbeit, bei der man eigentlich nie richtig Erfolg hat	1	2	3	4	5
2. Für die meisten Außenstehenden ist das, was wir in Wirklichkeit leisten, nicht erkennbar	1	2	3	4	5
3. Ich vermisse Rückmeldung durch Kollegen	1	2	3	4	5
4. Ich vermisse Rückmeldung durch Klienten	1	2	3	4	5
5. Ich vermisse Rückmeldung durch Vorgesetzte	1	2	3	4	5
6. Auch wenn der Erfolg nicht direkt sichtbar ist, weiß ich doch, daß meine Arbeit Positives bei den Klienten bewirkt	1	2	3	4	5
7. Ich habe eine Tätigkeit, bei der eigentlich niemand entscheiden kann, ob sie gut oder schlecht ausgeführt worden ist	1	2	3	4	5
8. Ob die Klienten Fortschritte machen, hängt von meiner Arbeit eigentlich nicht ab	1	2	3	4	5

Wer bei diesen Fragen – außer bei Frage 6 – mehrmals die Ziffern 4 oder 5 angekreuzt hat, sieht sich vielleicht veranlaßt, im eigenen Team über diese Fragen einmal eine Diskussion in Gang zu bringen.

Konzeptionelle Unvereinbarkeiten

In manchen Teams können Helferinnen und Helfer unterschiedlicher therapeutischer Herkunft und Auffassung gut nebeneinander arbeiten und sogar kooperieren, in anderen herrschen diesbezüglich Grabenkämpfe.

Ein Team, das ich einmal supervidierte, sagte zu der Stellenleiterin, die gegen ihr Votum von der vorgesetzten Behörde eingestellt worden war: »Wir sind an Deiner psychoanalytischen Hypothesenbildung nicht interessiert!« Sie merkten dabei nicht, daß sie nicht nur auf den Dialog zwischen verschiedenen Schulrichtungen der Klinischen Psychologie verzichteten, sondern die neue Vorgesetzte auch in ihrer Leitungsfunktion beschädigten.

Folgerichtig klagten sie als nächstes, sie nehme ihre Führungsaufgaben nicht entschieden genug wahr – allerdings hatten sie wesentlich dazu beigetragen, daß es so kam.

Konzeptionelle Unvereinbarkeiten können durch Akzeptanz der Unterschiedlichkeit, durch paradigmen- und zielgruppenbezogene Arbeitsteilung und durch eine wissenschaftliche Streitkultur überwunden werden. Geschieht dies alles nicht, so tun die Helfer ihre Arbeit oft defensiv, aggressiv oder mit einem schlechten Gewissen. Entziehen können sie sich der gespürten Mißbilligung durch ihre Kollegen vermutlich nicht. In jedem Falle leiden dann sie selbst, die Kollegen aus der anderen Schulrichtung und vor allem die Klienten.

Rivalität und Neid

Diese Gefühle sind in Teams vermutlich die Regel, nicht die Ausnahme. Als Helferbelastung müssen sie wohl nur dann betrachtet werden, wenn sie chronisch und stark in Erscheinung treten.

So beobachtete ich in einem Team einmal eine langanhaltende Rivalität zwischen einem älteren und einem jüngeren Kinder-Psychotherapeuten. Sobald der eine von den beiden in der Supervision etwas sagte, fuhr der andere hoch und widersprach ihm. Sie besetzten mit ihren Zänkereien immer wieder ganze Sitzungen, bis ich ihnen diesbezüglich schließlich ein paar Zeit- und Stilgrenzen auferlegte. In dem gleichen Team hatte sich ein Helfer darauf spezialisiert, unter den Neuzugängen stets die sog. ›attraktiven Klienten‹ herauszufischen, also solche Ratsuchende, die mit prestigehaltigen Berufen und Problemen aufwarten konnten. Das wurde vom Team anfänglich mit Amüsement, später mit wachsender Erbitterung zur Kenntnis genommen. In der Supervision lernte der Helfer, sich bei dieser Praxis ein wenig zu mäßigen.

Erfolglosigkeit

Manche Teams leisten nicht das, was sie nach eigenem oder fremdem Urteil leisten sollten. Oder sie haben eine gute Meinung von sich, die in der Umgebung nicht geteilt wird. In beiden Fällen kriselt der Selbstwert des Teams. Es mag dann zu Trotz, Beschönigung, Ausweichen kommen; die Identifikation der Mitglieder mit dem

Team leidet vermutlich darunter, oder sie wird rigide und überichbetont. Für den einzelnen Helfer, der einem solchen Team angehört, ergibt sich stets dann eine Belastung, wenn er nach dem Team gefragt wird: Soll er die Wahrheit sagen? Soll er ausweichen? Soll er die Vorzüge des Teams stärker herausstreichen, als er es selbst glaubt? Soll er gemächlich-hastig das Thema zu wechseln versuchen? Eine schwierige Situation. Ein Kollege, der in der Drogenberatung arbeitete und die Süchtigen stets nur weiterverweisen konnte, sagte im Stadium zunehmender Belastung durch die Arbeit: »Ich weiß, daß meine Stelle keinen guten Ruf genießt, aber ich kann darauf keinen Einfluß nehmen und habe beschlossen, mir nichts mehr daraus zu machen.«

Direktive Leitung

Mittlerweile ist ja allseits bekannt, daß verschiedene Menschen ganz unterschiedliche Arten von Führung vorziehen und benötigen. Der Begriff ›Führungsstil‹ ist entsprechend nicht mehr auf der Höhe der Diskussion. Aber autoritäre, inkompetente, intrigante, schwankende und feige Führung wird nur von wenigen Menschen begrüßt; Helferinnen und Helfer sind in dieser Hinsicht gewiß besonders wache Beobachter ihrer eigenen Vorgesetzten. Fragen angemessener Führung sind in allen Teams Dauerthema. Daß sie Lebensgefühl und Leistungsfähigkeit von Helfern, die hierin Nachteile erfahren, stark beeinflussen, liegt auf der Hand. Die folgenden Fragen (aus Enzmann und Kleiber, 1989, S. 209) nehmen darauf Bezug und laden zur Selbsteinschätzung ein (Tab. 6).

Tab. 6: Fragebogen über den eigenen beruflichen Handlungsspielraum

Bitte beantworten Sie folgende, Ihre Arbeitssituation betreffenden Fragen:

1. Wieviel Einfluß haben Sie darauf, welche Arbeit (Klienten, Problematik etc.) Ihnen zugeteilt wird?

   gar keinen 1
   wenig 2
   einigermaßen 3
   viel 4
   sehr viel 5

2. Können Sie selber bestimmen, auf welche Art und Weise Sie Ihre Arbeit erledigen müssen?

   gar nicht 1
   wenig 2
   einigermaßen 3
   viel 4
   sehr viel 5

3. Wenn Sie Ihre Arbeit insgesamt betrachten, wieviel Möglichkeiten zu eigenen Entscheidungen bietet sie Ihnen?

   gar keine 1
   wenig 2
   einigermaßen 3
   viel 4
   sehr viel 5

Wird hier die 1 oder 2 angekreuzt, so kann dies auf fehlende berufliche Selbstbestimmung hinweisen.

Ehrenamtliche Kollegen

Zu den Ehrenamtlichen gehören sozial engagierte Personen und Angehörige von Klienten. Viele Einrichtungen leben fast ausschließlich vom Einsatz Ehrenamtlicher. Nahezu überall sind sie willkommene Hilfskräfte – einerseits. Aber manchmal haben sie eine eigene Theorie der seelischen Störung oder sind mit Stellungnahmen und Arbeitsformen der Professionellen nicht einverstanden. Auch andere Laienhelfer, Betreuer und Paten, die bei den Klienten manchmal beliebter sind als die angestellten Helfer, weil sie kein Reglement zu

vertreten haben, zählen dazu. Da sie keine Bezahlung erhalten, ist es schwer, ihnen den Marsch zu blasen, wenn sie Absprachen nicht einhalten, kontraindizierte Maßnahmen ergreifen und antitherapeutisch intervenieren. Die Nichtprofessionellen mögen in den hauptamtlichen Helfern auch Sorge um die eigene Kompetenz aufkommen lassen, zumal sie ja – ärgerlicherweise – ebenfalls mit Heilungserfolgen aufwarten können. In einer Untersuchung von Christensen (1984) unterschieden sich trainierte und untrainierte Helfer nicht in ihrem Geschick bei der Beratung von Klienten.
Dieses Kapitel gab Leserinnen und Lesern Gelegenheit zu prüfen, welche und wie viele der beschriebenen Besonderheiten von Teams ihnen bekannt und vertraut vorkommen und zu welchen Teamcharakterisierungen ihnen spontan die meisten eigenen Erfahrungen einfallen. Vielleicht ist das eigene Team aber auch von angenehmer, bereichernder Art, und die persönliche Belastung liegt auf anderen Gebieten. Wir wenden uns nunmehr den Belastungen zu, die von seiten der Institution auf Helferinnen und Helfer zukommen können.

7. Belastung durch die Institution*

Manche Helferbelastungen gehen von der Institution als ganzer aus. Sie sind durch Verstehen, Abgrenzung, Einstellungsänderung und Teamunterstützung zu mildern, bestehen aber fort und sind oft nur wenig beeinflußbar. Die folgende Darstellung zeigt einige dieser Belastungen auf, die mir bei der Arbeit als Supervisor gehäuft begegnet sind. Dabei werden wir sehen: Manche Aspekte aus Selbst-, Klienten- und Teambelastung finden hier erneut Erwähnung. Tatsächlich sind die Sachverhalte ja nicht getrennt; sondern Sprache und Systematik zwingen uns, sie nacheinander zu behandeln, während sie doch gleichzeitig und in Wechselwirkung in Erscheinung treten. Auch hier sind in unterschiedlichen Berufsfeldern vergleichbare Vorgänge zu beobachten.

* Dieses Kapitel wurde von Jörg Fengler, Brigitte Klein, Markus Seidl und Hans Josef Voßenkaul abgefaßt.

Personalknappheit

Über Engpässe im Personalbereich wird in fast allen helfenden Einrichtungen geklagt; oft bleiben tatsächlich wichtige Aufgaben unerledigt, weil es an Arbeitskräften fehlt. Es gibt aber wohl eine optimale Personaldecke, die nicht identisch mit der maximalen ist.

In einer geschlossenen psychiatrischen Akutstation zeigte sich, als ich mich nach dem typischen täglichen Dienstablauf erkundigte, folgendes: Wenn nur zwei Helferinnen und Helfer im Stationszimmer Dienst taten, so hatten sie von früh bis spät im Dauerlauf zu tun, die vielfältigen Patientenwünsche zu erfüllen, und waren am Abend rechtschaffen müde. Waren dagegen vier Helfer zum Dienst eingeteilt, wie es eigentlich Soll-Bestimmung war, so saßen diese im Stationszimmer zusammen, tranken den ganzen Tag lang Kaffee, langweilten sich, redeten belangloses Zeug und empfanden Patienten, die mit Bitten vorsprachen, als Belästigung. Am Abend waren sie dann ebenfalls müde, aber vom vielen Reden, und fühlten sich abgeschlagen, unzufrieden und gereizt – aus Unterforderung. Ähnliche Beobachtungen machte ich in einer sozialtherapeutischen Anstalt unter den Aufsichtsbeamten. Ich fragte die Pflegekräfte in der Psychiatrie, ob sie jemals daran gedacht hätten, von sich aus die Patienten aufzusuchen und anzusprechen, statt nur im Stationszimmer zu hocken und auf Bitten zu reagieren. Das fanden sie zunächst abwegig, dann überraschend; schließlich kam Interesse an dem Vorschlag auf, und sie begannen, darüber zu sprechen, wer von ihnen wohl zu welchen Patienten einen Rapport finden könne.

In manchen Einrichtungen muß Jahr für Jahr eine Zitterpartie durchgestanden werden, bis ferne Entscheidungsgremien über die Vertragsverlängerung der Mitarbeiter entschieden haben. Am schwersten ist dies naturgemäß für die unmittelbar von Arbeitslosigkeit betroffenen Helfer, die sich engagieren sollen, aber zugleich stets auf dem Absprung sein müssen. Aber auch Kolleginnen und Kollegen, deren eigene Stelle nicht gefährdet ist, erfahren bei Stellenstreichungen in ihrer näheren Umgebung, daß auf Institutionsebene Langzeitperspektiven nicht entscheidungsrelevant und Therapiekonzeptionen nicht ausschlaggebend sind. Hinzu kommt, daß manche dieser Personalentscheidungen ausgesprochen kurzsichtig oder willkürlich erscheinen, politisches Wohlverhalten erzeugen sollen, gerade tüchtige Mitarbeiter treffen oder eher Kosten verursachen als Einsparungen mit sich zu bringen.

Wenn eine Institution 30-50% Personalwechsel im Jahr zu verkraften hat, so ist dies für die Klienten, aber auch für jeden der verbleibenden Mitarbeiter eine extreme Belastung. Mit Recht schlußfolgert man aus solchen Quoten, daß in der Institution vieles im argen liegen müsse. Der Umkehrschluß hingegen ist nicht erlaubt: Wo die Belegschaft über Jahre hin treu verharrt, mögen die Arbeitsbedingungen zufriedenstellend sein. Angesichts konstant hoher Arbeitslosigkeit kann aber auch der Mangel an beruflichen Alternativen den Helfer veranlassen, an seinem Arbeitsplatz zu bleiben.

In der Supervision äußerten vier Sozialarbeiterinnen und Sozialarbeiter einmal, binnen Jahresfrist würden sie die Stelle wechseln, weil ihnen die Arbeit mit Alkoholkranken zu sehr zusetze. Nach Ablauf des Jahres waren alle noch da – trotz intensiver Suche hatten sie nichts Angemessenes finden können. Ironie des Schicksals: Nachdem sie beim Arbeitsamt als besondere Kenntnisse und Fähigkeiten ›Sozialarbeit mit Süchtigen‹ angegeben hatten, wurden ihnen fast ausschließlich Stellen im Bereich Suchthilfe nachgewiesen, den sie gerade verlassen wollten.

Hohe Klientenzahl

Zu viele Klienten und zu viele Sitzungen pro Tag und Woche sind als Belastungsfaktoren ersten Ranges zu betrachten. Es handelt sich dabei aber nicht um ein Erschwernis, das von den Klienten ausgeht, sondern von der Institution. Denn sie setzt fest, wie viele Klienten in welcher Zeitspanne mit welcher Leistung versorgt werden müssen, freilich oft mit ausdrücklicher oder stillschweigender Zustimmung der Helfer oder jedenfalls ohne deren Protest.

Bei Sitzungen von 60 Minuten Dauer gibt ein Klient dem andern die Türklinke in die Hand. Geht die Sitzung 55 Minuten lang, so bitten manche Helfer, die während der Sitzung nicht ans Telefon gehen, ihre Ansprechpartner törichterweise, in dieser Zeit anzurufen, oder führen selbst in diesen fünf Minuten wichtige Telefonate und Verhandlungen. Eine viertelstündige Pause zwischen zwei Klienten ist also allen Helfern zu empfehlen, damit sie loslassen, sich erholen und wieder neu beginnen können.

Die Zahl der Klienten, Gruppen und Sitzungen pro Tag und pro Woche, die ein Helfer verträgt, variiert natürlich beträchtlich. Sie mag auch jahreszeitlich wechseln; nach 10 Jahren Helfer-

Arbeit melden sich zu Beginn eines Berufstages andere Gefühle als im ersten Jahr. Pines und Maslach (1978) stellten fest, daß die Zahl der Dienstjahre in einer psychosozialen Institution mit zunehmender Abneigung gegen die Klienten und mit Rückzug von den Klienten sowie mit dem Eindruck abnehmenden Erfolgs und dem Verlust des Interesses seelischen Krankheiten gegenüber einherging. Mehr als sechs Stunden substantielle Therapie können nur wenige Helfer pro Tag leisten und verkraften.

Eine selbständige Kollegin berichtete mir aber folgende Lösung: Sie machte von Montagmittag bis Donnerstagabend je zehn Stunden Psychotherapie und hat dann dreieinhalb Tage frei. Freilich ist sie dann sehr dünnhäutig und regenerationsbedürftig. Das ganze Arrangement wirkt ein bißchen so, als wolle sie die leidige Arbeit möglichst rasch hinter sich bringen, um danach möglichst lange nichts damit zu tun zu haben.

Die Zahl der Gesprächspartner, die Hilfe erwarten, setzt übrigens nicht nur Helfern in Beratung und Therapie zu. Die Universität z. B. ist ebenfalls ein Ort, an dem Helfer unter der großen Zahl derer leiden, die Bitten und Forderungen an sie richten.

* Ein Hochschuldozent äußerte einmal: »Als der 300. Student am Ende der mündlichen Prüfung versuchte, um eine halbe Note mit mir zu feilschen, wußte ich, daß ich reif für die Flucht aus dem Hochschuldienst war« (aus Aronson et al., 1983).
* Eine Universitäts-Assistentin schreibt mir: »Ich verspüre an mir Impulse zu Ungeduld und Abweisung von informationssuchenden Studierenden aufgrund von Gefühlen des Ausgesaugtwerdens.«
* Ein Kollege äußert im gleichen Zusammenhang: »Im Umgang mit Studierenden habe ich mir einen Umgangston von Aggressivität angewöhnt, der nicht meinem üblichen und von mir selbst gewünschten Interaktionsstil entspricht. Als Grund vermute ich eine Überlastung durch zu viele Studenten.«

Von solchen Belastungen sind freilich nicht nur die Professoren, sondern auch ihre Studenten betroffen, wie die folgenden Äußerungen zeigen:

* »Mich nicht abgrenzen können; Probleme mit nach Hause nehmen« (19jährige Studentin).
* »Temporäre, aber starke Abneigung, mit Menschen in Kontakt zu treten resp. ihnen Aufmerksamkeit zu widmen« (30jähriger Student).
* »Leistungszwang, Scheu und Angst vor Autoritätspersonen, Hektik und

Nervosität haben seit meinem Studienbeginn zugenommen« (25jähriger Student).

Fehlende institutionelle Unterstützung der Helfer-Arbeit

Manche Helferinnen und Helfer erfahren für die Arbeit, die sie am wichtigsten finden, von seiten der Institution keine Unterstützung oder sogar offene Mißbilligung.

Eine Schwester, die sich im Langzeitpflegebereich mit Patienten unterhält oder am Bett eines Sterbenden verweilt, versäumt darüber vielleich ein paar Aufgaben, die im Pflegebetrieb zu den eisernen Pflichten gehören, und zieht sich darüber den Unwillen der Leitung zu. – Als die Helferinnen und Helfer einer Tagesklinik anfangen, die Patienten zu Hause zu besuchen, um deren Lebenssituation besser zu begreifen und vielleicht auch gezielter Hilfen geben zu können, erfolgt ein Verweis von seiten der Klinikleitung: Dies sei allein Aufgabe der Sozialarbeiterin, die könne ja im Team darüber berichten. – Die Krankengymnastin einer Intensivstation, die den Patienten die Übungen erklärt und auch darüber hinaus mit ihnen spricht, statt ausschließlich das gymnastische Programm durchzuziehen, bekommt zu hören: »Gymnastik ist das ja nicht gerade, was Sie da machen. Oder machen Sie jetzt Mundgymnastik?«

Das führt leicht dazu, daß solche humane, lebendige Arbeit einer mechanisch-korrekten Dienstauffassung weicht oder daß das persönliche Gespräch nur noch heimlich und hastig, mit schlechtem Gewissen und unter Selbstrechtfertigungsdruck stattfindet.

Ein interner Supervisor kirchlicher Mitarbeiterinnen erfuhr in den Gesprächen mit seinen Supvervisandinnen, daß sie oft sexuellen Übergriffen durch Pfarrer ausgesetzt waren, mit denen sie zusammenarbeiten mußten. Als er seinem eigenen Vorgesetzten bei der nächsten Dienstbesprechung von diesen Erfahrungen in allgemeiner Form berichtete, ohne Namen zu nennen, reagierte dieser mit abgestufter Flucht: »Tja, es gibt schon viel Schweres im Leben. Wir sollten uns auch einmal verstärkt um die Alkoholprobleme der uns anvertrauten Priester kümmern . . . Ich weiß nicht . . . fragen Sie diese Sachen nicht auch in die Pfarrassistentinnen hinein? Und muß denn Supervision in diesem Umfang sein? Es wäre doch auch sehr lohnend und schön, wenn Sie Wochenendseminare mit Familien machen würden, dann kommen Sie auch von diesen destruktiven Themen weg, oder? Nicht wahr?!«

Unzulänglichkeiten gibt es in allen Institutionen, und das betriebliche Vorschlagswesen hat seit vielen Jahren zunächst in Firmen, dann auch in Behörden und psychosozialen Einrichtungen die schlimmsten Auswüchse korrigieren geholfen. Aber in manchen Fällen werden auf Grund von Rangunterschieden und Abhängigkeiten, Seilschaften und Kumpaneien oder auch nur aus bloßer Bequemlichkeit Maßnahmen unterlassen oder unterbunden, deren Dringlichkeit auf der Hand liegt.

So berichteten mir in einer chirurgischen Abteilung die Pfleger, daß ein Konsiliararzt, der einmal pro Woche Unterleibsuntersuchungen an den Patienten vornehmen sollte, oft nicht einmal die Bettdecke anhob, sondern stets die gleiche pilzhemmende Salbe verordnete. Unter den Ärzten, die an der Supervision teilnahmen, fand sich keiner, der die Chefärztin darauf aufmerksam machen wollte. Ich tat es schließlich selbst. Da murmelte sie etwas von alten Verpflichtungen, guter langjähriger vertrauensvoller Zusammenarbeit und gewissen Freiheiten in der Ausübung der ärztlichen Kunst – es änderte sich nichts. Für das Pflegepersonal war die Angelegenheit noch besonders bitter, weil der Konsiliararzt für jede dieser »Untersuchungen« im Vorübergehen ein Honorar erhielt, das etwa ihrem eigenen Stundenlohn entsprach.

Unwirksamkeit der Arbeit

In Broschüren, die die Arbeit psychosozialer Institutionen vorstellen, ist von mangelnder Effizienz nie die Rede. Aber im internen Kreis sind sich Helferinnen und Helfer diesbezüglich oft einig.

So äußert ein Kollege: »Ich arbeite in der Drogenberatung, aber wir tun fast nichts, als Adressen zu makeln. Wenn ein Junkie zu uns kommt, krank und ausgemergelt, nennen wir ihm Adressen von Suchtkliniken und versuchen, seine Motivation zu klären. Das klingt ganz schön, aber eigentlich braucht er eine Mahlzeit, ein Bett und einen Schuß. Und viele von ihnen stehen mitten im Gespräch einfach auf und gehen wortlos raus.« Dann mag der eigene Arbeitseinsatz irgendwann seinen Sinnbezug verlieren.

In Tab. 7 werden Gesichtspunkte zur Beurteilung der eigenen Institution in Hinblick auf die gegenwärtig mit ihr in Kontakt stehenden Klienten angeboten.
Hier sind besonders die Ziffern 4 und 5 aussagekräftig. Sie geben Auskunft über den Belastungsgrad, den der Helfer von seiten der Institution erfährt.

Tab. 7: Einschätzung der Institution durch ihre Helfer
(modifiziert aus Enzmann und Kleiber, 1989, S. 208)

Bitte schätzen Sie im folgenden ein, inwieweit die Aussagen auf Ihre Einrichtung oder Ihre Arbeitssituation zutreffen, und bewerten Sie anschließend, wie sehr Sie sich selbst durch die genannten Aspekte bei der Ausführung Ihrer Arbeit belastet fühlen.

(1 = gar nicht;
5 = völlig bzw. sehr stark)

	gilt für mich	belastet mich
1. Meine Arbeit bringt es mit sich, daß ich gegen den Willen der Klienten in ihr Leben eingreifen muß.	1 2 3 4 5	1 2 3 4 5
2. Meine Einrichtung ist, was die verschiedenen Zuständigkeiten angeht, für die Klienten/Betroffenen sehr unübersichtlich.	1 2 3 4 5	1 2 3 4 5
3. Mit den Möglichkeiten meiner Einrichtung kann den Klienten oft nicht richtig geholfen werden.	1 2 3 4 5	1 2 3 4 5
4. Unsere Einrichtung hat einen schlechten Ruf bei den Klienten.	1 2 3 4 5	1 2 3 4 5
5. Viele Klienten fühlen sich durch meine Tätigkeit kontrolliert.	1 2 3 4 5	1 2 3 4 5
6. Die Klienten können oft nicht verstehen, warum ihnen nicht direkt geholfen werden kann.	1 2 3 4 5	1 2 3 4 5
7. Gesetzliche und Verwaltungsrichtlinien behindern mehr die Arbeit in meiner Einrichtung, als daß sie sie in die richtige Richtung leiten.	1 2 3 4 5	1 2 3 4 5
8. Die Qualität der Arbeit in meiner Einrichtung ist von Geld- und Personalmangel ständig bedroht.	1 2 3 4 5	1 2 3 4 5
9. Es ist äußerst schwierig, die Klienten zu echter Mitarbeit zu bewegen.	1 2 3 4 5	1 2 3 4 5

10. Wenn ich meinen Klienten wirklich helfen wollte, käme ich in Konflikt mit meiner Einrichtung.	1 2 3 4 5	1 2 3 4 5
11. Die Perspektivlosigkeit meiner Klienten in gesellschaftlicher Hinsicht ist das eigentliche Problem.	1 2 3 4 5	1 2 3 4 5
12. Die Erwartungen und Ansprüche der Klienten übersteigen unsere Möglichkeiten.	1 2 3 4 5	1 2 3 4 5

Institutionelle Rollenkonflikte

Unter den institutionellen Bedingungen der Helferarbeit verdienen Rollenkonflikte besondere Beachtung. Sie sollten nicht personalisiert werden, etwa als gute oder geringe Integrationskraft des Helfers. Sie treten auch nicht ausschließlich im Kontakt mit Klienten auf, worüber in Kap. 5 berichtet wurde. Denn sie sind struktureller Art, und jeder Helfer ist ihnen ausgesetzt.

Der Helfer wird vom Klienten, seinen Angehörigen, der Öffentlichkeit, dem Team, dem Supervisor und dem Träger der Einrichtung mit jeweils unterschiedlichen Rollenerwartungen belegt. Dinslage (1983) hat 28 Rollenerwartungen zusammengestellt, die an Mitarbeiter therapeutischer Gemeinschaften gerichtet werden: Helfer, Mutter, Vater, Freund, Kumpel, Vorbild, Mann/Frau, Erlöser, Bündnispartner, Fachmann, Verwahrer, Reparateur, Erzieher, Interessent, Mithelfer, Mitstreiter, Hilfesuchender, Lernender, Verwalter, Kontrolleur, Krisenmanager, Imagepfleger, Klientenwerber, Kostenverwalter, Buchhalter, Zahlmeister, Ökonom, Dokumentar/Berichter. Zwischen ihnen allen Klarheit und Balance zustandezubringen, stellt eine ungewöhnliche Anforderung an Helferinnen und Helfer dar, zumal sie sich oft weder Klienten noch Angehörige oder Träger aussuchen können und die Möglichkeit, Abneigung gegen sie alle zu äußern oder sich vor ihnen zu verstecken, nicht vorgesehen ist.

Ob aus der Vielfalt der Rollenerwartungen Rollenwidersprüche oder produktive Rollenspannungen werden, ist nicht vorab zu unterscheiden, sondern wird im individuellen Helfer-Leben irgendwann sichtbar werden. Die folgende Fragenliste (Tab. 8) erkundet den Grad und die Art der Bejahung, die der Helfer gegenwärtig für Beruf und Arbeit empfindet.

Tab. 8: Berufs- und Arbeitszufriedenheit
(Enzmann und Kleiber, 1989, S. 207)

(1 = trifft gar nicht zu;
5 = trifft völlig zu)

1. Mein Beruf macht mir Spaß.	1 2 3 4 5
2. Mein Beruf ist ein Beruf, in dem man ständig überfordert wird.	1 2 3 4 5
3. Ich habe mir schon ernsthaft überlegt, aus dem Beruf auszusteigen.	1 2 3 4 5
4. Was meine Arbeit anbelangt, bin ich eigentlich rundum zufrieden.	1 2 3 4 5
5. Ich fühle mich in meiner Arbeit ständig kontrolliert und überwacht.	1 2 3 4 5
6. Ich habe das Gefühl, auch vor Kollegen ständig betonen zu müssen, daß ich viel arbeite.	1 2 3 4 5
7. Ich halte mich gern an meinem Arbeitsplatz auf.	1 2 3 4 5
8. Ich habe Konflikte mit Vorgesetzten, die mich belasten.	1 2 3 4 5
9. Ich fühle mich häufig überfordert.	1 2 3 4 5
10. Ich habe eigentlich selten das Gefühl, einmal richtig abschalten zu können.	1 2 3 4 5
11. Ich kann in meinem Beruf meine Fähigkeiten voll nutzen.	1 2 3 4 5
12. Oft habe ich ein schlechtes Gewissen den Klienten gegenüber.	1 2 3 4 5
13. Meine eigenen Berufsideale lassen sich in meiner Tätigkeit nicht verwirklichen.	1 2 3 4 5
14. Für andere Menschen verantwortlich zu sein, belastet mich zu sehr.	1 2 3 4 5
15. Der Zeitdruck, unter dem ich arbeite, ist zu groß.	1 2 3 4 5

Hier weisen die Aussagen 1, 4, 5, 6, 8, 9, 10, 12, 13, 14, und 15 auf eine Belastung hin; die Aussagen 2, 3, 7 und 11 bezeichnen Entlastungsmomente.
Mehrfach habe ich in Institutionen Personalkonstellationen erlebt, in denen Status und Sachkompetenz merkwürdig auseinanderklafften. So lernten in einer Intensivstation die jungen Ärzte vom

Pflegepersonal (!) die Praxis der Intensivmedizin. In einer psychiatrischen Akutstation stellte angesichts der großen Personalfluktuation der Zivildienstleistende die Kontinuität sicher. Er blieb als einziger länger als ein Jahr lang in der gleichen Abteilung. Im Suchtbereich müssen manchmal erfahrene Sozialarbeiter junge Psychologen anleiten, die besser bezahlt werden und Vorgesetztenfunktionen ausüben. Jedoch kann dies alles gutgehen, wenn der Status nicht zur Durchsetzung fach- und sachfremder Entscheidungen mißbraucht wird.

Lyons (1989) nimmt an, daß für die Beurteilung der eigenen Berufstätigkeit sechs Kriterien ausschlaggebend sind: Bequemlichkeit, Herausforderung, Bezahlung, Beziehung zu Kollegen, Verfügbarkeit von Ressourcen und Aufstiegschancen. – Greenbaum (1968) fand bei der Untersuchung von Sozialarbeitern in Leitungsfunktionen, die ihre Stellung gekündigt hatten, daß das Fehlen wechselseitiger Unterstützung und Verständigung mit der Kommune den Ausschlag gab. – In einer Untersuchung von Herrick et al. (1983) nannten 70 Sozialarbeiter als Gründe für einen Berufswechsel nach abgeschlossenem Studium: niedrige Bezahlung, engen Stellenmarkt, finanzielle Unsicherheit der Einrichtung und Burnout angesichts der Belastung, Zweifel an der Wirsamkeit der Sozialarbeit bei der Lösung von Klienten- und Gesellschaftsproblemen, sozialpolitische Fehlentscheidungen sowie Konflikte mit Vorgesetzten und Mitarbeitern.

Besonders Berufsanfänger mögen in verschiedene Rollenfallen tappen. Sie fühlen sich in ihrer Kompetenz noch nicht sicher und werden von den Zielgruppen nicht für voll genommen. Da mag es naheliegen, auf die Anforderungen mit Totstellreflex, Verbrüderung, Verweigerung, Arroganz, Überförmlichkeit oder Aktionismus zu reagieren, die alle nur das eine bezwecken: die tiefe Verunsicherung des Neuen nicht sichtbar werden zu lassen.

Fehlen von Supervision

Die Institution, die Supervision möglich macht, wird in doppelter Hinsicht in die Pflicht genommen. Sie muß Geld zur Verfügung stellen und die Unerreichbarkeit von Teilen des Personals mitten in der Arbeitszeit in Kauf nehmen. Andererseits gewinnt sie auf diese Weise Mitarbeiter, die ihre berufliche Kompetenz verbessern, erfolgreich zusammenarbeiten, ihre Belastung richtig regulieren und mit den Klienten angemessener umgehen. Fehlen von Supervision wird von Mitarbeitern leicht als Vernachlässigung empfunden; viele von ihnen nehmen sie dann selbst in die Hand, verlegen sie auf die Abendstunden und bezahlen sie privat. Sie erfahren dabei die Institution aber als unpersönlich, gleichgültig und nicht versorgend. Im Vorgriff auf Kap. 20, das den Prozeß der Supervision ausführlicher darstellt, kann schon hier gesagt werden: Die Supervision ist der Ort, an dem die unterschiedlichsten Helferbelastungen zur Sprache kommen können. Oft sind dabei Fragen der folgenden Art eine Hilfe (Tab. 9).

Tab. 9: Selbstanalyse und Institutionsanalyse (Boy et al., 1980)

1. Habe ich klare berufliche Ziele?
2. Finde ich in der Institution, in der ich arbeite, meine berufliche Identität?
3. Arbeite ich den größten Teil des Tages mit Klienten oder mit Verwaltungsarbeit?
4. Kenne ich die wirklichen Bedürfnisse des Klienten?
5. Habe ich interessierte und kompetente Kollegen?
6. Kann ich in der Institution, in der ich arbeite, Einfluß nehmen?
7. Fühle ich mich einer bestimmten Theorie der Beratung verbunden?
8. Tue ich etwas für meine Fortbildung?
9. Überprüfe ich regelmäßig meine Beraterrolle?
10. Bin ich insgesamt optimistisch gestimmt?

Diese Fragen und die Antworten auf sie eignen sich u. a. als Ausgangspunkt für das Teamgespräch. Sie zielen nicht nur auf die persönliche Situation ab, sondern tragen zugleich zu einem vertieften Verständnis der Institution bei, in der der Helfer arbeitet. Sie mögen in eine Planung der beruflichen Laufbahn (Antons, 1994) einmünden.

Helfer-Belastung in der mehrdimensionalen Selbsteinschätzung

In einer eigenen Untersuchung an 462 Helferinnen und Helfern aus dem Bereich der Suchtkrankenhilfe (vgl. Anhang 2) schätzten diese ihre Belastung selbst auf einer fünfstufigen Skala als leicht überdurchschnittlich ein (M = 3,44). Dabei konnte recht genau von einer in Richtung höherer Belastung verschobenen Normalverteilung ausgegangen werden (sehr gering: 1,7%; gering: 13,1%; mittel: 35,3%; hoch: 39,4%; sehr hoch: 10,5%). Zwischen den Geschlechtern ergab sich beim Vergleich von 298 Männern und 164 Frauen kein Unterschied. Diejenigen Helfer, die Supervision hatten, waren im Mittel ca. fünf Jahre jünger als Helfer ohne Supervision; entsprechend hatten Helfer mit längerer Berufserfahrung weniger Supervision als Anfänger. Helfer hatten etwas mehr Supervision als Helferinnen.

Höher belastete Helfer gaben mehr Stunden Supervision an als weniger belastete. Dies kann i. S. einer zeitlichen, wenn nicht kausalen Abfolge verstanden werden: Wer sich als stärker belastet erlebt, bemüht sich mehr um diese Form der Entlastung. Allerdings müßten, um eine solche Wirkung der Supervision nachzuweisen, längsschnittliche Vergleichsuntersuchungen vorgenommen werden.

Die Antworten auf eine Frage nach Aspekten von Belastung und Entlastung finden sich in der Reihenfolge ihrer Häufigkeit in Tab. 10.

Tab. 10: Belastung und Entlastung in der Helferarbeit

Belastungsmomente	Entlastungsmomente
1. Fehlender Rückhalt im Team	1. Unterstützung im Kollegenkreis
2. Rückfälle von Klienten	2. Supervision
3. Fehlende Einsicht von Klienten	3. Teamarbeit
4. Zu viele Klienten	4. Partnerschaft und Freundeskreis
5. Eigene Hilflosigkeit im Helfen	5. Freizeit und Hobbys
6. Zu wenig Zeit für die Klienten	6. Erfolgreiche Selbstabgrenzung
7. Stagnation und Erfolglosigkeit von Therapien	7. Therapieerfolge
8. Klienten ohne Therapiemotivation	8. Starke Klientenmotivation
9. Anspruchshaltung von Klienten	9. Gute Arbeitsatmosphäre
10. Behinderung der Therapie durch die eigene Institution	10. Fortbildung

Insgesamt bestätigen diese Ergebnisse viele der Gesichtspunkte, die wir in den Kapiteln 3 bis 7 nach Bereichen geordnet dargestellt haben. Teilweise korrespondieren die entlastungsbezogenen Äußerungen mit den Aussagen zur Belastung, teilweise nicht. Es kommt offenbar vor, daß etwas, wenn es fehlt, als *Belastung* erlebt wird, dagegen nur wenig zur *Entlastung* beiträgt, wenn es vorhanden ist, und umgekehrt. Dies entspricht der Unterscheidung von Nichtmotivatoren und Motivatoren bei Maslow: Wenn physiologische Bedürfnisse und Sicherheitsbedürfnisse nicht befriedigt werden, so ist die Arbeitsmotivation vermutlich schlecht. Diese Bedürfnisse zu befriedigen reicht aber keineswegs aus, die Motivation gut werden zu lassen.

Viele berufliche Belastungen strahlen auf das Privatleben aus und werden dort wahrgenommen. So gaben Krisenberater als wichtigste Belastungsfaktoren ihrer Arbeit in einer Befragung an: Unterbrechung bei Familienbeschäftigungen, Arbeit am Abend, am Wochenende und während der Ferienzeit, physische und seelische Belastung, Angst vor eigenen Fehlern und Verwaltungsarbeit. Partner von Helferinnen nannten als Belastung oft die physische Gefährdung am Arbeitsplatz. Männer und Frauen als Partner von Helfern fanden Termingestaltung und Unterbrechung bei häuslichen Tätigkeiten belastend (Weaver, 1984).

Wir kommen hier mit der Darstellung der Belastungsfaktoren zum Ende. Als nächstes werden wir uns dem Burnout-Begriff und der Belastung in verschiedenen Berufsgruppen zuwenden.

8. Erschöpfung, Burnout und Streß

Belastungen, wie wir sie in den Kapiteln 3 bis 7 dargestellt haben, sind gewiß nichts Ungewöhnliches. Aber bei einigen Helferinnen und Helfern mag sich daraus langfristig eine Gefährdung ergeben. Während also Belastung ein neutraler Begriff ist, da sie angemessen und unangemessen verarbeitet werden kann, wie auch Streß als Eustreß und Dysstreß in Erscheinung tritt, so weist Gefährdung auf eine Belastung hin, die der seelischen Gesundheit auf Dauer abträglich zu werden droht. Wir kommen hier zu Phänomen und Begriff ›Burnout‹.

Für das Burnout von Helferinnen und Helfern gilt: ›Steter Tropfen höhlt den Stein‹ oder auch ›Viele Hunde sind des Hasen Tod‹. Was also eine einzelne Belastung oder auch eine Häufung von Beanspruchungen in kurzen Zeitspannen nicht bewirkt, das mag eintreten, wenn mehrere Belastungen gleichzeitig und über längere Zeit hinweg existieren und keine Aussicht besteht, sie loszuwerden. Was ist dieses Burnout, und wie zeigt es sich im Leben von Helferinnen und Helfern?

Definition und Erscheinungsbild

Unter Burnout versteht man den ». . . Zustand physischer oder seelischer Erschöpfung, der als Auswirkung langanhaltender negativer Gefühle entsteht, die sich in Arbeit und Selbstbild des Menschen entwickeln« (Emener et al., 1972, Übersetzung des Autors).

Das Burnout, Ausbrennen (Aronson et al., 1983), manchmal auch Erschöpfungssyndrom genannt (Freudenberger, 1980), ist in den letzten Jahren unter Helferinnen und Helfern ein geläufiger Terminus geworden. Es wird als schleichend beginnender oder abrupt einsetzender Erschöpfungszustand körperlicher, geistiger oder gefühlsmäßiger Art in Beruf, Freizeit, Freundeskreis, Partnerschaft und Familie beschrieben, oft verbunden mit Aversion, Ekel und Fluchtgedanken. Im Vorfeld ist dabei langandauernde Überforderung ohne angemessenes Korrektiv charakteristisch. Burnoutbetroffen sind Sozialarbeiter, Fürsorger, Hauseltern in Kinderdörfern, Drogenberater, Personal von Beratungsstellen, Studentenberater, Sozialforscher, Organisationsberater und -trainer, Krankenschwestern, Gemeindeschwestern, Hauswirtschaftsleiterinnen, medizinisch-technische Assistentinnen, Leiter von Kliniken und Rehabilitationseinrichtungen, Ärzte und Zahnärzte, Krankenhausapotheker, Sprach- und Stimmtherapeuten, Beschäftigungstherapeuten, Psychotherapeuten, Pfarrer, Eltern und Therapeuten autistischer Kinder, Pflegepersonal geistigbehinderter Erwachsener, Erzieherinnen, Lehrer, Erwachsenenbildner, Sporttrainer, Schulpsychologen, Anwälte, Polizisten, Gefängnispersonal, Stewardessen, Bibliothekare, Manager, Studenten und Arbeitslose

(Burisch, 1989, S. 10). Jedenfalls ist man in Untersuchungen bei ihnen allen in Hinsicht auf das Burnout bereits fündig geworden. Es besteht aber kein Zweifel, daß auch in anderen Berufsgruppen Burnout-Phänomene anzutreffen sind. Weltweit wird aus vielen Kulturen von Auffälligkeiten berichtet, die dem Burnout verwandt erscheinen (Saß el al. 1996).

»Das Ausbrennen ist das Resultat andauernder oder wiederholter emotionaler Belastung im Zusammenhang mit langfristigem intensivem Einsatz für andere Menschen. . . . Das Ausbrennen ist die schmerzliche Erkenntnis (von Helfern), daß sie diesen Menschen nicht mehr helfen können, daß sie nichts mehr zu geben haben und sich völlig verausgabt haben …« (Aronson et al., 1985, S. 25). Maslach wählt als Schwerpunkte ihres Burnout-Konzepts Emotionale Erschöpfung, Depersonalisation und Leistungseinschätzung.

Man unterscheidet (Gillespie, 1980) aktives Ausbrennen, verursacht durch Institutionsaspekte sowie äußere Ereignisse und Arbeitsbedingungen (zu viele Anforderungen), und passives Ausbrennen, nämlich die innere Reaktion darauf (zu wenig Gegenwehr oder Gestaltung). Meist entsteht das Burnout wohl in einer fein abgestimmten Kooperation von Belastungsangebot und Belastungsnachfrage.

Ein Kollege, der bei mir in Behandlung ist, beschreibt mir seinen Arbeitstag folgendermaßen:

6.00:	Aufstehen, Familie wecken, Frühstück
7.30:	Sohn in den Kindergarten bringen
8.00:	Fahrt in die Praxis (40 km)
9.00–13.00:	Klienten
13.00–13.30:	30 km Autofahrt zur Supervision eines Teams in einer anderen Stadt
13.30–16.30:	Supervision
16.30–17.00:	Rückfahrt in die eigene Praxis
17.00–18.30:	Therapie mit einer Klientin
18.30–19.00:	Fahrt in einen anderen Stadtteil
19.00–21.00:	Doppelstunde Gruppenpsychotherapie mit einer Kollegin
21.00–23.00:	Gegenseitige Supervision zur Gruppentherapie
23.00–24.00:	Rückfahrt nach Hause
24.00:	Einschlafen
6.00:	Aufstehen, Frühstück, Kindergarten

Die Mahlzeiten nimmt der Kollege im Auto und im Stehen ein. Am Wochenende leitet er oft noch Selbsterfahrungsgruppen. Ich spreche vorsichtig das Stichwort Psychohygiene an und erkundige mich, ob ihm aus dem offensichtlichen Leidensdruck ein Änderungswunsch erwächst. Da antwortet er: »Wieso ändern? Das geht doch allen niedergelassenen Therapeuten so. Sonst hätte ich diesen Beruf eben nicht wählen dürfen.«

Indikatoren des Burnout

Die ganze Spannweite dessen, was heute unter Burnout verstanden wird, zeigt sich in einer Äußerung von Cherniss (1980; z. n. Enzmann und Kleiber, 1989, S. 19), die hier vollständig wiedergegeben wird: ». . . großer Widerstand, täglich zur Arbeit zu gehen; Gefühle des Versagens; Ärger und Widerwillen; Schuldgefühle; Entmutigung und Gleichgültigkeit; Negativismus; Isolierung und Rückzug; tägliche Gefühle von Müdigkeit und Erschöpfung; häufiges ›nach der Uhr sehen‹; große Müdigkeit nach der Arbeit; Verlust von positiven Gefühlen den Klienten gegenüber; Verschieben von Klientenkontakten; Widerstand gegen Anrufe und Besuche von Klienten; Stereotypisierung von Klienten; Unfähigkeit, sich auf Klienten zu konzentrieren oder ihnen zuzuhören; sich unbeweglich fühlen; Zynismus und tadelnde Einstellung den Klienten gegenüber; zunehmender ›Dienst nach Vorschrift‹; Schlafstörungen; Vermeidung von Arbeitsdiskussionen mit Kollegen; mit sich selbst beschäftigt sein; größere Billigung von Mitteln zur Kontrolle des Verhaltens (z. B. Tranquilizer); häufige Erkältungen und Grippe; häufige Kopfschmerzen und Magen-Darm-Beschwerden; Rigidität im Denken und Widerstand gegen Veränderungen; Mißtrauen und paranoide Vorstellungen; exzessiver Drogengebrauch; Ehe- und Familienprobleme; häufiges Fehlen am Arbeitsplatz.«
Kaslow und Schulman (1987) nennen eine Reihe von Warnsignalen, die auf ein Burnout hindeuten und die jeder Helfer für sich selbst sichten mag:

1. Nicht zur Arbeit gehen wollen
2. Fortgesetztes Klagen wegen Arbeitsunlust oder Überforderung
3. Sich wie abgeschnitten von der Welt fühlen
4. Das Leben schwer und dumpf erleben
5. Steigende Zahl negativer Gegenübertragungen mit Klienten
6. Irritierbarkeit, Ablenkbarkeit, Gereiztheit und Unduldsamkeit zu Hause

7. Häufige Erkrankungen ohne erkennbare Ursache
8. Flucht- und Selbstmordgedanken.

Burnout und verwandte Phänomene des Alltags

Zunächst muß man feststellen: Das Burnout ist kein Syndrom, obwohl es in der Fachliteratur manchmal so bezeichnet wird, so wenig, wie das problematische Helfer-Verhalten ein »Helfer-Syndrom« ist. Es ist also keine Krankheits-Einheit, die mit einigermaßen einheitlichen Symptomen belegt werden kann, schon gar nicht im Sinne der ICD- und DSM-Klassifikation. Vielmehr sind sehr unterschiedliche und auch entgegengesetzte Anzeichen signifikant: täglicher Widerwille, zur Arbeit zu gehen; Gefühle des Versagens, des Ärgers und Widerwillens; Schuldgefühle und Gleichgültigkeit; Mutlosigkeit dem eigenen Erfolg gegenüber; Rückzug; tägliche Gefühle von Müdigkeit und Erschöpfung; häufiges Nach-der-Uhr-Sehen während der Therapiesitzungen und Konferenzen; große Müdigkeit vor und nach der Arbeit; Verlust von positiven Gefühlen den Patienten gegenüber; Verschieben von Therapiekontakten; Abneigung gegen Anrufe und Besuche von Patienten und Angehörigen; Unfähigkeit, sich auf Patienten zu konzentrieren und ihnen zuzuhören; Zunahme zynischer Kommentare den Krankheitsverläufen gegenüber; vermehrte Bereitschaft, Patienten für ihr Verhalten zu tadeln; Dienst nach Vorschrift; Schlafstörungen; Vermeiden von Arbeitsdiskussionen mit Kollegen; vermehrte Billigung von medikamentösen Behandlungen bei psychischen Störungen; häufige Erkältungen und Grippe; häufige Kopfschmerzen und Magen-Darm-Beschwerden; Rückzug auf starre Denk-, Erklärungs- und Verhaltensmuster; Mißtrauen; paranoide Vorstellungen; eigener Drogengebrauch; Ehe- und Familienprobleme; Fehlzeiten am Arbeitsplatz; unkontrollierte Gegenübertragungen; Freude über ausgefallene Sitzungen.
Es sind also sehr individuelle und auch höchst subjektive Erlebnisse, die beim Burnout im Vordergrund stehen. Der Begriff Burnout ist für mich da am leistungsfähigsten, wo er für diese Vielfalt als deskriptive Klammer steht.
Das Burnout kann von einer Reihe anderer Phänomene abgegrenzt werden:

- Es ist etwas anderes als das Erschöpftsein am Abend nach einem langen Arbeitstag.
- Es unterscheidet sich von einer passageren Mattigkeit bei Wetterumschwung.
- Es soll nicht verwechselt werden mit dem schweren Kopf und der Mißstimmung am Tag nach einer (etwa noch mit Alkohol) durchfeierten Nacht oder dem Tag nach einer Nacht, in der man schlafen wollte, aber seelisch zu unruhig dazu war oder wegen starker Schmerzen nicht schlafen konnte.
- Burnout ist nicht das gleiche wie stimmungsmäßige Begleiterscheinungen des prämenstruellen Syndroms (PMS), die übrigens auch Männer erleben, und nicht das gleiche wie klimakterische Beschwerden, die übrigens ebenfalls auch Männer haben.

Vielmehr ist das Burnout etwas ganz Normales, Alltägliches, das dennoch Anlaß zu Sorge und Initiative ist. Die Alltäglichkeit des Burnout macht es vielleicht Helferinnen und Helfern leichter, auch im Alltag Maßnahmen zu ergreifen, die ihm entgegenwirken. Wer sich selbst nicht als betroffen und nicht als gefährdet betrachtet, ist in den nächsten Abschnitten dennoch eingeladen, sich diese Gedanken im Sinne einer Burnout-Prophylaxe für seine Mitarbeiter und Kollegen zu machen.

Burnout, ICD und DSM

Es ist dienlich, das Burnout auch nach der anderen Seite hin abzugrenzen. Wir werfen einen Blick auf die DSM-Signierungen, die dem Burnout verwandt sind. Hier kommen folgende Klassifikationen in Betracht:

290.21: Senile und präsenile Demenz mit Depression,
296.5x: Bipolare affektive Störung, depressiv,
296.2x: Major Depression, einzelne Episoden,
296.3x: Major Depression, rezidivierend,
301.13: Zyklothyme Störung,
300.40: Dysthymische Störung (oder depressive Neurose),
296.82: Atypische Depression.

Ferner sind einige Signierungen in Betracht zu ziehen, die nicht als Krankheiten betrachtet werden, sondern als V-Signierungen durch die Formulierung charakterisiert werden: »Verwandte Phänomene, die nicht behandelt werden müssen, aber der weiteren Beobachtung bedürfen.«

V68.20: Probleme im Beruf,

V62.82: Einfache Trauer,

V62.89: Probleme bestimmter Lebensphasen oder andere Lebensprobleme (Saß et al., 1996).

Von allen diesen Markierungen ist das Burnout abzugrenzen, wiewohl es natürlich Übergänge gibt. Ich möchte zwei Gründe für diese Abgrenzung geltend machen.

- Das Burnout ist seiner Qualität nach anders als diese Diagnosen. Oft ist nur ein Teilbereich betroffen; eine Urlaubszeit oder eine Umstellung in Lebensgewohnheiten wirkt manchmal Wunder.
- Ich lege Wert darauf, daß diejenigen, die vom Burnout betroffen sind, nicht psychiatrisiert werden. Wir wissen ja: Unsere Diagnosen entscheiden mit über unsere Beratungsstrategien und über die Fähigkeit der Patienten zur Mitarbeit. Daher halte ich es für förderlich, den Krankheitswert des Burnout niedrig anzusetzen. So zu verfahren, wie ich es tue, gibt auch den Betroffenen die Möglichkeit, sich ohne zu hohe Schamschwelle zu seiner Gefährdung zu bekennen und an der Behandlung aktiv mitzuwirken.

Bedingungsgefüge des Burnout

Als besonders burnout-fördernd wird es angesehen, wenn Arbeits- und Wohnbereich des Helfers identisch sind, der Helfer also z. B. eine Dienstwohnung auf dem Heim- oder Klinikgelände hat, in einem Internatsflur wohnt oder in der therapeutischen Wohngemeinschaft alle Lebensbereiche mit den Patienten teilt. Er ist dann während der Freizeit nahezu jederzeit erreichbar und nimmt, ein Bild aus der Kernenergie übernehmend, die Kontaminierungen aus dem Dienst täglich mit in die Freizeit hinüber. Man verläßt dann das Feld der seelischen Beanspruchung nie ganz, sondern bleibt ihr rund um die Uhr, ja tatsächlich bis in den Schlaf hinein ausgesetzt. Das Ausbrennen steht in signifikanter Beziehung zu Arbeitsunzufriedenheit (Reggar et al., 1984, Rafferty et al., 1986), zu Alkohol- und Drogenkonsum, Suche nach anderer Beschäftigung, Krankheitsrate und Nachlässigkeit in der Arbeit (Quattrochi-Tubin et al., 1982) sowie zur Einnahme von Beruhigungsmitteln, ferner in negativer Beziehung zur Zahl der Studenten in direktem Kontakt mit Klienten und zur Kollegen- und Partnerunterstützung (Cronin-Stubbs et al., 1985). Ausbrennen tritt am deutlichsten in Erscheinung, wo ein ›Erfolg‹ des Klienten gefordert wird und wo der Helfer keinen Einfluß auf die Klientenauswahl hat (Rubington, 1984).

Meier (1983) nahm an, daß Erfolgserwartung, tatsächliche Wirkung und Verstärkung des Helfers für sein Tun sich wechselseitig beeinflussen und interagierend auf das Burnout Einfluß nehmen: Wer nicht damit rechnet, wirksam zu handeln, tatsächlich selten Erfolge hat und wenig verstärkt wird, dürfte demnach stärker burnoutgefährdet sein als andere Helfer. Price et al. (1984) haben Burnout als Trauerreaktion dargestellt und für Helfer expliziert, die mit Sterbenden arbeiten. Sie beobachten als typische Stationen des Prozesses Schock über den Verlust, Desorganisation, heftige Gefühle, Schuld, Einsamkeit, Erleichterung, Erholung und Stabilisierung. Potter (1983) äußerte die Vermutung, daß das Gefühl persönlicher Kraft die entscheidende Variable ist, die das Burnout reguliert. Zur Steigerung dieses Merkmals empfiehlt sie Gedankenmanagement und eine Haltung starker Identifikation mit dem Klienten, verbunden mit gleichzeitiger Distanzierung von der Frage, ob der Klient Fortschritte macht. Maher (1983) dagegen leitet das Burnout aus dem Fehlen beruflicher Bindung ab. Berufsengagement sieht sie durch vier Bedingungen determiniert: Freude an der Rollenübernahme und den entsprechenden Tätigkeiten, Loyalität gegenüber den Rollenpartnern, Erwartung von Verstärkungen für das Verhalten und Wunsch nach Strafvermeidung im Falle der Tätigkeitsunterlassung. Wenn eine oder alle diese Bedingungen fehlen, so mag ein berufliches Erlahmen eintreten, das Burnout-Charakter trägt.

Das Fehlen von Supervision wird in enger Beziehung zu burnoutartigen Erschöpfungszuständen gesehen (Constable et al., 1986). Ehemalige Alkoholkranke sind stärker burnoutgefährdet als Nicht-Alkoholkranke (Rubington, 1984). Dabei sind äußere und

unveränderliche Belastungen, die per Zuschreibung psychologisiert und personalisiert und so zum persönlichen Versagen gemacht werden, besonders belastend.
Mit einer Burnout-Gefährdung gehen laut Schmidbauer (1982) folgende Arbeitsbedingungen einher:

1. Ungenaue Information des Berufsanfängers darüber, was ihn tatsächlich erwartet.
2. Terminüberlastung und Zeitdruck bei den ersten Schritten in der Praxis.
3. Stumpfheit und Routine während der Arbeit.
4. Reglementierung und Bürokratisierung der eigenen Tätigkeit.
5. Schlechte Beziehungen zu Kollegen und Vorgesetzten.
6. Mangel an Gelegenheit zu offener Aussprache und Unterstützung.

Zastrow (1984) nimmt an, daß Streß und Burnout verwandte Sachverhalte darstellen. Als Ursachen nennt er zu hohe Zahl Arbeitsstunden, berufliche Sackgasse, zu viel Verwaltungsarbeit, zu viel Reisetätigkeit, Isolation von Kollegen, Fehlen von Kontakt im Privatleben, unrealistische Berufserwartungen. Zur Belastung tragen Ereignisse der Außenwelt bei, aber auch deren subjektive Interpretation. Watmough (1983) nimmt an, daß folgende Faktoren für Streß im Beruf verantwortlich sind: Rollenambiguität, Rollenkonflikt, Rollenüberforderung, Organisationsgrenzen überschreitende Eingriffe in das eigene Handeln, Verantwortung für das Wohlbefinden von Personen und Fehlen von Mitbestimmung. Watkins (1983) nennt als Gründe für Burnout Vergeudung physischer und seelischer Ressourcen, zu hohe persönliche Erwartungen sowie Beziehungen, die die eigenen Kraftreserven angreifen. Er empfiehlt u. a. Therapie, vermehrtes Einräumen freier privater Zeit und Umgang mit ›healthy souls‹. Rubington (1984) nennt vier mögliche Reaktionen von Helferinnen und Helfern auf das Ausbrennen, nämlich Stellenwechsel, Bleiben und Akzeptanz eines mittleren Niveaus der Apathie, Bleiben mit zyklisch wiederkehrenden Erfahrungen des Ausbrennens und schließlich Bleiben mit erfolgreicher Bewältigung der Burnout-Gefahr.
Hans Selye unterscheidet in seinem dreistufigen Streß-Konzept eine Alarm-, eine Aktivierungs- und eine Erschöpfungsphase. Letztere ist dem Burnout verwandt und kann geradezu als identisch mit ihm verstanden werden: Wenn Streß lange anhält, Gegen-

kräfte nicht mehr mobilisiert werden können und Erholung nicht in Aussicht ist, so kommt es zu Entwicklungen tiefgreifender Erschöpfung, die Burnout-Charakter haben. Das Streß-Konzept eignet sich also dazu, für das Phänomen Burnout den physiologischen Rahmen zu bilden; das Konzept Burnout dagegen geht in der Differenzierung der seelischen Vorgänge und der Planung von Maßnahmen über das Streßkonzept hinaus.

Zwischen Männern und Frauen gibt es keine Unterschiede in der Häufigkeit des Ausbrennens (Shinn et al., 1984); aber Frauen finden eher soziale Unterstützung, wenn sie vom Ausbrennen betroffen sind. Es sei hier an die Arbeit von Richter (1972) erinnert, in der er die Vermutung äußert, daß Frauen eine größere Fähigkeit darin haben, über Fehler und Unzulänglichkeiten zu sprechen und deshalb früher und schneller Beratung und Klärung erfahren. Auch Maslach (1985) fand im Ausbrennen keine Geschlechtsunterschiede, entgegen ihrer eigenen früheren Annahme, daß Frauen burnoutanfälliger seien. Verheiratete und Helfer mit Kindern waren in der genannten Untersuchung weniger gefährdet als ledige und kinderlose Helferinnen und Helfer. Ullrich (1989) konnte diese Angaben, was die Entlastungsfunktion der Partnerschaft angeht, bestätigen.

Von anderen Autoren wird den zum Burnout referierten Ergebnissen teilweise widersprochen. So betont London (1981), daß das Ausbrennen nicht so verbreitet sei, wie einige Autoren annehmen, und daß viele Helferinnen und Helfer ihre Arbeit als sehr bestärkend empfinden. Mit dem Alter nehmen Streß und Verletzlichkeit von Helfern noch ab (Farber, 1982, 1985). Manche Belastung wird möglicherweise auch fälschlich für ein Ausbrennen gehalten, ist in Wirklichkeit aber ein privates Problem (Beemsterboer et al., 1984). Antons (1987) hat die Gestaltung der Partnerschaft in den helfenden Berufen auf die Alternative ›Lieben oder Helfen‹ gebracht – eine pointierte These, die gewiß manchen Erfahrungen von Helferinnen und Helfern entspricht.

Etappen der Burnout-Entwicklung

Es ist immer wieder versucht worden, Etappen der Burnout-Entwicklung zu beschreiben. Dabei ist die Entscheidung über die

Zahl der unterscheidbaren Stufen relativ willkürlich. Burisch (1989) unterscheidet hier (1) Warnsymptome der Anfangsphase, (2) Reduziertes Engagement (für Klienten und Patienten, für andere allgemein, für die Arbeit, erhöhte Ansprüche), (3) Emotionale Reaktionen, Schuldzuweisung (Depression, Aggression), (4) Abbau, (5) Verflachung, (6) Psychosomatische Reaktionen, (7) Verzweiflung (S. 12).

Für mich haben zehn Stufen sich als aussagekräftig erwiesen:

1. Freundlichkeit und Idealismus
2. Überforderung
3. Geringer werdende Freundlichkeit
4. Schuldgefühle darüber
5. Vermehrte Anstrengung, tüchtig und freundlich zu sein
6. Erfolglosigkeit
7. Hilflosigkeit
8. Hoffnungslosigkeit (»Ein Faß ohne Boden«)
9. Erschöpfung, Abneigung gegen Klienten, Apathie, Aufbäumen, Wut
10. Burnout: Selbstbeschuldigung, Flucht, Zynismus, Sarkasmus, psychosomatische Reaktionen, Fehlzeiten, große Geldausgaben, Unfälle, Dienst nach Vorschrift, Selbsttötung, hastige Liebschaften ohne Liebe, Scheidung, plötzliche raptusartige Kündigung, sozialer Abstieg, Aus-dem-Tritt-Kommen usw.

Beide Verlaufsbeschreibungen des Burnout befinden sich in guter Übereinstimmung mit dem von Roller (1984) dargestellten – freilich positiv endenden Werdegang – der Gruppen-Psychotherapeuten: Bewerber – Anfänger – beginnende Kompetenz – gute Befähigung – Souveränität – Langeweile und existentielle Panik – selbstgesetzte Herausforderungen – zweite Souveränität und Rückkehr zu informierter Naivität – Annahme der persönlichen Begrenztheit.

Als konstruktive Möglichkeiten des Reagierens können z. B. Fortbildung, Supervision, Stellenwechsel, Psychotherapie, Therapieausbildung, Lebensneuorientierung, Erleben eines neuen Lebensabschnitts, Berufswechsel betrachtet werden.

Die Phasen folgen, wie dies in Prozeßmodellen üblich ist, nicht mit unabweislicher Zwangsläufigkeit aufeinander. Leserinnen und Leser mögen mehrere davon gleichzeitig an sich erkennen. Denkbar ist auch eine Rückkehr zu einer früheren Stufe von jedem späteren Punkt aus. Vielleicht fallen aber Umkehr und Neuorientierung um so schwerer, je weiter fortgeschritten die Entwicklung ist und zum Burnout hinzielt. Das beginnende Burnout bleibt übrigens Kolleginnen und Kollegen in der Regel nicht verborgen, so daß eine entsprechende Ansprache oder Anfrage von diesen meist als sicheres Indiz dafür angesehen werden kann, daß ein Burnout droht. Die folgenden Äußerungen von Kolleginnen und Kollegen entsprechen recht gut einigen der erwähnten Etappen:

* »Daß bestimmte gesetzte therapeutische Maßnahmen nicht (unmittelbar!?) wirksam sind, versetzt mich in Streß, Überforderung und Nervosität« (28jährige Psychologin).
* »Absolutes Ausgelaugtsein nach einem Schultag. Fragen nach dem Sinn der Arbeit und Erkennen der Sinnlosigkeit« (27jährige Sonderschullehrerin für sehbehinderte und blinde Kinder).
* »Probleme der Klienten werden mir zunehmend lästig. Ich äußere mich häufig abfällig über sie. Ich arbeite mit Strafgefangenen« (35jähriger Psychologe).
* »Ich erlebe die Erschöpfung *nach* der Arbeit. Ich habe dann absolut kein Interesse, mit Menschen zu kommunizieren, und ziehe mich zum Computer zurück. Im Dienst spüre ich abgrundtiefe Verzweiflung. Ich halte es nicht mehr aus, mit diesen Leuten zu arbeiten« (35jähriger Erzieher).
* »Ich bemerke Unlust, zur Arbeit zu gehen. Ich denke: ›Was gehen mich die Probleme der anderen an; das, was ich tue, nützt sowieso nichts!‹, verbunden mit Übelkeit, Bauchweh, Kopfweh und ähnlichen körperlichen Symptomen« (32jährige Psychologin an einer Heilpädagogischen Station).

Schlüsselerlebnisse zum Burnout

Viele Menschen haben irgendwann ein Schlüsselerlebnis, an dem sie erkennen, daß sie nun am Ende mit ihrer Kraft sind.
Eine Ärztin hatte im Zuge eines 36-Stunden-Dienstes in der Klinik unter anderem aus Gutmütigkeit einen alkoholkranken Patienten aufgenommen. Dies hatte später zu einem langen Disput mit dem Oberarzt geführt. Als sie schließlich Anstalten machte, nach Hause aufzubrechen, total erschöpft, stand der Patient auf dem Gang und sagte vorwurfsvoll: »Ja, Sie haben es gut, Frau

Doktor, Sie können nach Hause gehen, wann Sie wollen!« Da brach sie in Tränen aus und lief rasch zum Fahrstuhl.
Ein Arzt wollte am Freitagabend um 20 Uhr gerade seine Praxis verlassen, da rief ein Mann an und sagte: »Herr Doktor, ich brauche dringend eine Hypnose. Ich richte mich ganz nach Ihnen, also auch wenn es zehn oder elf Uhr wird. Sagen Sie mir einfach, wann Sie Zeit haben!« Da ließ der Arzt zwischen Lachen und Weinen den Telefonhörer sinken.
Ein Psychiater kam nach einer Woche mit ständig wechselnden Schichtdiensten nach Hause und merkte, als er seine Frau begrüßen wollte, daß er ihren Namen vergessen hatte.
Ein Kollege fand am Morgen, als er in die Klinik fahren wollte, sein Auto nicht vor der Tür, entdeckte es aber etwas später vor einem Blumenladen, der einen Kilometer von seiner Wohnung entfernt lag. Er war dort offensichtlich am Abend ausgestiegen, hatte Blumen gekauft und den Rest des Weges zu Fuß in völliger Amnesie absolviert.

Selbstversuch

Für manche Helferin und manchen Helfer wird es lohnend sein, die eigene Burnout-Belastung einmal in Form eines Selbstversuchs zu studieren. Dabei ist nicht die absolute Zahl der Ja- und Nein-Antworten entscheidend, sondern die erlebte Belastung in verschiedenen Bereichen und die Veränderung der Werte bei mehrmaliger Beantwortung im Abstand von einigen Monaten (Tab. 11).
Das quantitative Maß der Burnout-Gefährdung ergibt sich aus der Summe der Ja-Antworten der Skalen I und II und der Nein-Antworten aus Skala III.

Tab. 11: Der Maslach Burnout Inventory (MBI) mit Numerierung der Items (nach der Übersetzung von v. Geldern und Schenke 1985, S. 85 f.)

I Emotionale Erschöpfung

1)	Ich fühle mich durch meine Arbeit emotional erschöpft.	ja – nein
2)	Ich fühle mich am Ende eines Arbeitstages verbraucht.	ja – nein
3)	Ich fühle mich bereits ermüdet, wenn ich morgens aufstehe und einen neuen Arbeitstag vor mir liegen sehe.	ja – nein
6)	Den ganzen Tag mit Menschen zu arbeiten, strengt mich sehr an.	ja – nein
8)	Ich fühle mich durch meine Arbeit ausgebrannt.	ja – nein
13)	Ich fühle mich durch meine Arbeit frustriert.	ja – nein
14)	Ich habe das Gefühl, in meinem Beruf zu hart zu arbeiten.	ja – nein
16)	Bei der Arbeit in direktem Kontakt mit Menschen zu stehen, streßt mich zu sehr.	ja – nein
20)	Ich habe das Gefühl, am Ende meiner Weisheit zu sein.	ja – nein

II Depersonalisation

5)	Ich habe das Gefühl, manche Klienten so zu behandeln, als wären sie Objekte.	ja – nein
10)	Ich bin Menschen gegenüber abgestumpfter geworden, seit ich diese Arbeit ausübe.	ja – nein
11)	Ich befürchte, daß mich meine Arbeit weniger mitfühlend macht.	ja – nein
15)	Es interessiert mich nicht wirklich, was mit manchen Klienten geschieht.	ja – nein
22)	Ich habe das Gefühl, daß mir meine Klienten bzw. deren Angehörige für manche ihrer Probleme die Schuld geben.	ja – nein

III Eigene Leistungseinschätzung

4)	Ich kann es leicht verstehen, wie meine Klienten über bestimmte Themen denken.	ja – nein
7)	Ich gehe erfolgreich mit den Problemen meiner Klienten um.	ja – nein
9)	Ich habe das Gefühl, durch meine Arbeit das Leben anderer Menschen positiv zu beeinflussen.	ja – nein
12)	Ich fühle mich sehr energiegeladen.	ja – nein
17)	Mir fällt es leicht, eine entspannte Atmosphäre zu schaffen.	ja – nein
18)	Ich fühle mich angeregt, wenn ich eng mit meinen Klienten zusammengearbeitet habe.	ja – nein
19)	Ich habe viele lohnende Ziele bei meiner Arbeit erreicht.	ja – nein
21)	Bei meiner Arbeit gehe ich mit emotionalen Problemen sehr gelassen um.	ja – nein

9. Burnout in verschiedenen Helfer-Berufen

Anfang der 70er Jahre begannen Helferinnen und Helfer, ihre eigenen Berufsbedingungen unter dem Blickwinkel des Ausbrennens zu untersuchen. Wir werden in diesem Kapitel sehen, daß die Ergebnisse dieser Forschung recht einheitlich ausfallen. Einschränkend muß erwähnt werden: Da die Datenerhebungen mit unterschiedlichen Instrumenten erfolgten, sind der Vergleichbarkeit gewisse Grenzen gesetzt. Dennoch springen die Übereinstimmungen in der Belastungserfahrung ohne weiteres ins Auge. Wir werden im folgenden die Belastung von Psychologen und Psychotherapeuten, Ärzten und Pflegepersonal, Lehrern und Erziehern sowie Sozialarbeitern und Sozialpädagogen darstellen. In vielen Arbeiten wurden die untersuchten Personen nicht bestimmten Berufen zugeordnet, sondern als ›Helfer‹ zusammengefaßt. Solche Untersuchungen werden ebenfalls berücksichtigt. In den Zwischenüberschriften habe ich die ›männliche‹ Form gewählt. Dieses wie alle anderen Kapitel handelt aber von Helferinnen und Helfern.

Psychologen und Psychotherapeuten

Von der spezifischen Belastung der Psychologen und Psychotherapeuten war in vielen Beispielen dieses Buches bereits die Rede. Einige von ihnen beschreiben ihre Belastung folgendermaßen:

* »Nervosität, Gereiztheit, schlechte Träume, ein Abschalten ist nicht möglich. Ich habe Zweifel, daß die Arbeit einen Sinn hat, und distanziere mich gegenüber dem Klienten« (28jährige Psychologin).
* »Als Betreuer bei Sommerferien-Aufenthalten mit körperlich und geistig Behinderten habe ich ein vermehrtes Schlafbedürfnis, dauernde Schlappheit, rege, aber undifferenzierte Träume, mit der Zeit sinkende körperliche und geistige Belastbarkeit bzw. Motivation zu solchen Aktivitäten, aber erhöhte Reizbarkeit im emotionalen Bereich« (27jähriger Psychologe).
* »Gefühl des Ausgelaugtseins, der völligen Überforderung durch zu vielfältige Aufgaben, Übermüdung mit der Empfindung, den beruflichen Aufgaben nicht mehr gewachsen zu sein, begleitet von Schlafstörungen, Appetitlosigkeit und daraus resultierendem Gewichtsverlust« (35jährige Psychologin).

Hellmann et al. (1986) fanden bei der Faktorenanalyse der Ratings von 227 Psychologen fünf Belastungsfaktoren, die in der Arbeit selbst begründet waren: Aufrechterhaltung der therapeutischen Beziehung, Terminprobleme, Zweifel am eigenen Beruf, übermäßiges Arbeitspensum und Gefühle der Unzulänglichkeit. Von seiten ihrer Klienten benannten die Psychologen ebenfalls fünf Belastungsfaktoren: Feindselige Gefühlsäußerungen, Widerstand, psychopathologische Symptome, Selbsttötungsdrohungen und passiv-aggressives Verhalten. Ackerley et al. (1988) stellten unter 562 praktizierenden Psychologen bei mehr als einem Drittel ein hohes Niveau emotionaler Erschöpfung und Depersonalisierung fest. Die gefährdeten Psychologen klagten u. a. über mangelnden Einfluß auf das therapeutische Arrangement und fühlten sich von den Klienten überfordert.

Edelwich et al. (1980) nennen als Ursachen für berufliche Frustration und Leistungsverlust bei Erziehungspsychologen:

1. Hoher Anspruch und anfänglicher Enthusiasmus
2. Fehlen von Erfolgsmaßstäben
3. Geringe Bezahlung, gemessen an Vorbildung, Fähigkeiten und Verantwortung
4. Aufstiegsabhängigkeit von Verwaltungsentscheidungen
5. Sexismus
6. Ungesicherte Finanzierung der Einrichtung und Fehlen institutioneller Unterstützung
7. Ineffizienter Mitteleinsatz
8. Von außen einsehbare Arbeitsplätze; Mißverständnissen und Verdächtigungen ausgesetzt sein.

Bei der Untersuchung von 106 Schulpsychologen fanden Solly et al. (1986) heraus, daß etwas über 35% von ihnen mit ihrer Arbeit unzufrieden oder sehr unzufrieden waren, während 65% generelle Zufriedenheit äußerten. Als Gründe der Zufriedenheit gaben sie soziale Sicherheit sowie angenehme Kollegen und Tätigkeiten an. Unzufriedenheit wurde mit Schulpolitik und Schulpraxis, fehlenden Aufstiegsmöglichkeiten, Arbeitsbedingungen, Bezahlung und mangelnder Qualität der Supervision genannt. Gute Bezahlung und gute Supervision waren die sichersten Prognoseparameter für hohe Arbeitszufriedenheit. Thompson et al. (1983) konnten zeigen, daß

Schulpsychologen eine hohe Arbeitszufriedenheit aufwiesen, wenn sie einem Berufsverband angehörten.
Schmidt (1986) sieht die Belastung von Therapeuten vorrangig darin,

* daß ihre eigene Einheit und Ganzheit ständig bedroht ist
* daß sie während der Therapie stets auch von eigenen Erinnerungen heimgesucht werden
* daß sie mit ihren Klienten eine gemeinsame Geschichte und deren Alpträume teilen und
* daß sie gegen alle inneren und äußeren Widerstände ein liebevolles Arbeitsbündnis aufrechterhalten müssen.

Kestnbaum (1984) erkennt in dem Auseinanderklaffen zwischen Heilungsvorstellungen des Therapeuten und tatsächlichem Verhalten des Klienten eine Quelle der Erschöpfung. Zur Verhinderung von Burnout tragen nach Kestnbaums Auffassung Übereinstimmung zwischen Erwartungen und Befunden, Beachtung beruflicher und privater Lebensbedingungen sowie Gruppen-Supervision bei. Protter (1983) hat ebenfalls darauf hingewiesen, daß zu hohe Erfolgserwartungen von Therapeuten zu Pessimismus, Hilflosigkeit und Burnout führen können. Abel (1995) berichtet von vergleichbaren Erfahrungen aus der Seelsorge. Niehoff (1984) nimmt an, daß allgemein akzeptierte Werte von Therapeuten wie Gesundheit, Entwicklungsbereitschaft, Selbstkontrolle, Reifungsimpuls und Selbstachtung sowohl als Leitlinie bei der Klientenbehandlung als auch für die eigene Burnout-Prophylaxe dienen können (vgl. dazu Missel, 1995).

Deutsch (1985) befragte Therapeutinnen und Therapeuten nach ihren eigenen Problemen. Die Hälfte der Antworten entfiel auf Beziehungsprobleme und Depressionen. Ein nennenswerter Teil der Befragten hatte sich selbst einer nicht der Ausbildung dienenden Therapie unterzogen. Norcross et al. (1986) fanden, daß 80% einer Stichprobe von Psychotherapeuten innerhalb der letzten drei Jahre eine Phase schwerer Belastung durchgemacht hatten. Raquepaw et al. (1989) konnten durch Befragung von 68 Psychotherapeuten aufzeigen, daß Angestellte eine größere Anzahl von Burnout-Indikatoren aufwiesen als Freiberufler. Die aktuelle Arbeitsbelastung stand nicht in Verbindung mit Burnout, wohl aber die persönliche Zufriedenheit mit dem Arbeitspensum. Bei höherem Burnout äußerten die Therapeuten vermehrt Wünsche nach einem Berufswechsel. Boice et al. (1987) fanden im Vergleich von 124 Psychologen, von denen die Hälfte in einer eigenen Praxis arbeitete, die andere in einem Universitäts-Institut, ebenfalls, daß die Freiberufler von weniger Streß, Gesundheitsproblemen und seelischen Belastungen berichteten. – Weitere Ergebnisse finden sich in Tab. 12.

Tab. 12: Burnout bei Psychologen und Psychotherapeuten

Autor(en) Jahr	N	Beruf	Mit Burnout korrelierende Merkmale
Farber et al. 1982	60	Psychotherapeuten	Nichtreziproke Aufmerksamkeit in der Beziehung zu Klienten Überarbeitung Entmutigung wegen der Langsamkeit der Fortschritte
Krell et al. 1983	32	Familienberater	Keine Teilnahme an Seminaren zum Erlernen sozialer Unterstützung
Farber 1985	314	Klinische Psychologen	Geringe klinische Erfahrung
Kahill 1986	255	Psychologen	Fehlen sozialer Unterstützung aus Familie und Freundeskreis Hohe Erwartungen an den Beruf Desillusionierung
Pierson-Hubeny et al. 1987	209	Schulpsychologen	Rollenkonflikt Rollenambiguität

In der Zusammenstellung wird u. a. sichtbar, daß die Burnout-Belastung nicht bei allen Helferinnen und Helfern in gleicher Weise in Erscheinung tritt, sondern ausgeprägt variiert. In zwei Untersuchungen (Farber et al., 1982; Farber, 1985) wurden Bejahung der eigenen Arbeit sowie hohe Arbeitszufriedenheit der Helfer festgestellt. Boice et al. (1982) weisen darauf hin, daß Psychologen aus

ihrer eigenen Disziplin durchaus alle wichtigen Informationen über den Umgang von Burnout-Vorgängen entnehmen können und es im wesentlichen auch tun, jedoch nicht in dem Umfang Konsequenzen daraus ziehen, in dem dies möglich wäre.
Zur Burnout-Verringerung werden u. a. Korrektur belastender Lebensumstände und Förderung positiver Erfahrungen, soziale Unterstützung sowie Teilnahme an Seminaren zur Förderung sozialer Unterstützung genannt.

Ärzte und Pflegepersonal

Ärzte und Angehörige anderer Berufe, die im medizinischen Sektor arbeiten, können hinsichtlich ihrer Belastung unter einigen Aspekten zusammengefaßt werden, da sie zahlreiche Tätigkeiten und Erfahrungen teilen: Den Umgang mit Leben und Sterben, Wechselschicht, Hoffnung und Ohnmacht in rascher Folge und vieles andere mehr. Äußerungen aus diesem Bereich lauten etwa:

* »Neigung zum Rückzug bei mir unangemessen erscheinenden Forderungen« (56jähriger Psychiater).
* »Gereiztheit wegen Überarbeitung und gegenüber dem Besucherstrom« (38jährige Krankenschwester).
* »Ausgelaugtsein, nicht wissen: Was soll ich tun? Wie soll es weitergehen? Was will ich?« (30jährige Krankenschwester).
* »Alpträume, dysphorische Stimmung, vermehrter Alkoholgenuß zur Entspannung« (33jährige Ärztin und Psychotherapeutin).

Ullrich (1989) fand bei Ärzten und Pflegepersonal einer Krebsstation gehäuft Klagen über seelische Erschöpfung, Kopf- und Rückenschmerzen sowie Magen- und Darmbeschwerden. Patrick (1984) nennt als Faktoren, die Krankenschwestern aus dem Gleis bringen können, Arbeitsstreß, Zugang zu Drogen, den Mythos der Unverwundbarkeit, Perfektionsdrang und zwischenmenschliche Isolation. Ausbrennen häuft sich bei Krankenschwestern in der Kombination von Vorgesetzten-Haltungen hoher Lenkung und geringer Achtung (Duxbury et al., 1984).
Bernhard (1984) nennt als Belastungsfaktoren von Klinikärzten die Gleichzeitigkeit von somatischen Sachzwängen in der Patientenbehandlung, therapeutischen Übertragungsprozessen und einem

eigenen patientenähnlichen Status in der Lehranalyse. Arana (1982) nimmt an, daß zu seelischen Störungen von Ärzten sowohl Unterversorgung wie auch Belastungen während der medizinischen Ausbildung beitragen und daß dieser Berufsgruppe kaum zu helfen ist, weil sie es vermeiden, Unterstützung aufzusuchen und Hilfsangebote anzunehmen.
Kemper (1990) hat zehn Rollen beschrieben, in die Ärzte bei Überlastung flüchten. Der Arzt

* vermeidet die Begegnung mit dem Patienten
* entwertet das eigene Tun (»zwecklos«)
* erledigt seine Arbeit hastig
* versteckt sich hinter Medikament und Instrument
* ist ungeduldig und beklagt mangelnde Mitarbeit des Patienten
* verspricht visionär Besserungen
* überschätzt die Heilungschancen
* unterschätzt die Heilungschancen
* tut das Notwendigste, ohne mit dem Patienten zu sprechen
* konstelliert eine schöne Familienszene.

Verschiedentlich sind Einstellungen und Verhaltensweisen von Ärzten in Fragen der Sucht untersucht worden. Reimer und Freisfeld (1984) konnten nach einer schriftlichen Befragung von Ärzten zeigen, daß diese auf Alkoholkranke unter ihren Patienten überwiegend verurteilend und gereizt reagieren und sie mit negativen Werturteilen belegen, sich selbst aber ein untadeliges Verhalten ihnen gegenüber attestieren. Daß es andererseits in dieser Hinsicht bei Ärzten ein Verleugnungspotential und eine Ahnung von der eigenen Gefährdung geben mag, läßt der folgende Aphorismus erkennen: ›Ein Alkoholiker ist jemand, der mehr trinkt als sein Arzt.‹ Enzmann und Kleiber (1989) zitieren eine Reihe angelsächsischer Untersuchungen über Belastungsfolgen bei Ärzten. Alkoholismus ist bei schottischen Ärzten 2,7mal so häufig wie bei Männern mit vergleichbarem sozialem Status. Die Wahrscheinlichkeit für Drogenabhängigkeit ist ca. 30- bis 100mal höher als in der Gesamtbevölkerung der USA. Dies scheint nicht auf den leichten Zugang zu Drogen zurückzuführen zu sein, weil Zahnärzte und Pharmazeuten keine vergleichbare Prävalenz für erhöhten Drogenkonsum aufweisen. Pearson (1975) dagegen fand bei Ärzten eine unterdurchschnittliche Rate von Suchtabhängigkei-

ten. Green et al. (1976) sowie Harris (1986) konnten bei abhängigen Ärzten, die eine Entziehung durchmachten, eine überdurchschnittliche Heilungsrate nachweisen.
Die Partnerschaft von Ärzten ist ebenfalls mehrfach untersucht worden, weil sich hier verdeckte, gleichsam der unmittelbaren öffentlichen Kontrolle sich entziehende Prozesse entfalten, die in Hinblick auf die Belastung von Ärzten um so aussagekräftiger sind.
Vincent (1969) stellte zusammen, was in der Literatur über Probleme in der Beziehung zwischen Ärzten und ihren Frauen wiederkehrend berichtet wird:

1. Der Arzt ist unfähig, sein Bedürfnis nach Hilfe zu nennen und Hilfe zu suchen.
2. Er richtet unrealistisch hohe Ansprüche an sich und beruft sich dabei auf die Gesellschaft.
3. Er hat einen erhöhten Alkohol- und Drogenkonsum.
4. Er hat Selbsttötungsneigungen.
5. Er ruft bei seiner Frau emotionale Probleme hervor, die er aus Belastungen im Berufsleben mitbringt.

In einer Untersuchung der Ehen von Ärztinnen konnten diese Ergebnisse weitgehend bestätigt werden (Myers, 1984).

In einer Population von 617 Psychiatrie-Patienten wurden besonders die 87 Ärzte untersucht. Unter den Patienten stellten sie ein signifikant höheres Kontingent dar, als es ihrem Anteil an der Bevölkerung entspricht; sie wurden häufiger eingeliefert als Angehörige technischer Berufe. Auch unter den mehrfach eingewiesenen Patienten traten sie gehäuft in Erscheinung (Szefel, 1982). Ehefrauen von 50 Ärzten, die sich in psychiatrischer Behandlung befanden, nannten als eigene Probleme Depressionen, Drogen- und Alkoholkonsum sowie psychosomatische Erkrankungen und erwähnten als Ursache am häufigsten die dauernde Abwesenheit ihrer Männer (Vincent, 1969).
Vaillant et al. (1972) verglichen 47 Ärzte mit 79 Personen gleicher sozio-ökonomischer Stellung aus anderen Berufen. Die Ehen der Ärzte sahen dabei vergleichsweise unerfreulich aus. Der Alkohol- und Drogenkonsum lag wesentlich höher als der der Vergleichsgruppe. Sie befanden sich häufiger als jene in Psychotherapie. Die Autoren führen die Unterschiede jedoch nicht auf die aktuelle

Berufsbelastung zurück, sondern vermuten eine Beziehung zum Grad der gesunden Lebensanpassung in der Zeit vor Beginn des Medizinstudiums: Nur Ärzte mit instabiler Kindheit und mangelhafter Anpassung in der Adoleszenz würden demnach mit den o. g. Auffälligkeiten auf eine Berufsbelastung reagieren.

Goldberg (1975) führte Paartherapien mit Ärzten und ihren Frauen durch. Als Klagen nannten die Partnerinnen am häufigsten, daß der Ehemann zu viel Zeit im Beruf verbrachte, sich zu wenig um Frau und Kinder kümmerte, daß er autoritär auftrat und man sich nicht mit ihm verständigen konnte. Als wichtigste Belastungsmomente gaben 105 australische Ärzte und ihre Partnerinnen im Interview Zeitknappheit, Verantwortung für das Wohlergehen anderer Menschen und die Allgegenwart von Krankheit und Tod an (Bates, 1982). Auch die Tatsache, daß es ein eigenes Genre ›Ärztewitze‹ gibt, mit überwiegend grob sexueller und aggressiver Thematik, läßt etwas von der Spannung ahnen, die im Umkreis dieses Berufsfeldes besteht.

Notfallärzte etwa machen über Sinn und Sinnlosigkeit ihres Tuns Witze in Serie:

* »Wir werden jetzt umbenannt: Nicht mehr Notärzte, sondern not-Ärzte (= Nicht-Ärzte!)«
* »Der Erste-Hilfe-Koffer wird auch abgeschafft. In Zukunft werden im Fahrzeug Spitzhacke, Schaufel und Sarg mitgeführt.«
* »Die Fahrzeuge werden in Zukunft auch nicht mehr rot gestrichen, sondern schwarz« usw.

Garvey et al. (1979) befragte 80 Ärzte schriftlich über ihr Eheleben. Die Scheidungsrate lag hier allerdings niedriger als im Durchschnitt der Bevölkerung; die Ehen wurden als eher überdurchschnittlich gut bezeichnet. Die Zahl der beruflichen Arbeitsstunden stand nicht in Beziehung zur Zufriedenheit mit der Ehe und zur Scheidungsrate.

Man sieht: Die Ergebnisse sind nicht ganz einheitlich, weisen aber tendenziell auf hohe Belastungen hin. Über Burnout-Tendenzen bei Angehörigen medizinischer Berufe gibt Tab. 13. Auskunft.

Tab. 13: Burnout in medizinischen Berufen

Autor(en) Jahr	N	Beruf	Mit Burnout korrelierende Merkmale
Jones 1981	31	Kranken-schwestern	Unehrlichkeit Überziehung der Arbeitspausen
Hunter et al. 1982		Pfleger in der Notfall-ambulanz	Ständige Reizüberflutung
Stout et al. 1983	78	Pfleger	Überdruß Arbeitsunzufriedenheit
Cronin-Stubbs et al. 1985	296	Kranken-schwestern	Konsum von Beruhigungsmitteln Geringe Stundenzahl im direkten Kontakt mit Patienten Fehlen sozialer Unterstützung Ungünstige Gestaltung des Arbeitsplatzes
Constable et al. 1986	310	Kranken-schwestern	Geringe berufliche Eigenständigkeit Arbeitsdruck Fehlen von Vorgesetzten-Unterstützung
Rafferty et al. 1976	67	Ärzte	Geringe Arbeitszufriedenheit
Izraeli 1988	126	Arztehepaare	Zweifel an der Wirksamkeit der eigenen beruflichen Tätigkeit Mangelnde Unterstützung für den Beruf des Partners

Zur Abhilfe werden von Hunter et al. (1982) Übungen zur Selbstwahrnehmung, Muskelentspannung, Veränderungen in den Arbeitsabläufen und Unterstützung aus der Umgebung, Distanzierung von den Klienten, Selbstsicherheitstraining und Bewahrung klarer Kommunikationsformen empfohlen. Cronin-Stubbs et al. (1985) sehen emotionale Unterstützung und Bestätigung am Arbeitsplatz und zu Hause als geeignete Maßnahmen an. Constable et al. (1986) betrachten Förderung der Eigenständigkeit, Verringerung des Arbeitsdrucks und Aktivierung von Vorgesetzten-Unterstützung als Mittel der Wahl (vgl. auch Klitzung und Klitzung, 1994, sowie Heckhausen, 1995).

Auch der Selbstmord von Ärztinnen und Ärzten ist ausführlich untersucht worden (z. B. Roy, 1985). Reimer et al. (1981) befragten 100 Krankenhausärzte über die Einstellungen, die sie bei Patienten zum Thema Selbstmord vermuteten, und auch über ihre eigenen Meinungen zum gleichen Thema. Als eigene mögliche Gründe für einen Selbstmord gaben die Ärzte an erster Stelle eine unheilbare Krankheit an, erst in einigem Abstand Probleme in ihren zwischenmenschlichen Beziehungen. Sie äußerten die Vermutung, die Bevölkerung werde den Selbstmordversuch eines Arztes strenger beurteilen als den eines Patienten. Sie erwarteten in ihren Äußerungen wenig Hilfe von außen und schienen sich ganz auf sich selbst verlassen zu müssen.

Enzmann und Kleiber (1989) erwähnen, daß in verschiedenen Studien die Selbstmordrate von US-amerikanischen Ärzten sich im Verhältnis zur Gesamtbevölkerung in einer Spannweite zwischen .85:1 bis zu 3.1:1 verhielt. Bartusis (1977) belegt, daß Psychiaterinnen in besonderer Weise für Drogen, Alkohol, Selbstmord und Scheidung anfällig sind. Über weitere Arbeiten, die ich sichten konnte, gibt Tab. 14 Auskunft.

Tab. 14: Selbsttötung bei Ärztinnen und Ärzten

Autor(en) Jahr	N	Beruf	Ergebnis: Selbsttötungsrate ...
Pitts et al. 1979	751	Ärztinnen und Ärzte	... von Ärztinnen ist höher als bei Ärzten ... ist 4mal so hoch wie bei gleichaltrigen weißen Amerikanerinnen
Rich et al. 1979	17 979	Ärzte	... von Ärzten ist nicht wesentlich höher als bei anderen US-Amerikanern über 25

Autor(en) Jahr | N | Beruf | Ergebnis: Selbsttötungsrate ...

Rich et al. 1980	18 730	Ärzte	... von Psychiatern ist etwa doppelt so hoch wie bei anderen Ärzten
Birmingham et al. 1985	185	Anästhesisten	... von Anästhesisten ist höher als im Durchschnitt der Bevölkerung und höher als bei anderen Ärzten

Notman (1975) vermutet als Ursachen für die erhöhte Gefährdung bei Ärztinnen berufliche und soziale Belastungen und auch offene und verdeckte Vorurteile gegen Frauen im Arztberuf. Bressler (1976) nimmt Rollenbelastung, Identitätsprobleme und den Glauben von Ärzten an die eigene Immunität an (›Mir kann das nicht passieren!‹). Moore (1982) vermutet, daß Psychiaterinnen besonders gefährdet sind, weil sie mit ihrer Berufswahl eine Rolle ohne gesellschaftliche Tradition wählen, die zahlreiche Konflikte hervorruft.

Simon (1986) empfiehlt gegen die erhöhte Selbsttötungsrate unter Ärztinnen und Ärzten Gruppentherapie für überlebende Ärzte nach Selbsttötungsversuchen, Diskussionsgruppen für Therapeuten, die Patienten durch Freitod verloren haben, sowie bessere Aufklärung über Hinweise auf Freitodgefährdung. Dagegen werden wohl der Einsatz von Persönlichkeitstests bei der Auslese von Medizinstudenten und jährliche Vorsorgeuntersuchungen (›annual emotional check-ups‹), die er ebenfalls vorschlägt, wohl kaum realisierbar sein.

Lehrer und Erzieher

Daß Erziehen und Unterrichten Schwerarbeit ist, dürfte den meisten Menschen klar sein, trotz des gelegentlich aufbrechenden Neides gegen *Die Lehrer,* die ja bekanntlich nachmittags immer frei haben. Es ist hier nicht möglich, auf alle Belastungen einzugehen, denen sie gegenüberstehen. Jedoch sind einige davon besonders charakteristisch und unausweichlich. Lehrer selbst äußern sich z. B. folgendermaßen:

* »Ich leide an Erschöpfungszuständen, Migräne und zuweilen an Desinteresse« (42jähriger Lehrer).
* »Ich bin unlustig und ausgelaugt, habe keine Kraft mehr und neige vermehrt zu autoritären Verhaltensweisen. Meine Aggressivität nimmt zu, ich habe kein Verständnis und kein Einfühlungsvermögen mehr« (24jähriger Erzieher).
* »Ich mag und kann nicht genau zuhören. Ich bin konfliktscheu und harmoniebedürftig. Ich schaue bewußt weg. Mich interessiert meine Arbeit nicht« (36jährige Lehrerin und Beraterin)

Manche Belastung von Lehrerinnen und Lehrern ergibt sich aus widerstreitenden Forderungen, die sie selbst an sich richten und die an sie gestellt werden: Sie wollen den Schülern einfühlsam begegnen und müssen sie beurteilen; sie wollen sie fördern, haben aber Selektionsaufgaben wahrzunehmen; sie streben eine Differenzierung und Individualisierung des Unterrichts an, aber die Klassengröße zwingt zur Kollektivierung des Lehr-Lern-Prozesses; sie wollen am Entwicklungsgang der Schüler Anteil nehmen, aber Abgrenzung und Distanzierung werden ihnen abverlangt. Lehrer sehen, daß sie zwischen den Interessen von Schülern, Eltern, Referendaren, Kollegen, Schulleitung, Schulamt, Regierungspräsident, Berufsverbänden, Fachcurricula, anderen Helfern usw. vermittelnd tätig werden müßten, und erkennen, daß sie zwischen den Fronten aufgerieben werden.

In ihrer Berufsentscheidung überwiegt anfänglich oft eine konservative Orientierung, eben in Anlehnung an die Lehrer, die in ihnen selbst den Wunsch geweckt haben, Lehrer zu werden. Das Studium legt ihnen die Aneignung einer gesellschaftskritischen Haltung nahe, die vor der Infragestellung des eigenen beruflichen Handelns nicht zurückschreckt. Mit dem Beginn der Berufstätigkeit in der traditionell konservativen Institution Schule wird eine erneute Umorientierung notwendig, die unter Schmerzen vollzogen wird oder, wenn sie unterbleibt, in eine Dauerhaltung von Opposition und kognitive Dissonanz einmünden mag.

Wallius (1982) hält Schüler für den entscheidenden Streßfaktor im Lehrerleben. Christensen et al. (1976) beschrieben die Entmutigung des Lehrers in der Beziehung zu einem Schüler, den er für besonders förderungsbedürftig hält, in mehreren Etappen:

1. Vermehrte Aufmerksamkeit des Lehrers für diesen Schüler, Nachfragen, Interesse
2. Drohungen und Bestrafungen, die den Schüler zu höheren Leistungen veranlassen sollen
3. Verbale und physische Angriffe, Wut des Lehrers, Unrechtsbewußtsein
4. Flucht, Hoffnungslosigkeit, Verzweiflung.

Die Autoren heben darauf ab, daß Schulberater die Möglichkeit haben, diese Abfolge, die eine auffallende Ähnlichkeit mit der Entwicklung des Burnout (Kap. 8) aufweist, frühzeitig zu unterbrechen und zusammen mit dem Lehrer neue Verhaltensalternativen zu entwickeln.

Fikentscher et al. (1986) berichten von einer Untersuchung an Lehrern aus der damaligen DDR. Deren psychosomatische Erkrankungshäufigkeit lag signifikant höher als die der Gesamtbevölkerung, ihre Heilungsrate deutlich darunter. Zur Erklärung nehmen die Autoren an, daß sowohl Ärzte wie Lehrer sich besonders schwer damit tun, psychosoziale Erklärungsmuster für die Krankheitsentstehung zu akzeptieren. Cherniss (1985) vermutet, daß beim Personal von (Sonder-)Schulen Burnout eintritt, wenn direkte aktive problembezogene Bemühungen keine Aussicht auf Erfolg haben. Als Ursache werden Fehlen von Klarheit, Kontrolle der Situation, Unterstützung und Feedback sowie Arbeitsüberlastung angegeben. Cherniss empfiehlt zur Burnout-Behebung Entspannungsverfahren, kognitive Umstrukturierung, Problemlöse-Training, soziale Unterstützung, Netzwerke von Ressourcen-Austausch, Mitbestimmung, Quality-Circle und Feedback an Vorgesetzte. Anstötz fand keine eindeutigen Hinweise auf Burnout-Prozesse bei Lehrern geistigbehinderter Schüler (1987 a, b). Der Belastungscharakter dieser Arbeit dagegen erscheint zweifelsfrei erkennbar (Fengler, 1996 b). Schulberater, ein in den USA bereits stärker als in Deutschland verbreiteter Beruf, befinden sich im Schnittpunkt unterschiedlicher Aufgaben und Rollenerwartungen. Sind sie Psychologen, so werden sie von Lehrern nur manchmal als Helfer, bisweilen aber auch als Eindringlinge betrachtet, die in ihre Kompetenzen eingreifen. Sind sie dagegen ›ganz normale Lehrer‹ mit einer Stundenreduzierung, so können sie infolge ihrer eigenen Lehrverpflichtung nicht leicht die Freiheit der Beratungsfunktion voll entfalten, die sie benötigen. Medway et al. (1980) konnten zeigen, daß Lehrer eine Beratung favorisieren, in der ganz praktische Verhaltensregeln vermittelt werden. Die beratenden Psychologen dagegen ziehen Gespräche vor, die die seelische Gesundheit des Lehrers zum Gegenstand haben, und entwikkeln Ratschläge auf diesem Hintergrund. Über weitere Untersuchungen zur Burnout-Belastung von Lehrern und Erziehern gibt Tab. 15 Auskunft.

Tab. 15: Burnout bei Lehrern und Erziehern

Autor(en) Jahr	N	Beruf	Mit Burnout korrelierende Merkmale
Thompson 1980	47	Erzieher	Fehlen von Unterstützung durch Freunde, Kollegen und Institutionen
Apenburg et al. 1985	59	Lehrer	Fehlen sozialer Unterstützung
Brenner et al. 1985	63	Lehrer	Wahrnehmung der Schüler als Stressoren in der ersten Hälfte des Schuljahres
Kremer et al. 1985	126	Lehrer	Geringe Vitalität, Präsenz, Solidarität, negative Selbstdarstellung
Kyriacou et al. 1985	127	Lehrer	Angst, Somatisierungen, Depressionen
Morgan und Krehbiel 1985	126	Sonderschullehrer	Lerntheoretische (vs. humanistische) Orientierung im Unterricht
Morgan und Reinhart 1985	48	Sonderschullehrer	Längere Schulpraxis

Autor(en) Jahr	N	Beruf	Mit Burnout korrelierende Merkmale
Nagy et al. 1985	127	Lehrer	Ältere (vs. jüngere) Schüler Herzinfarktgefährdung Arbeitssucht
Pierson-Hubeny 1985	324	Lehrer	Rollenstreß, Rollenkonflikt, Rollenambiguität, persönliche Belastung
Crane et al. 1986	443	Sonderschullehrer	Rollenkonflikte Rollenambiguität
Finley-Jones 1986	1718	Lehrer	Störverhalten von Schülern
Fimian et al. 1986	265	Sonderschullehrer	Arbeitsüberlastung Kurzfristige Änderung der Aufgaben Fehlen von Anerkennung Niedriges Gehalt Disziplinprobleme Probleme der eigenen Motivation Angst und Erschöpfungsgefühle
Holt et al. 1987	134	Lehrer	Entfremdung Passive Bewältigungsstrategien Körperliche Krankheiten
Russell et al. 1987		Lehrer	Höhere Zahl belastender schulischer Ereignisse Fehlen sozialer Unterstützung
Greenglass et al. 1988	326	Lehrer	Rollenkonflikte Fehlen sozialer Unterstützung
De Frank et al. 1989	245	Lehrer	Niedrige Arbeitszufriedenheit

Als Maßnahmen zur Burnout-Bekämpfung werden am häufigsten Unterstützung durch Vorgesetzte und Feedback über die berufliche Leistung genannt (vgl. auch Barth, 1992, sowie Meidinger und Enders, 1997).

Sozialarbeiter und Sozialpädagogen

Die Arbeitsfelder von Sozialarbeitern und Sozialpädagogen sind so vielfältig, daß es schwierig erscheint, etwas Gemeinsames über ihre Belastung auszusagen. Manche von ihnen arbeiten unter allerschwersten Institutionsbedingungen mit den schwierigsten Klienten therapeutisch, andere sind hauptsächlich mit Verwaltungsaufgaben befaßt. Burnout ist neben drei anderen Gründen (niedriges Gehalt, wenig geeignete Arbeitsangebote und wenig Aufstiegschancen) der wichtigste Anlaß, nach dem Studium der Sozialarbeit den Beruf nicht zu ergreifen oder wieder zu verlassen (Herrick et al., 1983). Berufliche Fehlentwicklungen ergeben sich z. B. in Form bürokratischer Problemlösungen, einseitigen Parteinahmen, Resignation, Wut und dem Operieren mit Halbwahrheiten dem Klienten gegenüber (Fengler 1993 a). Betroffene selbst äußern über ihre Belastung:

* »Ich muß meine Probleme in Träumen verarbeiten – bei Tage geht es nicht. Eine Distanzierung der Arbeit gegenüber ist nur ungenügend möglich« (23jährige Sozialarbeiterin)
* »Ich leide an Schlaflosigkeit, Depressionen, Herzrhythmusstörungen und Angstzuständen« (41jähriger Sozialarbeiter).

Forschungsergebnisse aus diesem Bereich sind in Tab. 16 zusammengefaßt.

Tab. 16: Burnout bei Sozialarbeitern und Sozialpädagogen

Autor(en) Jahr	N	Beruf	Mit Burnout korrelierende Merkmale
Justice et al. 1981	188	Beraterinnen	Negative Lebensereignisse
Meyer 1982	20	Sozialarbeiter	Ungelöste persönliche Probleme Unrealistische Gehaltsvorstellungen

Autor(en) Jahr	N	Beruf	Mit Burnout korrelierende Merkmale
			Konflikte zwischen persönlichen und institutionellen Zielen Strukturelle Schwierigkeiten der Institution
Quattrochi-Tubin et al. 1982	71	Sozialarbeiter	Arbeitsunzufriedenheit Erhöhter Alkohol- und Drogenkonsum Dauersuche nach einer anderen Stelle Zahl der Krankheitstage Nachlässigkeit bei der Arbeit
Gillespie et al. 1984	183	Sozialarbeiter	Zu hohe Verantwortung Mangel an Anerkennung Schlechte Kommunikation Unzufriedenheit mit dem Vorgesetzten
Shinn et al. 1984	141	Sozialarbeiter	Berufsbelastung Fehlen von Gruppenunterstützung
Davis-Sacks et al. 1985	62	Jugendsozialarbeiterinnen	Fehlende Unterstützung von Kollegen und Partnern
Whitehad 1987	387	Bewährungshelfer	Belastungen durch die Institution (vs. Belastung durch Klienten)

Jayaratne et al. (1984) fanden bei der Untersuchung von 288 Sozialarbeitern, daß die Arbeitszufriedenheit relativ hoch war. Mit Burnout korrelierende Merkmale fanden sie weniger in den objektiven Arbeitsbedingungen als in deren Bewertung durch die Sozialarbeiter.

Zur Behebung der Burnout-Belastung werden Verringerung der Klientenzahl, Verkürzung der Arbeitszeit, Veränderung der Funktion von Sitzungen und Konferenzen sowie interne Fortbildung empfohlen (Gillespie et al., 1984; vgl. auch Fengler, 1993 c).

Helferinnen und Helfer generell

Wie bereits erwähnt, werden in vielen Forschungsarbeiten die Berufe der untersuchten Personen nicht spezifiziert. Dies hat seine Berechtigung, wenn z. B. ganze Helferteams befragt werden: Es wären dann leicht bis zu 20 verschiedene Berufe zu unterscheiden; zumindest partiell gleichartige Erfahrungen (vgl. Schall, 1993, Freundenberger, 1994, Bargatz, 1995, Ruthe, 1995, Vollmer, 1996, sowie Müller, 1997). Tab. 17 gibt Auskunft darüber, mit welchen anderen Merkmalen für sie Burnout korreliert.

Tab. 17: Burnout bei Helferinnen und Helfern allgemein

Autor(en) Jahr	N	Beruf	Mit Burnout korrelierende Merkmale
Pines et al. 1978	76	Helfer	Langjährige Arbeit mit Klienten Erfolglosigkeitsgefühle Verlust einer humanistischen Grundhaltung
London 1981	786	Helfer	Das Burnout war weniger ausgeprägt als allgemein erwartet
Emener et al. 1982	251	Seminarteilnehmer	Langanhaltende negative Gefühle bzgl. der Arbeit Mangelndes Selbstwertgefühl in bezug zur Arbeit mit Kollegen
Stevens et al. 1983	51	Helfer	Niedrige Berufserwartungen Ausgeprägte berufliche Enttäuschungen
Weinberg et al. 1983	714	Helfer u. Verwaltungsbeamte	Zahl der Vorgesetzten in den letzten 5 Jahren Hohe psychosoziale Kompetenz
Burke et al. 1984	426	Polizisten	Streß Emotionale und physische Belastung Verschlechterung der Arbeitsqualität Persönliche Konflikte
Fimian 1984	142	Helfer	Streß Rollenambiguität

Autor(en) Jahr	N	Beruf	Mit Burnout korrelierende Merkmale
Rubington 1984	15	Helfer in einer Sucht-einrichtung	Änderungsauftrag bzgl. der Klienten Fehlender Einfluß auf Klientenauswahl Frühere Alkoholabhängigkeit
Maslach et al. 1985	1024 845	Helfer Vorgesetzte	Unverheiratetsein Ohne Kinder
Zedeck et al. 1988	1057	Helfer u. ihre Partner	Erschöpfungs- und Entfremdungswahrnehmung des Partners

Als Maßnahmen zur Abhilfe werden hier Gelegenheit zum zeitweiligen Rückzug aus dem Klientenkontakt und Änderungen in den Helfer-Konferenzen (Pines et al., 1978) empfohlen; ferner die Entfaltung familiärer, religiöser und sexueller Aktivität, die Übernahme von Aufgaben in Lehre, Verwaltung und Gemeinde und die Verknüpfung von beruflichen und privaten Kontakten (!) (London, 1981). Dienlich soll auch die Betonung der Helferwirksamkeit statt die des Klientenerfolges sein (Stevens et al., 1983).

Ausgebrannte Teams

Viele Belastungs- und Erschöpfungsmerkmale, die wir an einzelnen Personen wahrnehmen, lassen sich auch als relativ einheitliche Reaktion ganzer Teams beobachten. Gewiß kommt es in manchen Fällen zu Prozessen wechselseitiger Ansteckung, aus denen weder der einzelne noch das Team als ganzes ohne Hilfe von außen herausfinden.
In Supervisionen sind mir wiederkehrend alle oder einige der folgenden Merkmale von Teams als charakteristisch aufgefallen, die sich selbst als ausgebrannt empfanden und bezeichneten:

1. Reizbarkeit im Binnenkontakt
2. Subgruppen-Polarisierung und Teamspaltung
3. Chronische Überforderungsgefühle

4. Leistungsminderung
5. Kollektive Selbstentwertung
6. Verlust der Selbstreparatur-Kompetenz
7. Mißachtung und Demontage externer Ressourcen
8. Freude über Mißerfolg; Sarkasmus-Stimmung
9. Feindseligkeit gegen Außengruppen
10. Kraftlosigkeit und Entschlußlosigkeit
11. Beschuldigungsmuster
12. Reflexionsverweigerung

Einerseits wird von solchen Teams Supervision oft gewünscht und in Auftrag gegeben; aber es gehört zu dem Zustandsbild mancher dieser Teams, auch diese Ressource selbstzerstörerisch zu beschädigen und unwirksam zu machen. Wer einen solchen Auftrag übernimmt, soll sich also mit Frustrationstolerenz und langem Atem wappnen.

Es sei noch einmal darauf hingewiesen, daß Burnout-Prozesse in allen Berufen auftreten können. Offenbar ist dabei nicht völlig einheitlich von schweren und schwersten Belastungen auszugehen. Vielmehr müssen wir wohl annehmen, daß Belastung, Streß, Burnout, Arbeitszufriedenheit und andere Parameter innerhalb und zwischen den Berufen variieren. Dies gibt uns zugleich Anlaß zu der Hoffnung, daß die Helferbelastung beeinflußbar ist. Davon werden die Kapitel 17 bis 21 dieses Buches handeln.
Wir schließen hier die Frage von Belastung und Burnout in den Helferberufen ab. Wer sich zusätzlich informieren will, sei auf die beiden hier mehrfach zitierten ausgezeichneten Arbeiten von Burisch (1989) und Enzmann und Kleiber (1989) verwiesen. Wir wenden uns nun den Deformationen zu, die auf Grund von Belastungen und anderen erschwerenden Lebensbedingungen im Leben von Helferinnen und Helfern auftreten können.

III. Berufliche Deformation

Bei einem Teil der Menschen, die einer chronischen Belastung ausgesetzt sind und keine Abhilfe finden, kommt es nach einiger Zeit zu beruflichen Deformationen unterschiedlichster Art. Was haben wir uns darunter vorzustellen?

10. Definition und Beispiele beruflicher Deformation

Es gibt keine verbindliche Definition der beruflichen Deformation. Das gibt mir die Freiheit, ihre Bedeutung selbst zu bestimmen.

Definition

Berufliche Deformation soll alle Schädigungen, Verformungen, Fehlentwicklungen, Abnutzungen, Verschleißerscheinungen, Erstarrungen, Fehlorientierungen, Entfremdungen, Realitäts- und Wahrheitsverluste und Verkennungen im Erleben, Verhalten und Denken bezeichnen, die im Laufe der Berufstätigkeit und durch sie bedingt auftreten. Ich beschränke mich dabei auf Deformationen in Person, Interaktion, Team und Institution. Ich werde sie nur an den helfenden Berufen untersuchen, also da, wo die meisten Leserinnen und Leser zu Hause sind – ich selbst arbeite auch in einem helfenden Beruf. Davon bleibt die Tatsache unberührt, daß es Deformationen natürlich in allen Berufen gibt.

Wenn uns der Begriff ›Berufliche Deformation‹ begegnet, so weckt er in uns oft Neugier, Zustimmung, Abneigung, Schuldgefühle, vielleicht auch ein leises Unbehagen, einen milden Leidensdruck, oder er lockt uns ein kleines versöhnliches Lachen hervor. Wenn er anfängt, den Menschen in seiner Berufstätigkeit zu begleiten, so wird er täglich seine Aufmerksamkeit erregen. So mag er allein durch seine Präsenz im Bewußtsein dazu führen, daß Menschen, die in helfenden Berufen tätig sind, die drohende berufliche Deformation rascher wahrnehmen und ihr beherzt entgegentreten.

Erste Wahrnehmungen der beruflichen Deformation erfolgen oft

zunächst durch Partner, Freunde, Kollegen und Klienten. Sie nehmen Helferin und Helfer als einseitig wahr, erkennen sie in bestimmten Auffassungen und Formulierungen erstarrt und sehen ihre zunehmende Intoleranz. Oder der Helfer selbst merkt, daß ihm irgend etwas abhanden gekommen ist, was früher schön, wichtig oder auch nur selbstverständlich war, z. B. die Angst in einer neuen Gruppe, die später einer Erleichterung wich, oder die gewisse Verlegenheit beim Aushandeln des Honorars, die später in Routine übergeht. Das Gegenbild der beruflichen Deformation können wir vorläufig mit Frische, Lebendigkeit, Präsenz, lebendigem gegenwärtigem Bezug zu Menschen, Themen und Vorgängen umschreiben.
Berufliche Deformationen lassen sich oft durch charakteristische seelische Vorgänge beschreiben, von denen im folgenden einige genannt seien.

Dauerbelastung

Manche Menschen halten die Belastungen, denen sie im Berufsleben ausgesetzt sind, für naturgegeben oder für unvermeidbar, und dies ist zu einem Teil gewiß realistisch. Aber an allen Arbeitsplätzen lohnt es sich zu prüfen, welcher Teil davon selbsterzeugt, durch Untätigkeit geduldet oder wegen anderer Vorteile geradezu angestrebt wird.
Die Dauerbelastung ist ein Bestandteil vieler beruflicher Deformationen: zu viele Termine, Verpflichtungen, Erwartungen, Hoffnungen und Chancen in zu rascher Folge bringen leicht Versuche zum Scheitern, innezuhalten und sich jeweils neu einzustellen. Das Leben in Hetze, Entscheidungs- und Handlungsdruck wird zu einer Selbstverständlichkeit, mit der man beginnt, sich einzurichten. Der Mensch entwickelt also nicht Strategien, seine Lebensbedingungen menschlicher zu gestalten, sondern lernt, *trotz des Drucks* beruflich noch einigermaßen über die Runden zu kommen. Gespräche werden nun etwas kürzer und flüchtiger erledigt. Statt einer wohlvorbereiteten Erklärung wird eine etwas floskelhafte abgegeben, die am Vortag bei einer anderen Gelegenheit noch ganz überzeugend geklungen hat. Im Unterricht kann man sich über schlecht vorbereitete Sequenzen doch einigermaßen erfolgreich

hinwegmogeln. Therapien, in denen der Helfer nur halb präsent ist, rufen nicht sofort Kritik des Klienten hervor, sondern gehen noch eine Weile lang durch.

Überidentifikation

Viele Berufstätige identifizieren sich allzu sehr mit der Tätigkeit, dem Beruf oder der Institution, in der sie arbeiten. Der Mitarbeiter gilt dann gleichsam nur in dem Maße etwas, in dem er beruflich handelt. Manche Institutionen versuchen, diesen Identifikationsgrad noch zu erhöhen, indem sie Firmenangehörigen Accessoires mit dem Firmensignum, Zugehörigkeits- und Treueprämien sowie Belohnungs- und Anspornreisen zumuten.

Umgekehrt gibt es auch die übermäßigen Identifikationen der Institution mit der Person. Die Institution scheint dann mit der Person, die sie repräsentiert, zu stehen und zu fallen. Hierher gehört die Ludwig XIV. zugeschriebene Äußerung: ›L'etat c'est moi.‹ Der Direktor des Fremdenverkehrsamtes einer süddeutschen Stadt sagt: »Ich denke Lindau, ich fühle Lindau, ich höre, sehe, rieche und schmecke Lindau, ich träume Lindau, ich stehe und falle mit Lindau. Wenn es möglich gewesen wäre, hätte ich meine Tochter Lindau genannt.« Als der Ministerpräsident eines Bundeslandes von der eigenen Partei abgewählt wird, verläßt er das Parlament mit den Worten: »Gott schütze Rheinland-Pfalz!« – ganz so, als könne nur noch Gott persönlich die Katastrophe abwenden, wenn *er* nicht mehr die Geschicke des Landes lenke.

Helferinnen und Helfer identifizieren sich oft weit über ihre Kraft hinaus mit Klienten oder mit Begriffen und Werten, die sie als zentral in ihrem eigenen Leben erkannt haben: Helfen, Verantwortung, Leidensfreiheit, Pflicht, Wachstum, Entwicklung usw.

Wahrnehmungsselektion

Jeder Beruf bringt gewisse Regeln in Wahrnehmung, Denken und Verhalten mit sich, die sich der Mensch zunächst aneignet, die er dann beherrscht und die er zuletzt nicht mehr loswird. Von der Fülle des Lebens werden dann nur noch berufsbezogene Aspekte zur Kenntnis genommen; oft ist das Leben überhaupt nur noch unter denjenigen Gesichtspunkten von Reiz und Bedeutung, die einen beruflichen Bezug haben oder eine berufliche Aktivität ermöglichen.

Programmierer sehen Lebensabläufe bevorzugt in Form von graphischen Ablaufschemata und if-Statements. Beamte, die jedes Jahr tausend Todesfälle aufnehmen müssen, können das Leid der Angehörigen nicht mehr an sich heranlassen, sondern sind auf vollständige Angaben und lückenlose Dokumente aus. Der auf Steuerrecht spezialisierte Anwalt legt dem Mandanten ausführlich dar, wie sein Einkommen nach der Scheidung aussehen wird; dieser ist aber viel mehr an den Fragen des Sorgerechts interessiert, die der Anwalt wie eine lästige Lappalie behandelt.

Oft gelingt es nicht, solchen Wahrnehmungsselektionen zu entgehen. In allen Beispielen wird durchaus sachgerecht gehandelt, und auch dem Gegenüber ist damit gedient. Aber zugleich wird der Kontakt dabei funktional fragmentiert und verliert den Charakter einer Begegnung mit der ganzen Person.

Blinde Flecken

So wie es einen Bereich der Netzhaut gibt, auf dem wir keinen Sinneseindruck wahrnehmen, erfahren wir im Zwischenmenschlichen, daß wir für manche einfachen Vorgänge, Verhaltensweisen und Einsichten wie mit Blindheit geschlagen sind. Jedermann um uns her sieht die Sache, wir selbst geben uns vielleicht die größte Mühe, aber wir sehen sie nicht. Blinde Flecken hat jeder Mensch auf vielen Gebieten; therapeutische Ausbildungen versuchen, einen Teil von ihnen aufzuhellen. Auffallend ist, daß manche von ihnen berufsbedingt sind. Berufliche Erfahrungen veranlassen uns, die Welt bevorzugt unter einer bestimmten Perspektive zu sehen, einigen Problemlösungen den Vorzug vor anderen zu geben, manche Aspekte völlig auszublenden und uns dabei noch von hoher subjektiver Sicherheit getragen zu fühlen, daß unsere Perspektive die wichtigste ist: Wir erleben die Geborgenheit, die die Berufserfahrung nach einigen Jahren bietet, und verlieren aus den Augen, was sie uns zugleich an Wahrnehmungs- und Gedankenvielfalt nimmt.

Ich wurde einmal von dem Chef einer umsatzmäßig ins Schlingern geratenen Firma eingeladen, ein dreitägiges Training mit seinen zwanzig Abteilungsleitern durchzuführen. Meine Aufgabe sollte darin bestehen, die zwanzig Männer im Laufe der ersten zwei Tage von ihrer völligen Nutzlosigkeit und Überflüssigkeit zu überzeugen. Wenn nun – so sein Kalkül – am Ende des zweiten Tages die Hälfte der Manager völlig entnervt das Handtuch werfen und von sich aus die Kündigung einreichen würde, sollte ich am dritten Tag die verbleibenden zehn wieder aufbauen und ihnen zeigen, daß sie die wirklichen Könner der Branche seien, die die Firma brauche. Soweit dieser abstruse Vorschlag. Ich bot an, mit den zwanzig Abteilungsleitern und dem Chef zusammen drei Tage lang an einer qualitativen Mängelanalyse der Firma zu arbeiten und erste Gedanken zu einer neuen Firmen- und Arbeitskonzeption zu entwickeln. Dieser Vorschlag stieß aber nicht auf die Gegenliebe des Chefs, der seinen eigenen Vorschlag stolz als ›Crash-Training‹ bezeichnete und dies dann von einem anderen Trainer durchführen ließ.

Interessensverarmung

Der Mensch kann sich nur noch solchen Themen widmen, die beruflich verwendbar sind. Der Besuch im Museum mag sich für den Hochschullehrer auf die Frage reduzieren, ob eine der Abbildungen in der Vorlesung Verwendung finden kann, die Romanlektüre des Lehrers in die Frage einmünden, ob sie sich als Unterrichtsmaterial eignet. Tätigkeiten, die diesem Kriterium nicht genügen, werden schnell als überflüssig, nutzlos und fad empfunden und dann abgebrochen oder nur noch lustlos fortgeführt, etwa noch mit der inneren Begründung, man müsse (!) ja auch mal Freizeit machen.

Manche Helferinnen und Helfer können auch im Privatleben den Beruf nicht mehr loslassen und neigen dazu, gedanklich in geradezu zwanghafter Weise zu beruflichen Themen zurückzukehren. So mag der Helfer zu Hause erfahren, daß das jüngste Kind gerade einen Zahn bekommen hat. Er antwortet: ›Ach, wo du gerade Zahn sagst. Da fällt mir ein, daß ich eben noch mal rasch den Vorsitzenden unseres Berufsverbandes anrufen muß.‹ – Die Frau eines Diplomaten berichtete ihrem Mann beim Abendessen, daß ihr Sohn gerade zwei Fünfen aus der Schule mitgebracht habe. Er antwortete gedankenlos: ›Ich bedaure, gnädige Frau. In dieser Angelegenheit können wir von seiten der Deutschen Vertretung leider gar nichts unternehmen‹, und wachte erst auf, als er das entgeisterte Gesicht seiner Frau bemerkte.

Gedankliche Dürre

Das Denken wird innerhalb des beruflichen Handelns differenzierter, verliert aber zugleich an Vielfalt und Beweglichkeit. Prämissen, die innerhalb des eigenen Berufs Selbstverständlichkeitscharakter haben, werden zu überwertigen Maßstäben für das Denken überhaupt. So mag ein Helfer, der Selbstreflektion und das Äußern von Gefühlen für hohe menschliche Werte hält, sich zunehmend

schwertun, einer juristischen, naturwissenschaftlichen oder politischen Erörterung zu folgen, und dazu neigen, ihren Wert generell in Frage zu stellen, weil sie ja nichts über die Gefühle der schreibenden Person verrate. Dabei fällt auch das fachliche Denken selbst gewissen Erstarrungen, Schematisierungen und Dogmatisierungen anheim.
Unser Leben gewinnt viel Lebendigkeit durch die Einfälle, die uns, oft für uns selbst überraschend, plötzlich kommen: ein plötzlicher Blick, ein plötzlicher Wunsch, ein plötzlicher Scherz, eine plötzliche neue Sichtweise. Eben weil die Einfälle nicht berechenbar sind, sondern Geschenke des Himmels oder der Intuition, bereichern sie unser Leben ungemein. In den Helferberufen nun kann man beobachten, daß bei manchem die Einfälle versiegen, weil er sie allzu sehr in die Kontrolle nimmt, oder daß er im wahrsten Sinne des Wortes einfalls-*los* wird, weil sie nur noch aus der verengten Perspektive der von ihm vertretenen Schulrichtung des Helfens stammen dürfen.

Erstarrter Gestus und Ausdruck

Die Notwendigkeit, täglich in einer bestimmten erwarteten Rolle in Erscheinung zu treten, wächst bei manchen Menschen so sehr ins Fleisch, daß sie den Berufsgestus nach einiger Zeit nicht mehr bemerken und nicht mehr ablegen können. Hierher gehören z. B. die Devotion von Kellnern und Hoteliers, das Pastorale am Pastor, die straffe Haltung des Offiziers, die Jovialität des Diplomaten und die Vertrauensausstrahlung von Helferinnen und Helfern. Diese Attitüden bemächtigen sich des Betreffenden gleichsam, sobald er in seiner Berufsrolle angesprochen wird. Sie haben eine Neigung, sich auf außerberufliche Lebensbereiche auszudehnen.
Menschen, die täglich mit vielen Personen in ähnlichen Angelegenheiten zu sprechen haben, entwickeln oft ein Repertoire starrer Redewendungen: Schalterbeamte, Fremdenführer, Lehrer, Pfarrer, Psychotherapeuten, Vortragsredner, Politiker, Krankenschwestern, Ärzte, Anwälte usw. Natürlich ist nicht jeder Alltagsfrage täglich neues Leben einzuhauchen. Aber die Routiniertheit des Fragens und Sagens, aus dem sich Affekt und Engagement, Interesse

und Betroffenheit längst zurückgezogen haben, erzeugen einen Mißklang und hinterlassen beim Gegenüber Enttäuschung. Manchmal verrät der Betreffende sich noch selbst, indem er sagt: ›Ich pflege in solchen Momenten zu sagen . . .‹ – und dann folgt tatsächlich ein Selbstzitat.

Abrufbare Gefühle

So wie Sprache, Gestus und Ausdruck unterliegen auch einige Gefühle einer berufsspezifischen Normierung und gelegentlich einer entsprechenden Schädigung. So vermögen viele Helferinnen und Helfer Wärme und Zuversicht zu verströmen; Leichenbestatter sind pietätvoll, wenn die Hinterbliebenen das Büro betreten usw.
Die Zahl der möglichen Deformationen ist unendlich groß. Manche von ihnen haben den Charakter von Automatismen, treten also als starre Reaktionen und Reflexe, Attitüden und Posen, Verhaltenslücken und Verhaltensinflationen in Erscheinung, die in einer bestimmten Situation nahezu automatisch und für den aufmerksamen Beobachter vorhersagbar eintreten. Besonders auffallend sind diese Automatismen im privaten Kontakt. Dagegen geht in der beruflichen Begegnung manches unbemerkt durch, eben weil es zur beruflichen Rollenübernahme gut paßt und das Erstarrte dort weniger auffällt. Mancher Leser mag seine eigenen diesbezüglichen Besonderheiten beim Lesen mitgedacht haben. Wir beenden die Liste der Gesichtspunkte an dieser Stelle vorerst. In den weiteren Kapiteln werden zahlreiche weitere spezifische Deformationen Berücksichtigung finden.
Man sieht: Die berufliche Deformation ist ein komplexes Phänomen. Sie umfaßt eine Vielzahl von Verhaltensweisen und ist eher beschreibend als operational definierbar. Ein bestimmtes Verhalten kann bei einer Person im Normbereich liegen, bei anderen eine berufliche Deformation darstellen; wenn *ein* Verhalten der beruflichen Deformation zuzuordnen ist, so kann dies für das entgegengesetzte Tun ebenfalls gelten. Stets geht es um Reduktion, Erstarrung, Vereinseitigung, Urteilsschwäche, Realitätsferne, nicht wahrgenommene Absurdität, unangemessenen Mitteleinsatz, Fehleinschätzung der im Beruf begründeten Kompetenz, Selbst-

und Fremdschädigung, Verleugnung und Verbiegung – eben um Deformationen im Denken, Fühlen und Handeln.
Man könnte dies für ein Thema halten, das nur ältere Helferinnen und Helfer betrifft. Aber diese Hoffnung trügt. Vielmehr gibt es sehr geschädigte und sehr frische Helferinnen und Helfer in allen Lebensaltern, wie zahlreiche Untersuchungen aus der Burnout-Forschung zeigen.
Die Vielgestaltigkeit der beruflichen Deformationen wird die Kritik solcher Forscherinnen und Forscher hervorrufen, die auf validen, reliablen und objektiven Messungen bestehen. Das Problem einer Operationalisierung liegt aber eben darin, daß sehr unterschiedliche und auch gegensätzliche Erscheinungen dem Konzept zu Recht zugeordnet werden. Das ist übrigens eine Tatsache, die es mit dem Burnout-Konzept teilt (vgl. Kap. 12), aber auch mit Begriffen wie Coping (Kap. 18) und Soziale Unterstützung (Kap. 19). Zugleich zeigt sich hierin aber die aufkeimende Bereitschaft von Forscherinnen und Forschern in der Psychologie, sich vermehrt komplexen Vorgängen zuzuwenden. Diese Dinge sind ja nicht widersprüchlich in sich, sondern werden es durch die gängige Klein-Klein-Operationalisierung dazu gemacht, während die Vorgänge selbst nicht widersprüchlicher sind als das Leben selbst.

11. Theorien der beruflichen Deformation

Die bisherigen Ausführungen lassen sich zu einer Reihe von theoretischen Überlegungen zusammenfassen. Dem Verständnis der Tatsache, daß es zu beruflichen Deformationen kommt, sind also Theorien aus unterschiedlichen Teildisziplinen der Psychologie zuzuordnen, von denen im folgenden die prägnantesten vorgestellt werden. Ich werde hier die verschiedenen Theorien jeweils durch ein Beispiel der speziell zu erwartenden Deformation illustrieren.

Verstärkungstheorie der beruflichen Deformation

Hier geht man davon aus, daß Verhaltensweisen von Helferinnen und Helfern, die anfänglich eine Verstärkung erfahren haben, weil

sie tatsächlich der Situation angemessen waren, später gehäuft praktiziert werden, und zwar auch in solchen Situationen, in denen sie weniger gut passen. Aber nicht immer erfolgt dann eine Bestrafung, und auch Feedback ist rar. So gähnen Mitarbeiter zu den matten Witzen ihres Vorgesetzten lieber hinter der vorgehaltenen Hand, als ihren Unmut offen zu äußern. Wenn der Vorgesetzte dann nicht über eine intakte Selbstbeobachtung verfügt, so klebt er am Witzemachen fest. Die berufliche Deformation kann hier als Übergeneralisierung von Verhaltensweisen verstanden werden.
Therapieadepten lernen von ihren Ausbildern oft bemerkenswerte Lehrsätze mit einer guten Substanz, die aber in der Art, wie sie selbst sie später benutzen, erstarren und zu Leerformeln werden.
Zu einem Supervisanden sagte ich einmal, um eine Arbeitssequenz zusammenzufassen: »Sie werden sich also bei der Benutzung der Videoanlage in Zukunft mit Ihrer Kollegin absprechen müssen.« Er antwortete heftig: »Ich muß nichts, außer sterben!« – das Wort ›müssen‹ schien für ihn ein Reizwort, stellvertretend für alle Fremdbestimmung und allen Zwang. Vielleicht hatte er diese patzige Antwort auch selbst einmal gehört und war von ihrer Schlagfertigkeit beeindruckt worden, oder er hatte den Satz schon mit Erfolg gesagt. Ich ärgerte mich über seine Vorwitzigkeit und sagte: »Dann gehen Sie einmal drei Tage lang nicht auf die Toilette, dann wissen Sie, was Sie müssen!«, und er hat seine Sentenz mir gegenüber danach nicht mehr benutzt.

Selektionstheorie der beruflichen Deformation

Die Selektionstheorie setzt an Gegenwart und jüngerer Vergangenheit an. Sie fragt nach den Verlusten, die der Betreffende in letzter Zeit an sich selbst beobachtet: Erlebnisdürftigkeit, Gedankenarmut, Einfallslosigkeit, berufsbezogene Hobbys, Spontaneitätsverlust, die dem eigenen wachen Bewußtsein gewiß nicht lange verborgen bleiben. Die Selektionstheorie der beruflichen Deformation findet ihre Bestätigung in Helfersätzen, die mit ›Ich merke, daß ich in letzter Zeit . . .!‹ beginnen. Sie weist auf manches Lächerliche und Abstruse hin, das uns in der Selbstbeobachtung und im Kontakt mit Kolleginnen und Kollegen begegnet, und sieht die Schädigung vorrangig als Verlust an Vielfalt, Urteilsfähigkeit, Lebendigkeit, Alltagsvernunft und Gemeinschaftsgefühl.
Man kann sich das Helfen u. a. als Vorgang vorstellen, der bei langjähriger Ausübung gewissen Abnutzungsvorgängen unterliegt.

Die Häufigkeit des Tuns selbst wird hier als die ausschlaggebende Größe betrachtet. So wie ein Dichter nicht an hundert aufeinanderfolgenden Abenden mit der gleichen Ergriffenheit aus seiner Lyrik vortragen kann, so kann auch der Helfer Vorgänge, selbst wenn sie für den Klienten von größter Bedeutung sind, nicht immer mit der gleichen Konzentration, Präsenz und Bezogenheit aufnehmen und beantworten.
Ich habe diese Betrachtungsweise Selektionstheorie genannt, weil gegenüber einem ursprünglich reichen, lebendigen, anspruchsvollen Helferhandeln später nur noch eine begrenzte Auswahl dieser Verhaltensweisen zur Verfügung steht, und zwar unter Verlust an Vitalität, Frische und Vielfalt.
An mir selbst habe ich diesen Vorgang beobachtet, als ich in den Anfängen der Gruppendynamik verschiedene Interaktionsübungen einige Male durchgeführt hatte, darunter die sogenannte Begegnungsübung. Zwei Personen gehen aus verschiedenen Ecken eines Raumes aufeinander zu, in einem Tempo, in dem sie die eigenen Gefühle, aber auch die des Partners zu erspüren versuchen. Sie schauen sich dabei in die Augen, gehen, ohne den Blickkontakt zu lösen, aneinander vorbei und entfernen sich rückwärtsgehend voneinander. Die Übung führt, gerade wenn sie mit Musikuntermalung durchgeführt wird, oft zu sehr intensiven Gefühlen von Nähe und Zuneigung, von manchen Menschen werden aber auch Bedrängnis und Fluchtimpulse erlebt. Nachdem ich diese Übung einige Male mit verschiedenen Gruppenteilnehmerinnen und -teilnehmern durchgeführt hatte, spürte ich an mir selbst ein Nachlassen der Gefühlsintensität, empfand das Arrangement als künstlich und konnte sie ehrlichen Gewissens nicht mehr durchführen. Die früheren intensiven Gefühlserregungen traten einfach nicht mehr auf, und eine nur gespielte Begegnung wollte ich weder dem Gegenüber noch mir selbst antun.

Die Deformation zeigt sich in diesem Modell also als Routine, Beziehungsverarmung und Affektreduzierung bei der Berufsarbeit.

Sozialwahrnehmungstheorie der beruflichen Deformation

Die berufliche Deformation kann als Spezialfall der sozialen Mitbedingtheit der Wahrnehmung betrachtet werden. Helferinnen und Helfer betrachten also ihre Arbeit, aber auch den ganzen Rest ihres Lebens zumindest *auch* unter dem Aspekt ihres Paradigmas und ihrer Helferpraxis. Das ist kein Fehler, solange sie darin eines

unter zahlreichen Modellen zum Verständnis der Welt sehen. Aber oft erstarrt das Paradigma rasch zur Ausschließlichkeit, also zu der Überzeugung: So und nur so ist die Welt. Berufliche Deformation mag dann in Form von Einseitigkeiten, Überspezialisierungen und vernunftwidrigen Fehlurteilen in Erscheinung treten.
Fritz Riemann (1979) schreibt darüber: »Wenn mit Begriffen, die zunächst nur Arbeitshypothesen waren, wie mit Realitäten umgegangen wird, die nicht mehr diskutiert zu werden brauchen, kommt es leicht zu jener nur noch Eingeweihten verständlichen Esoterik, die, immer lebensferner werdend, an der eigenen Sterilität zugrunde geht: Man neigt dann dazu, einmal gefundene Teilerkenntnisse in ein System zu pressen, dieses System immer mehr auszubauen und alles nicht in das System Passende auszuschließen« (S. 151).
In einem Buch, in dem eine kognitive integrative Angsttheorie entwickelt wird, lese ich folgenden Satz: »Nehmen wir als Beispiel einmal eine ganz alltägliche Angstsituation: Sie sind in der Wüste und werden von einem Löwen verfolgt . . .« – und dann wird ein kognitiver Vergleichsprozeß zwischen den Parametern Entfernung zum Dorf, Nähe des Löwen und eigene Laufgeschwindigkeit postuliert, dessen Ergebnis angeblich den Ausschlag dafür gibt, ob der Mensch in der Wüste nun Angst entwickelt oder nicht.

Zu der Frage, ob der Therapeut dem Klienten, dessen Vater soeben gestorben ist, sein Beileid bezeigen soll, äußert Charles Brenner, ein einflußreicher amerikanischer Analytiker: »Es ist gewiß richtig, daß der Analytiker sich (!) nichts vergibt, wenn er hier einmal die übliche ›menschliche‹ Teilnahme bekundet. Immerhin gibt es Umstände, unter denen seine ›menschliche‹ Rührung nur Schaden anrichtet, und niemand kann den Eintritt solcher Umstände vorhersehen. Hat ein Patient beispielshalber soeben den Verlust eines nahen Verwandten erlitten, so kann ihn gerade die Mitleidsbezeigung seines Analytikers um die gute Gelegenheit bringen, sich über diesen Verlust hämisch oder maliziös oder mit exhibitionistischer Schadenfreude auszulassen« (z. n. Malcolm, 1986).
Ich fragte in einer mündlichen Prüfung einmal einen angehenden Verhaltenstherapeuten, welches wohl die angemessene Reaktion sei, wenn eine Klientin sich in ihn verlieben würde. Da antwortet er mit freundlicher Naivität: »Das passiert in der Verhaltenstherapie zum Glück nicht.«

Soziale Lerntheorie der beruflichen Deformation

Generell läßt sich die Aneignung psychosozialer Kompetenz in vier Schritten darstellen, die an eine Beschreibung von Lernprozessen sowie Vorgängen der Einstellungs- und Verhaltensänderung von Kurt Lewin (1947) erinnert:

Auftauen: Ein bisher bestehendes, wahrscheinlich sogar erfolgreiches Verhaltensmuster wird durch neue Erfahrungen in Frage gestellt und aufgelockert.

Veränderung: Das alte Verhalten wird Schritt für Schritt losgelassen, das neue gewinnt an Bedeutung und tritt häufiger auf.

Festigung: Das neue Verhalten wird in unterschiedlichen Kontexten praktiziert und gewinnt so Selbstverständlichkeitscharakter.

Soweit Lewins Modell in drei Schritten. Zur beruflichen Deformation kommt es nun vermutlich dann, wenn auf die Festigung eine vierte Phase folgt.

Erstarrung: Das neue Verhalten wird nunmehr übermäßig generalisiert, kommt also häufiger zum Einsatz als von der Situation her angemessen. Es wird allzu geläufig, erstarrt, verliert Sinnbezug und Lebendigkeit. Aus dem geistreichen Gespräch wird nun Geistreichelei, aus dem zu Scherzen neigenden Kollegen der Witzbold. Der Mensch mit festen Überzeugungen mag fanatisch werden, der engagierte Helfer ein deformierter Helfer.

Eine ganz ähnliche Abfolge, freilich mit einem ›guten‹ Ausgang, beschreibt Hess (1986) für die Entwicklung supervisorischer Fähigkeiten: Er sieht zunächst ein Beginnen, dann die Entwicklung von Fertigkeiten, schließlich die Konsolidierung und zuletzt die Fähigkeit zur Gegenseitigkeit in der supervisorischen Beziehung. Dies kann tatsächlich ein wichtiger Gegenimpuls zur beruflichen Deformation sein: die Wiedergewinnung der Gegenseitigkeit in privaten und beruflichen Begegnungen.

Ähnlich wird bei Frank und Vaitl (1987) der Prozeß der Kompetenz-Aneignung positiv dargestellt. Die beiden Autoren entwickelten einen Fragebogen zur Erfassung von Supervisionsaspekten (FSPT), in dem vier Stufen der supervisorischen Kompetenz unterschieden werden:

1. enge Methodengebundenheit
2. Adaption der erlernten Methoden an den persönlichen Interventionsstil

3. verstärkte Entfaltung des persönlichen Stils bei der Anwendung der therapeutischen Methoden
4. kreative, persönliche, autonome und fachlich adäquate therapeutische Arbeit.

Diese Abfolge haben gewiß viele Helferinnen und Helfer im Laufe ihrer Tätigkeit selbst erlebt. Die berufliche Deformation setzt eben oft erst später ein: in langjähriger Arbeit und im Übergang von Souveränität zu Routine.

Sozialisationstheorie der beruflichen Deformation

Helferinnen und Helfer wachsen Schritt für Schritt in eine Subkultur beruflicher Art hinein und eignen sich deren Werte, Überzeugungen und Problemlösungen sowie deren Verhaltenskodex an. Da in der Regel der einzelne Neuling sich im Zuge dieser Begegnungen mehr verändert als die Institution, der er sich nähert, übernimmt er auch viele Einseitigkeiten und Absonderlichkeiten der Helferkultur. Die berufliche Deformation mag hier in Form von Berufs- und Standesattitüden und durch Zustimmung zu für unausrottbar gehaltenen Mißständen in Erscheinung treten. Man kann z. B. beobachten, daß Ausbildungskandidaten der Therapieschulen meist herbe Kritik an den Bedingungen dieses durch sie selbst nur begrenzt beeinflußbaren Lernprozesses üben. Haben sie aber die Lehrlingszeit abgeschlossen und sind nun selbst berechtigt, Ausbildungen durchzuführen, so finden sie schnell gute Argumente dafür, alles beim Schlechten zu lassen oder nur wenig zu ändern, bis hin zu nostalgischen Erinnerungen der Art: ›*Wir* mußten damals noch ...‹

Ein Kollege äußert: »Die Humanistische Psychologie, der ich mich zugehörig fühle, befürwortet ja das Ausleben der Aggression ...« – aber da hat er mehr über sich als über die Humanistische Psychologie gesagt. Er selbst äußert Aggressionen vorwiegend in Form von Lachen und Sticheln und hat es als großen Entwicklungsschritt innerhalb einer bioenergetischen Analyse erlebt, überhaupt seine eigene Aggressivität entdecken und ansatzweise bejahen zu können.

Persönlichkeitstheorie der beruflichen Deformation

Hier wird davon ausgegangen, daß die gegenwärtige seelische Schädigung Ergebnis eines frühen Prägevorganges ist. Als prominenter Vertreter dieser Auffassung kann Schmidbauer (1985) herangezogen werden: Helferinnen und Helfer sind demnach durch biographisch früh erworbene Erfahrungen und Haltungen der folgenden Art zu kennzeichnen:

* Sie sind abgelehnte Kinder
* Sie sind mit Über-Ich und Ich-Ideal statt mit dem Ich identifiziert
* Sie vermeiden Gegenseitigkeit in Beziehungen
* Sie sind in versteckter Weise narzißtisch bedürftig
* Sie operieren mit indirekter Aggression.

Diese Dispositionen legen Schmidbauer zufolge die Wahl eines Helferberufs nahe, der dann aber nicht in aller Freiheit ausgeübt und gestaltet wird, sondern zu helfenssüchtigen, abhängigen und symbiotischen Beziehungen den Klienten gegenüber führen.

Ein Beispiel: Eine sehr fürsorgliche, warmherzige Helferin, 46 Jahre alt, befindet sich in einer schweren Ehekrise. Der drei Jahre ältere Ehemann hat eine viel jüngere Freundin. Die Frau erfährt auch, daß er mit mehreren ihrer Freundinnen früher sexuelle Beziehungen unterhalten hat. Der Ehemann lebt jetzt halb in der Familie, halb außerhalb, hat sich ein kleines Appartement gekauft, wo er sich mit der Freundin trifft, taucht unregelmäßig ein- bis zweimal pro Tag in der Wohnung der Familie auf, nimmt an einigen Mahlzeiten teil und beaufsichtigt die Kinder bei den Hausaufgaben. Die Helferin steht während dieser Wochen der völligen Desorientierung in enger Verbindung mit ihrer ebenfalls verheirateten Schwester; sie telefoniert oft mit ihr, weil sie räumlich weit voneinander entfernt leben. Bei einem solchen Telefonat spürt ihre Schwester plötzlich intuitiv die Selbstmordgefährdung, der ihre Schwester ausgesetzt ist, und sagt spontan: »Ich setz mich morgen ins Flugzeug und komm mal für einen Tag zu dir.« Und nun kommt die berufliche Deformation der Helferin ins Spiel. Sie antwortet nämlich auf das Angebot ihrer Schwester: »Nein, das kann ich nicht annehmen, das würde mich nur unglücklich machen, wenn du jetzt *deine* Familie verlassen würdest, um *zu mir* zu kommen. Nimm dir besser den Tag frei für *deine eigene Familie*, das ist dann auch *für mich* die größte Hilfe, wenn *ich* mir vorstellen kann, daß *Ihr* so glücklich zusammen seid.« Statt also in größter Not Hilfe anzunehmen, macht sie sich auch dann noch pflichtig für das Wohlergehen ihrer Schwester, die ihr Hilfe anbietet.

Belastungstheorie der beruflichen Deformation

In den letzten 25 Jahren hat die Zahl der Untersuchungen über die Helferbelastung dramatisch zugenommen. Die Forschungsergebnisse weisen tendenziell in eine einheitliche Richtung: Helferinnen und Helfer sind in besonderer Weise (chronisch) belastet; sie sind krankheits-, sucht- und selbstmordgefährdet; sie sorgen nicht genügend für Korrekturen in ihrer Umwelt und ihrer eigenen Lebensgestaltung (vgl. Kap. 9). Die zentralen Begriffe sind hier *Burnout* und *Soziale Unterstützung*. Zahlreiche Autoren haben Fragebögen, Checklisten und Interviewleitfäden entwickelt, mit deren Hilfe Belastung und Entlastung von Helferinnen und Helfern erfaßt werden können.

Als ich selbst einmal eine Gruppe von Psychotherapeuten mit einem Burnout-Fragebogen (vgl. Kap. 8) untersuchte, lagen die Werte in der Skala mit 22 Items durchschnittlich bei 8,04, also unterhalb des Mittelwertes von 11. Aber das heißt nicht, daß die Belastung unterdurchschnittlich ist. 22 Items sind ja kein statistischer Kennwert über alle Mitglieder der Zielgruppe hinweg, sondern nur eine Entscheidung über die Länge des Fragebogens. Und für diesen Themenkomplex nennen die Psychotherapeuten nun im Durchschnitt 8 eigene Belastungssituationen mit einer Variation von 0 bis 17 (!) Zustimmungen. Dauerhafte Belastung führt nachweislich zu Burnout oder dem sogenannten ›Erschöpfungssyndrom‹; viele berufliche Deformationen stammen aus solchen Belastungen.

Diese sieben theoretischen Zugänge zum Problem der beruflichen Deformation stehen nicht in Konkurrenz zueinander, sondern beleuchten unterschiedliche Aspekte des Prozesses. Wahrscheinlich kommen Männer und Frauen durch biographische Prägungen zum Helferberuf (Persönlichkeitstheorie), eignen sich in der beruflichen Sozialisation einen bestimmten Wahrnehmungsausschnitt an (Sozialisationstheorie) und akzentuieren und entwickeln ihn selektiv weiter (Social perception-Theorie, Selektionstheorie). Manche Verhaltensweisen werden dabei übermäßig generalisiert (Verstärkungstheorie); Helferinnen und Helfer sind dabei starken Belastungen ausgesetzt (Belastungstheorie) und entwickeln in ihrem Verhalten zunehmend Reduktionen und starre Routinen (Soziale Lerntheorie). Aber es kann auch einer der Aspekte allein zur Entwicklung einer beruflichen Deformation genügen. Und ande-

rerseits bleiben manche Kolleginnen und Kollegen von ihr verschont oder können sie korrigieren, obwohl sie allen diesen Bedingungen ausgesetzt sind.
Im Bewußtsein der Helfer scheint allerdings der Belastungsaspekt der beruflichen Deformation eindeutig zu dominieren. Ich hielt 1990 einmal einen Vortrag über berufliche Deformation vor einem Kreis von Helferinnen und Helfern, zu dessen Beginn ich sie bat, einmal selbst ein Beispiel einer beruflichen Deformation zu notieren, die ihnen in der Selbstbeobachtung aufgefallen sei. Unter den 52 schriftlichen Antworten handelten 25 Nennungen von eigenen Belastungen (z. B. Gereiztheit, Erschöpfung, psychosomatische Symptome, Schlafstörungen, Depressionen). Einige von ihnen werde ich im fortlaufenden Text zur Illustration verschiedener Teilaspekte der beruflichen Deformation zitieren.

12. Selbstdeformation

Dieses Kapitel handelt von den Fehlentwicklungen, für die Helferinnen und Helfer in ihrer eigenen Person sorgen. Nicht etwa, daß dabei durch die Hintertür doch noch eine Helferpersönlichkeit konzipiert würde, nämlich eine deformierte. Wohl aber gibt es Verbiegungen im individuellen Denken, Erleben und Verhalten, von denen zumindest einige Helfer deutlich betroffen sind.

Paradigmatische Scheuklappen

Das Paradigma erweitert stets unseren Blick für manche Phänomene und verschließt oder trübt ihn zugleich für andere. Einige Beispiele dafür erlebte ich selbst im Kontakt mit Therapeuten unterschiedlicher Schulen.

* Ein Vater, der sich in eine Therapie begeben wollte, um sich mit den Autonomiebestrebungen seines Sohnes auseinanderzusetzen, erfuhr nach einigen Sitzungen bei einem Verhaltenstherapeuten, daß er an einer Konzentrationsstörung leide, die er mit Hilfe eines Selbstkontrollprogramms angehen sollte.
* Ein Gruppenleiter äußerte: »Ich habe als Anhänger der Humanistischen

Psychologie die Auffassung, daß man das Leben des Kindes überhaupt nicht strukturieren sollte, sondern es wachsen läßt, wie es eben seiner Entwicklung entspricht.« Tatsächlich tut er für sein Kind sehr wenig, und gerade das ist das Übel: Das Kind findet keine Form.

* Eine Therapeutin äußert: »Warum in Selbsterfahrungsgruppen der Zweite anfängt zu weinen, ist mir klar. Das ist aus der Lerntheorie gut ableitbar. Aber warum weint der Erste?!«

Die Aneignung eines Paradigmas birgt also die Gefahr in sich, neue Erfahrungen dessen Begriffen rasch zuzuordnen, wenn es nur einigermaßen zu passen scheint – zu Lasten der genauen Betrachtung des Einzelfalls.

In einem Blockseminar findet am Abend in der Leitungsgruppe eine lange Diskussion zum Prozeß der Gruppen und zur Planung des kommenden Tages statt. Dabei polarisieren sich die Meinungen zwischen dem Veranstalter und den anderen Dozenten. Am Ende wird er überstimmt, nicht ohne ein gewisses Unbehagen, das die Runde über ihren ›Sieg‹ spürt. »Vatermord!« murmelt einer der Beteiligten düster in die Stille hinein. An dieser Deutung hat die Leitungsgruppe den Rest des Abends über ordentlich zu kauen.

Ein anderes Beispiel: Ich moderiere die Podiumsdiskussion am Ende eines Fachkongresses. Die Veranstalterin fährt mir in ihrer Doppelrolle als Mitglied der Gesprächsrunde und als Leiterin der ganzen Tagung mehrmals in die Regie, unterbricht den Gesprächsfluß und läßt sich nur mit Mühe bändigen. Ich fühle mich durch ihren Disziplinmangel belästigt und bin am Ende der Diskussion ärgerlich und verstimmt. Eine Kollegin tritt zu mir, spricht mir ihr Beileid für den unbefriedigenden Gesprächsverlauf aus und sagt abschließend fachmännisch oder fachfrauisch: »Klar, als Veranstalterin hat sie dich kastriert.«

Beide Beispiele zeigen eine paradigmatisch bedingte begriffliche Nachlässigkeit. Es werden auf einer ganzen Skala möglicher Ereignisse und Nuancen jeweils nur die Endpunkte benannt (›Vatermord‹, ›Kastration‹), nicht aber die tatsächlichen Vorgänge. Auf diese Weise entsteht Unschärfe. Man könnte einwenden: Diese Begriffe wollen nicht wörtlich genommen sein, sondern als pars pro toto der ganzen Ereignisvielfalt im Kontext unbewußter Autoritätsauseinandersetzung und -entmachtung. Wohl wahr. Aber die Begriffe schaffen doch zugleich in aufdringlicher Weise Bedeutungsfakten, indem sie *mörderische* Auseinandersetzung und *sexuelle* Entmachtung ansprechen. Die Vielschichtigkeit der Vorgänge gerät dabei aus dem Blick. Tatsächlich ging es ja nicht um Vater, nicht um Mord und nicht um Kastration. Vielmehr wird in der Planungssitzung ein nuancenreiches, ja einzigartiges Kräftemessen erlebt. In der Podiumsdiskussion konstelliert sich ein Parallelogramm der Einflüsse aus Amt, Attraktivität, Wortwitz, Konkurrenz und Führungsfunktion zwischen den Beteiligten, die mit dem Begriff ›Kastration‹ nicht verdeutlicht, sondern plakatiert wird.

Oft gibt sich die paradigmatische Phantasielosigkeit darin zu erkennen, daß die Arbeit an Lebendigkeit und Originalität verliert.

In E. A. Poes Novelle ›Der gestohlene Brief‹ versucht der Polizeipräsident den Diebstahl des Briefes nach dem Prinzip ›Mehr vom Gleichen‹ rückgängig zu machen – natürlich ohne Erfolg. Da er den Dieb nur quantitativ übertrumpft, nämlich durch mehr Aufwand, Gründlichkeit und Schläue, kann er den Brief nicht finden. Als der Ich-Erzähler qualitativ umdenkt, findet er den Brief leicht, der unter allerlei unwichtigen Papieren offen auf dem Schreibtisch liegt. Ähnlich geht es in der Geschichte ›Mord in der Rue Morgue‹ zu. Solange die Polizei nach einem Mörder mit unmenschlichen Kräften sucht, kommt sie nicht voran. Dagegen fügt sich, als ein Orang-Utan als Täter in den Blick rückt, eins schlüssig ins andere.

Manchmal entwickelt sich die Übernahme eines Paradigmas auch zu Übertreibung oder Phantasterei. Davon legen die beiden folgenden Anekdoten Zeugnis ab.

Ein emsig meditierendes Ehepaar fragte seinen Zen-Lehrer einmal voller Eifer: »Meister, sollen wir unseren zweijährigen Sohn auch schon zum Meditieren anhalten?« Der Meister antwortete: »Im Prinzip ja. Aber vielleicht ist es besser, ihm einen Keks zu geben.«

Rudolf Steiner wurde von einer etwas schwärmerischen Dame einmal gefragt: »Herr Doktor, meine beiden prächtigen kleinen Buben – wer mögen sie wohl in ihrem letzten Leben gewesen sein?!« Steiner antwortete, ohne eine Miene zu verziehen: »Schiller und Goethe!«

Methoden-Unersättlichkeit

Fortbildung ist in den Helferberufen ein Boom ohnegleichen und ein erstrangiger Wirtschaftsfaktor. Es ist heute ohne Mühe möglich, jedes Wochenende des Jahres mit einer psychologischen Fortbildungsveranstaltung zu belegen. Nun ist es natürlich ehrenhaft, sich

über den neuesten Stand des eigenen Faches auf dem laufenden zu halten. Aber die Angebote wecken leicht einen gierigen Appetit, mehr und mehr und noch mehr Fachkompetenz unsortiert zu konsumieren. Ein Kollege sucht, nachdem er die ganze Palette der gängigen Verfahren schon absolviert hat, zu guter Letzt noch einen amerikanischen Experten auf, der ihn in Kontakt mit verstorbenen Verwandten bringen will, natürlich im Dienste einer Mehrgenerationen-Familientherapie-Ausbildung. Wer sich vielen derartigen Eindrücken aussetzt, vermag vielleicht am Ende seinen ganz eigenen Helfer-Stil daraus zu entwickeln. Aber für viele Konsumenten wird daraus ein verwirrendes Sammelsurium, das das Intervenieren sprunghaft und widersprüchlich macht.
Woher rührt diese Begehrlichkeit nach immer mehr und intensiveren therapeutischen Erfahrungen? Ein Grund ist vermutlich die fortbestehende Ungewißheit, ob die Arbeit den eigenen Qualitätsansprüchen genügt. Es gibt im Helfen keinen kontinuierlichen Fortschritt. Vielmehr erlebt man Entwicklungen, Krisen, Rückfälle und neue Anläufe. Mit manchen Klienten kommt man nicht recht voran, mit anderen geht es gut, ohne daß man die Ursachen recht wüßte. Anders als in der Medizin kann der psychosoziale Helfer nicht sagen: ›Das Medikament schlägt nicht an‹, sondern muß feststellen: ›Mein Vorgehen greift nicht.‹ Insofern speist sich die immer wieder erweiterte Fortbildung unter anderem aus der Hoffnung, am Ende doch einmal eine gesicherte Kompetenz zu gewinnen.
Dazu kommen leise eigene Therapiewünsche. Man will nicht nur die Methode kennenlernen, sondern auch ein wenig an eigenen unerledigten Dingen arbeiten. Das ist weniger als eine ganze Therapie, aber doch mehr als das Lesen eines Fachbuchs. Solche Wünsche sollten nicht getadelt werden. Wer selbst die ganze Woche über andere versorgt und etwas von sich hergibt, kann es gut gebrauchen, ab und zu selbst gepflegt und verwöhnt zu werden.

Selbstvermarktung

Das Helfen ist u. a. auch eine Ware, die in Form von Inseraten, Einladungen, Ausschreibungen, Einführungsvorträgen und Schnupperkursen zum Konsumenten gebracht werden muß. Dies gilt nicht so sehr für Therapie und Beratung, für die unter der

Aufsicht der Berufsverbände nur dezent geworben werden darf, wohl aber für psychosoziale Fortbildungen, Selbsterfahrungsangebote und Therapieausbildungen.
Eine große Hilfe für die Kaufentscheidung wäre die detaillierte Mitteilung der in der Veranstaltung angestrebten Lernziele, aufgeschlüsselt nach Richt-, Grob- und Feinzielen. Diese drei Zielarten haben bei der Planung von Lehrveranstaltungen unterschiedliche Funktionen. Die Richtziele dienen einer ersten globalen Orientierung; die Grobziele schlüsseln die Richtziele auf; die Feinziele geben Kriterien für die Evaluation auf Verhaltensebene an. Ich habe mich selbst mehrfach der Mühe unterzogen, Lernzielbestimmungen für Selbsterfahrungs-Seminare vorzunehmen, und kann sagen: Es ist ein mühsames Geschäft. Aber wer Erwachsenenbildung betreiben will, sollte sich jedenfalls ab und zu wieder darauf besinnen.
Viele Begriffe, die vor 20 Jahren noch programmatische Stoßkraft hatten, wie Kommunikation, Kooperation, Selbstaktualisierung, Entfaltung, Selbstverwirklichung usw., sind im Zuge ihrer Kommerzialisierung zu Leerformeln geworden. Der Kampf um Marktanteile zwingt daher zu immer drastischeren Formulierungen, Verlockungen und Versprechungen. Der folgende Text stammt aus einem Einladungsschreiben:

> Nachdem ich sechs Wochen in . . .war, fühle ich mich so voller Liebe und Energie und so ausgelassen, daß ich eine total durchgedrehte Gruppe voller Verrücktheiten machen will. Verrücktheit bedeutet, total doof, durchgedreht oder ausgeflippt zu sein und extravagante, fantastische Sachen zu bringen – so bin ich eben und um das dreht es sich in dieser Gruppe. Damit Ihr seht, daß Ihr genauso fantastisch, erstaunlich und einzigartig seid wie ich. An Methoden verwenden wir alles, was nötig ist, von Encounter bis zu Urschrei, Gestalt und Überraschung . . .
> Hope to see You. Love.
>
> (Unterschrift)

Daneben gibt es auch informativ gestaltete Angebote, die später halten können, was sie an Lernchancen in Aussicht stellen.

Weltfremdheit und Realitätsverlust

Manche Menschen, die zu sehr in einem kleinen Kreis Gleichgesinnter leben und kein Feedback mehr von Personen aus anderen Lebensbereichen erhalten, verlieren in geringerem oder ausgeprägterem Maße den Bezug zur Realität und entwickeln Ideen, deren Absonderlichkeit sie nicht mehr erkennen.

Während einer Fachtagung trug ein Kollege eine experimentelle Untersuchung zu dem Konzept ›Erlernte Hilflosigkeit‹ vor. Er hatte für eine normale mechanische Schreibmaschine einen Holzdeckel gebaut, der die Tasten verdeckte. Durch drei Löcher in diesem Deckel waren Stifte eingesetzt, die mit den Buchstaben A, E und U versehen waren und den Eindruck erweckten, sie würden zu den Buchstaben A, E und U führen. Die Versuchspersonen erhielten nun den Auftrag, die Buchstaben A, E und U einzutippen – scheinbar eine leichte Aufgabe. Tatsächlich aber führten die Stifte zu den Buchstaben B, C und F. Die Versuchspersonen, die die Instruktion des Versuchsleiters zu befolgen versuchten, fanden auf dem Schreibmaschinenblatt, daß sie vom Ergebnis her gesehen das Falsche getan hatten, indem sie zwar A, E und U gedrückt, aber B, C und F bewirkt hatten. An dieser Stelle wurde der Kollege in seiner Darstellung lebhafter und wandte sich direkt ans Auditorium: »Sie sehen also, die Versuchspersonen erleben eine Situation erlernter Hilflosigkeit. Der Versuchsleiter drängt sie immer wieder nachdrücklich, die Buchstaben A, E und U zu tippen, unterstützt durch das Prestige einer Forschungseinrichtung der Universität, sie tun es auch, aber das Resultat zeigt ihnen, daß sie sich in einer Situation erlernter Hilflosigkeit befinden.« Er war von der Versuchsanordnung sichtlich begeistert und trug nun noch vor, welche abhängigen Variablen untersucht worden waren.

Im Publikum begann sich Unruhe zu melden. Einige Zuhörer, die das Buch von Seligmann kannten, wandten ein, daß es sich hier doch um eine etwas dürftige Operationalisierung von dessen Depressionskonzepts handele und daß die Ergebnisse des Experiments für klinische Fragestellungen nicht tauge. Aber der Versuchsleiter blieb sicher in seiner Überzeugung. Nach längerem Hin und Her sagte er abschließend: »Was sich nicht im Labor experimentell simulieren läßt, ist auch nicht Gegenstand der Psychologie!« – tja, so sieht ein Teil der Ergebnisse psychologischer Forschung auch aus.

Mancher Realitätsverlust besteht darin, daß nicht mehr zwischen üblich und normal unterschieden wird – davon hat schon Bert Brecht einmal in einem Aphorismus gewarnt.

Über europäische Diplomaten in Afrika heißt es: Im ersten Jahr beschweren sie sich über die Fliege im Gin; im zweiten trinken sie den Gin, ohne die Fliege noch herauszufischen; im dritten Jahr beschweren sie sich beim Kellner: ›Wo bleibt denn die Fliege in meinem Gin?!‹ – Ein Therapeut nahm jahrelang eine diffuse Symptomatik von Unbehagen und Schmerz im Magenbereich an sich wahr und brachte dies stets in Zusammenhang mit bestimmten Klienten und seinen Gegenübertragungen auf diese. Als am Ende eine Hepatitis diagnostiziert wurde, war es für eine Behandlung zu spät, und der Kollege starb zwei Jahre später daran.

Unselbständigkeit

Mit Unselbständigkeit meine ich hier, daß manche Kolleginnen und Kollegen sich bei Entscheidungen mehr auf die neuerdings sehr verbreiteten psychosozialen Hilfsmittel und Instrumente verlassen, als ihrem eigenen Urteil oder dem zuverlässiger Freunde zu trauen.

Eine Kollegin spürte im Verlaufe eines T'ai-Chi-Wochenendes ein unklares Unbehagen in sich aufsteigen. Dem Impuls, das Seminar einfach zu verlassen, mochte sie aber nicht folgen. So fragte sie den chinesischen Seminarleiter nach seiner Meinung, und er riet ihr, das I Ging zu befragen. Sie vermochte aber aus der Antwort keine Klarheit zu gewinnen und blieb, unschlüssig und mit halber Kraft, bis zum Ende dabei, worüber sie sich danach ärgerte.

Auf die Gefahr einer überflüssigen oder mißbräuchlichen Inanspruchnahme kosmischer Kräfte wird übrigens im I Ging selbst hingewiesen. Das zweite Hexagramm heißt: ›Das Empfangende – Die natürliche Antwort‹. Es fordert den Fragenden auf, die Umstände genau zu betrachten und zu würdigen und dann in eigener Verantwortung und ohne Hilfsmittel eine Entscheidung zu treffen, auch ohne das Hilfsmittel I Ging.

Zu Rudolf Steiner kam einmal eine Dame und sagte stolz: »Herr Dr. Steiner, in meinem Leben ist alles so eingetroffen, wie es in meinem Geburtstagshoroskop stand!« Steiner antwortete: »Dann sind Sie ja ziemlich faul gewesen.«

Hyperreflexion und Spontaneitätspensum

Bei manchen Kolleginnen und Kollegen bemerke ich, daß an die Stelle des lebendigen Austauschs ein etwas starres Reflektieren oder Deuten tritt, ein wenig vergleichbar der Entscheidung, auf der Party *über* die anderen Gäste zu reden statt *mit* ihnen.

In einer Seminar-Konferenz sitzen die Dozenten abends um elf nach Prozeßanalyse und Planung ziemlich erschöpft zusammen. Die Spannungen des Tages lösen sich langsam; es kommt eine etwas lärmende Fröhlichkeit auf. »Ich will die Stimmung jetzt hier nicht stören, aber wir müssen uns doch fragen, was diese Fröhlichkeit jetzt für den Prozeß der Gruppe bedeutet«, gibt eine Kollegin mit Leichenbittermiene zu bedenken. Da mangelt es offenbar nicht an Reflexionsvermögen, aber an Fröhlichkeit. – Ein Kollege, der in Selbsterfahrungsgruppen zu einer gewissen

Nachdenklichkeit dem Leben gegenüber vorgedrungen ist, verbringt das darauffolgende Wochenende im Kreis einiger Bekannter auf einer Berghütte. Am Abend, als sie noch draußen sitzen und den Sonnenuntergang genießen, fragt ihn einer der Freunde, ob er ihm wohl seinen Pullover leihen würde, der unbenutzt über der Lehne der Bank liegt. Da sieht der Kollege ihn lange schweigend an; schließlich sagt er bedächtig: »Das kann ich nicht so ohne weiteres entscheiden, ob ich Dir den Pullover leihen will. Darüber muß ich erst ein wenig nachdenken.«

Auch die entgegengesetzte Deformation ist oft zu beobachten. Bei manchen Helferinnen und Helfern besteht eine Neigung, in der Selbstdarstellung ein sehr schön entwickeltes Kindheits-Ich zur Schau zu stellen: Stets übermütig, lebensfroh, spontan, genußfähig, drahtig, happy go lucky, also gut drauf, schlagfertig, kontaktfreudig, spritzig und sensibel. Fast scheint es so, als werde dies – mißverstandene Transaktionsanalyse und mißverstandene Gestalt-Therapie! – für eine Pflicht durchgestalteter Helfer gehalten. Müdigkeit, Trauer, Mutlosigkeit, ratloses Nachdenken und Grübeln, Erschöpfung und Sinnverlust werden für private Stunden aufgeschoben, wo keiner zuschaut, oder geraten ihrerseits zu Demonstrationen tiefen Erlebens.

Eine amerikanische Luftfahrtgesellschaft warb jüngst mit dem Slogan: »Our smiles are not just painted!« (sinngemäß übersetzt: Bei unseren Stewardessen ist das Lächeln nicht aufgeschminkt, sondern echt!) Aber das hält wohl keine Stewardeß und auch sonst kein Mensch den ganzen Tag lang durch, ständig echt zu lächeln. Eher wird man unter dem Diktat einer solchen Verpflichtung echt mürrisch – aber das ist kein Anreiz, der den Fluggast zur Buchung auf dieser Linie animieren würde.

Das Thema Sexualität scheint sich für verdrehte, verquere gedankliche Konstruktionen besonders gut zu eignen.

In einem Cartoon von Ch. Poth (1975) sitzt ein Pärchen auf der Couch und unterhält sich. Er: »Ich will dir erklären, wie das ist: Wenn ich mit einer anderen Frau schlafe, dann hab ich zunächst überhaupt kein schlechtes Gewissen dir gegenüber . . . aber dann allmählich krieg ich ein schlechtes Gewissen mir gegenüber, daß ich kein schlechtes Gewissen dir gegenüber hab. Wenn das eine Weile so gegangen ist . . ., dann frage ich mich: Sind wir nun eine moderne, aufgeklärte Ehe oder nicht? Und dann ein schlechtes Gewissen? Das darf doch nicht wahr sein! Ein schlechtes Gewissen, weil ich dir gegenüber kein schlechtes Gewissen hab? Da betrüge ich dich doch sozusagen . . .«

Verschleiß in der Substanz der Werte

Manche Sentenzen speziell aus der Humanistischen Psychologie sind für zahlreiche Helferinnen und Helfer geradezu Schlüsselerlebnisse in der Lebensorientierung geworden. Da war in wenigen Worten zusammengefaßt, was sie seit langem suchten, und eine allseits akzeptierte und geachtete Fachautorität hatte es ausgesprochen. So wurden einige dieser Sätze zu Orientierungspunkten im Leben von Helfern und für manche von ihnen zu einer Art Credo im Umgang mit sich selbst und mit anderen Menschen. Aber später konnte man im Leben dieser Helfer manchmal beobachten, wie diese neue Spruchweisheit begann, das Zusammenleben mit anderen Menschen zu überschatten.

Ein Kollege hat sich im Laufe mehrerer Seminare über Transaktionsanalyse die Formel ›Ich bin o. k. – Du bist o. k.‹ angeeignet. Das ist ja eine beeindruckende Botschaft: Ich kann mich so nehmen, wie ich bin, ohne ständig unzufrieden mit mir zu sein und an mir herumzukritteln; und ich kann auch meine Mitmenschen in ihrer Art des Seins verstehen und respektieren – gewiß eine Befreiung für Menschen, die mit sich und anderen ständig über Kreuz liegen. Aber für diesen Kollegen entwickelt sich die Sache dahin, daß er den Meinungen, die andere Menschen über ihn entwickeln, nun kein Interesse mehr entgegenbringt und sich selbst nicht mehr auf andere bezieht. Man kann ihm die gröbsten Sachen sagen. Er scheint nicht einmal mehr recht hinzuhören, sondern antwortet: »Das ist o. k. für mich!« Und andererseits unternimmt er selbst da, wo es in der Zusammenarbeit knirscht und kracht, keinen Versuch einer Klärung, sondern erklärt: »Das ist o. k., daß du so bist.« Auf diese Weise gewinnt aber die Begegnung mit ihm aus der Transaktionsanalyse keinen neuen Impuls, sondern kommt zum Erliegen.

Aus unserer Beschäftigung mit seelischen Vorgängen gehen viele Impulse zur Selbstverwirklichung hervor. Wer mit ihr in Berührung kommt, hat die Chance, sich zu fragen, ob er in lebendigem Kontakt mit sich selbst steht, seine Möglichkeiten entfaltet und Tätigkeiten nachgeht, die für ihn und andere Sinn ergeben. Ich halte diesen Impuls für wichtig und kostbar.

Aber vielfach tritt dieser Gedanke in beschädigter Form in Erscheinung. Selbstverwirklichung wird dann frei übersetzt mit: Alle Schimpfwörter benutzen, alle Freiheiten genießen, auf niemanden Rücksicht nehmen, alles mal ausprobieren, ganz sich in sich zurückziehen, ganz sich ausleben, die kranken Seiten exzessiv und regressiv agieren. Das mögen im Rahmen einer Therapie Durchgangsphasen des Loslassens, Nachdenkens, Erprobens, Erweiterns und Korrigierens sein. Aber wird Selbstverwirklichung so zu einem Programm festgeklopft, so verliert sie alle Lebendigkeit und wird bei Außenstehenden leicht ein spöttisches Belächeln hervorrufen. Eine Korrektur kann diese Haltung erfahren, wenn man sich darauf besinnt, daß Selbstverwirklichung keine Ekstase, keinen Trip, keine Wollust und auch keinen Rechtsanspruch darstellt, sondern eine Aufgabe, die darin besteht, das *Selbst Wirklichkeit werden zu lassen* und zur Wirkung zu bringen. Es geht dann nicht mehr darum, *irgendwelche* eigenen Möglichkeiten auszuspähen, sondern sich um die Entwicklung und *Entfaltung der besten eigenen Möglichkeiten* täglich zu bemühen. Ein Freund schreibt mir: »Das Leben ist Aufgabe, Gott ist Aufgabe. Ich will die Monate, die mir noch zu leben bleiben, nutzen, um meiner Aufgabe gerecht zu werden.«

Verstummen und Plappern

Über dem langjährigen Zuhören bei Problemen anderer Menschen haben viele Helferinnen und Helfer es verlernt, persönlich über sich selbst zu sprechen und gegebenenfalls Hilfe zu erbitten. Die Ausbildung jedenfalls schützt nicht davor, daß auch der Helfer unangenehmen Situationen gern ausweicht und peinliche Erfahrungen zu umschiffen versucht.

Ich leitete einmal eine Gruppe mit einem Kollegen zusammen. Die Gruppe fragte nach seiner Befindlichkeit. Er sagte: »Ist denn das hier von Bedeutung?« In einer Gruppe mit einer Kolleg*in* kam die gleiche Frage auf. Sie sagte grämlich: »Vielleicht ist es jetzt doch eine Abwehr der Gruppe dagegen, sich mit sich selbst zu beschäftigen.« – In einer Selbsterfahrungsgruppe von lauter Therapieausbildungskandidaten wird bald sichtbar, daß alle unruhig und unzufrieden in ihrer Ehe sind. Aber eine konsequente Bilanzierung bleibt aus. Jeder macht jedem anderen Mut, die Ehe zu beenden, statt die eigene vorbehaltlos zu betrachten.

Bei anderen Helferinnen und Helfern kann man beobachten, daß die Redemenge zunimmt, Gedanken- und Sprachvielfalt sich aber dramatisch verringern.

Ich erzähle einer Kollegin, daß ich in der nächsten Woche in Urlaub fahren werde. Sie, treffsicher: »Da bist du innerlich jetzt schon ganz drauf eingestellt. Da freust du dich jetzt schon so richtig drauf.« Ich gähne verhalten, da ich sie nicht gebeten hatte, mir bei der Selbstexploration meiner Urlaubsstimmung zu helfen.

Mit einer anderen Kollegin mache ich einen Bummel durch eine fremde Stadt. Sie sagt beim Anblick der Schwäne auf dem Fluß: »Da kommt mir jetzt die Assoziation . . .«, und dann breitet sie ihren Assoziationsstrom zu den Schwänen vor mir aus, als sei ich ihr Therapeut. Früher hätte sie gesagt: ›Ach, wo ich die Schwäne sehe, da fällt mir gerade ein . . .‹ und dann irgendeine Episode aus ihrem Leben erzählt. Das ist nun leider vorbei. Die Assoziation ist zu einem Fetisch geworden. Jede innere Regung ist jetzt kostbar und wird beachtet, ist sie doch ein Mosaiksteinchen des Unbewußten. Die Durchlässigkeit, die in der Therapie ja durchaus erwünscht ist, beginnt den Alltag zu inflationieren und zu tyrannisieren.

Die Verfügbarkeit von Büchern, Vorträgen, Kassetten und Gruppen führt dazu, daß Ideen sich schneller ausbreiten und adaptiert werden können als ihnen guttut. Große Gedanken werden so zu einem schnell zirkulierenden Konsumgut.

In einer Diskussion über Sinn und Sinnverlust sagt ein Kollege: »Jörg, du mußt das auch mal holistisch sehen!« – aber er selbst wirkt in seinem aufgeregten Argumentieren keineswegs holistisch geborgen. Ein anderer Kollege preist wortreich und lärmend die intensiven inneren Erfahrungen, die er in einem einwöchigen Schweige-Seminar gemacht hat. Ein dritter sagt in einem Gespräch über die Frage, ob ich in einer bestimmten Angelegenheit gerichtliche Schritte einleiten soll oder es besser unterlasse, in messianischem Ton: »Jörg, nur was du ganz hergegeben hast, von innen heraus, wirst du gewinnen. Was du festhältst, wirst du verlieren.« Das sind Einsichten von biblischer Tiefe und existentieller Bedeutung, die sich für eine Plauderei am Kaffeetisch nicht eignen. Eine Kollegin, der ich telefonisch zum Geburtstag gratuliere und die ich frage, was sie sich selbst denn für das kommende Jahr wünscht oder vorgenommen hat, stutzt und stockt eine kurze Sekunde lang über das Intime der Frage. Dann sagt sie zen-gerecht: »Ich habe gelernt, gar nichts mehr zu wünschen, das ist mein größter Wunsch!« Hahaha!

13. Deformation in Partnerschaft, Familie und Freundeskreis

Am unmittelbarsten bekommen die Angehörigen die Wandlungen des Helfers zu spüren. Sie erleben ihn vor und nach seinem Arbeitstag mit Klienten und während seiner therapeutischen Aus- und Fortbildung. Sie sehen seine Entwicklungen und Blockierungen, Durchbrüche und Resignationen. Das mag ein rechtes Wechselbad der Gefühle werden.

Partnerinnen von Helfern und Partner von Helferinnen erleben dessen/deren Beruf also oft besonders ausgeprägt und bewußt – im Guten wie im Bösen. Die Chance von Helfern, ihre Partnerschaft angemessen zu gestalten, liegt ja u. a. darin, daß sie selbst das tun, was sie ihren Klienten als notwendig aufzeigen: klären, was sie selbst wollen; dies auch klar aussprechen; dann in Verhandlungen mit dem Partner eintreten; im Geben und Nehmen elastisch zu Vereinbarungen kommen. Viele Partnerschaften von Helferinnen und Helfern gehen ja auch gut. Aber die Helfertätigkeit weist für Partnerschaft, Familie und Freundeskreis einige Klippen auf, die zu Deformationen in der Beziehungsgestaltung führen können. Von ihnen ist in diesem Kapitel die Rede. Wir beginnen wieder mit einigen Selbstmitteilungen Betroffener.

* »Ich beobachte an mir einen Rückzug aus dem privaten Freundeskreis und Ungeduld im Kontakt mit den Familienangehörigen« (45jähriger Psychotherapeut).
* »Manchmal habe ich Schwierigkeiten, Mitteilungen meiner Angehörigen nicht gleich als Therapeut zu hören. Die Sättigung meines Intimitätsbedürfnisses erfolgt in der therapeutischen Arbeit. Das hat Folgen für meine Partnerschaft. Ich ziehe mich oft zurück und denke: Jedenfalls zu Hause möchte ich es normal haben« (43jähriger Psychotherapeut und Hochschullehrer).
* »Ich sehe meine Freunde durch die psychologische Brille und neige dazu, sie nach diagnostischen Kriterien zu beurteilen. Ich habe lange geglaubt, meinen Freund durch ›therapeutische Sitzungen‹ verändern zu können – natürlich vergeblich« (22jährige Psychologiestudentin).
* »In persönlich kritischen Situationen scheue ich die Konfrontation und flüchte mich in eine therapeutische Haltung. Dies erlebe ich als Deformation« (44jährige Psychologin).

Erlebnisintensität als Pflichtpensum

Manche Helferinnen und Helfer neigen dazu, Wandlungsprozesse in ihrem Leben für einen Wert an sich zu halten und das eigene Leben ganz auf sie einzurichten. Sie mögen versuchen, dabei durch Teilnahme an immer neuen Gruppen, durch wechselnde Menschenbilder und Heilslehren, durch unterschiedliche Interventionsstile und Konsumgewohnheiten oder eben durch wiederkehrende Neuerungen und veränderte Regelungen in der eigenen Partnerschaft voranzukommen. Wenn nun die Partnerschaft wirklich in eine schwierige Phase gerät, so daß alle Hoffnung sich auf eine solche gemeinsame Häutung richtet, so mag dies angehen. Aber manchmal erwecken Wandlungsimpulse von Helfern und Helferpaaren den Eindruck, vorrangig seien dabei Unzufriedenheit, Reizhunger und Wandlungszwang.

Wer erlebt hat, wie eine Selbsterfahrungs- oder Therapiegruppe im wörtlichen Sinne atemberaubend sein kann, wie Konzentration da ist, wie die Erschütterung des Weinens und die Befreiung des Lachens Gesichter verändert, dem mag der Alltag außerhalb der Gruppe bedeutungslos, fad und reizlos erscheinen. Vielleicht beginnt der Helfer, ihn zunehmend als lästige, zu überbrückende Zeitspanne bis zur nächsten Gruppe wahrzunehmen, also gerade das Gegenteil von dem zu tun, was in der Forderung nach einer wachen Lebensgestaltung im Hier und Jetzt zum Ausdruck kommt.

In einer Wochenzeitung suchte vor einigen Jahren einmal ein Mann per Inserat eine Frau, mit der er täglich die Intensität einer Encounter-Gruppe zu erleben wünschte. Ich weiß nicht, ob sich jemand darauf gemeldet hat. Jedoch dürfte das Ehe-Encounter relativ bald an Überforderung, Übersättigung oder Übermüdung gelitten haben.

Ein Kollege äußerte einmal: »Ich könnte mir niemals vorstellen, eine Frau zu heiraten, die nicht analysiert ist.« Mittlerweile hat er einige Partnerschaften mit nicht analysierten und einige mit analysierten Kolleginnen hinter sich. Daß die einen gescheitert sind, nimmt ihn nicht wunder – er hat es nicht anders erwartet. Daß die anderen ebenfalls nur von kurzer Dauer waren, erklärt er damit, daß die Analyse dieser Partnerinnen nicht gründlich genug war. Seit einigen Jahren lebt er nun allein.

Häufig stehen solche forcierten seelischen Veränderungen unter einer Konstellation, in der der Helfer in seiner beruflichen Fort- und

Weiterbildung mit vielen neuen Ideen Bekanntschaft macht und nun versucht, den Partner in dieser schnellen, oft freilich auch sehr oberflächlichen Umorientierung mitzuziehen. Dieser willigt u. U. nolens volens ein, weil er sich im Rückstand fühlt und glaubt, er werde den Partner verlieren, wenn er nicht Schritt hält. Jürg Willi hat mit dem Begriff Co-Evolution versucht, dem Diktat der forcierten Wandlung entgegenzutreten (1988).
Unser Änderungsoptimismus in der therapeutischen Praxis ist notwendigerweise begrenzt. Aber wie sieht es damit in der eigenen Partnerschaft des Helfers aus? Wir selbst und unser Partner bleiben uns ja als ›Klienten‹ erhalten – lebenslang oder jedenfalls für viele Jahre. Was liegt dann näher, als daß wir immer wieder versuchen, nachzubessern, zu korrigieren, umzudefinieren und neuzustrukturieren? Die Partnerschaft des Helfers mag sich dahin entwickeln, daß immer der gegenwärtige Zustand als Minusvariante einer zukünftigen idealen Beziehung gesehen wird. Man kommt nie zur Ruhe. Dabei wird der Partner natürlich überfordert, sich immer und immer und immer weiter zu entwickeln; und wenn wir uns selbst ansehen, ganz genau, so müssen wir uns eingestehen, daß auch unsere eigene Wandlungsfähigkeit Grenzen hat.

Routine des Helfens

Oft ist es die berufliche Routine, die sich in der Partnerschaft des Helfers ungehindert Bahn bricht. Dazu gehört etwa, in zugeneigtem Tonfall und Gestus und zugleich desinteressiert nach den Gefühlen des Partners zu fragen, das geläufige Interpretieren alltäglicher Belanglosigkeiten oder das bedeutungsschwangere Räuspern, wenn der Partner sich verspricht. Mit der heuristisch und technisch nützlichen Annahme von der strengen Determiniertheit allen seelischen Geschehens, übersetzt in die Redensart ›Es gibt keinen Zufall‹, rücken Helfer dem Partner zuleibe, wenn diesem eine kleine Fehlleistung unterläuft, und deuten ihm dieselbe mit und meist ohne dessen Wollen in aufdringlicher Weise. Da gibt es keine Gegenwehr, denn eben: Es gibt ja keinen Zufall. Dem Partner bleibt dann oft nichts anderes übrig, als lustlos zuzustimmen.
Manchmal beobachte ich, daß Äußerungen des Partners eines

Helfers ziemlich mechanisch beantwortet werden, ganz so, als habe er einen Klienten vor sich, der ihm gerade das Schlüsselwort für eine Intervention geliefert habe. Auch Nicht-Helfern passiert dies. Ein Diplomat, dem seine Frau abends von den schlechten Schulnoten des Sohnes berichtete, ertappte sich dabei, wie er völlig gedankenlos antwortete: »Tut mir leid, gnädige Frau; in dieser Sache kann ich leider gar nichts für Sie tun.«

Viele Helferinnen und Helfer nehmen die ganze Berufsbelastung mit nach Hause und kommen in ihren Gedanken nie davon los. Manche von ihnen merken es an der Art, wie sie sich am *häuslichen* Telefon melden: »Gesamtschule Heidesand, Rektorat, Müller!«, oder: »Marienhospital, Schwester Marion, Station 4!«

Andererseits gehört es zur Arbeit des Helfers, Klientenäußerungen unkommentiert anzunehmen und zu respektieren. In der Partnerschaft kann so eine etwas geistesabwesende Zustimmung zu Partneräußerungen zustandekommen. Aber hier ist dieses Akzeptieren und Sich-Zeit-Lassen oft nicht angemessen. Grundsätzlich verdient natürlich das, was der Partner zu uns sagt, Respekt. Aber dieses akzeptierende ›Hmmm . . .‹, das ja ursprünglich einmal als Sprechermutigung für verzweifelte und blockierte Klienten diente, stellt, wenn nicht noch eine richtige eigene Antwort folgt, im Gespräch mit dem Partner eine ziemliche Unverfrorenheit dar. So mag ein Mann zu seiner Frau, die Helferin ist, vorwurfsvoll sagen: ›Du bist ja fast gar nicht mehr zu Hause!‹ Wenn sie dann mit einem einfühlsamen ›Hmmm‹ antwortet, so mag er entgeistert fragen: ›Ja, hast du denn sonst nichts dazu zu sagen?‹

Sprache als Waffe

Die Sprache, derer wir uns bedienen, legt fest, was wir denken, wie wir Sachverhalte definieren und was wir mitteilen können. Das ist eine bekannte Tatsache. Alle politischen Parteien bemühen sich, Begriffe wie Zukunft, sozial, Umwelt, Menschenrechte, Jugend, freiheitlich, Mitte, Lebensqualität, Sicherheit usw. mit dem eigenen Enblem zu besetzen und dem Bürger zu suggerieren, daß nur sie auf diesem Gebiet kompetent seien.
In der Partnerschaft zwischen einem Helfer und einem anderen Menschen ist dies nicht anders. Der Helfer belegt bestimmte

Ereignisse mit *seinen* Begriffen. Sein Partner hat gegen diese wissenschaftliche und normative Begrifflichkeit meist nichts vorzubringen. Im Alltag sagt man vielleicht: ›Da warst du aber ruppig!‹, im Helferjargon heißt es: ›Da habe ich dich als nicht-akzeptierend erlebt.‹ Im Alltag mag man sagen: ›Hör auf mit deinen dauernden Vorwürfen!‹, im Helferjargon dagegen heißt es: ›Ich habe eben ganz intensiv gespürt, daß in deiner Äußerung auch ein Anteil von Beschuldigung mitschwang.‹ Im Fachvokabular und unter dem Deckmantel einer scheinbaren Versachlichung werden offenbar viel schwerere Vorwürfe eines Fehlverhaltens erhoben als in der Alltagssprache. Und gegen die Fachbegriffe kann man sich nur schwer zur Wehr setzen (Henscheid et al., 1985). Eben dies ist das Doppelgesicht der Fachbegriffe. Sie arbeiten den Sachverhalt in größerer Deutlichkeit heraus, als die Alltagssprache es vermag. Aber zugleich stellen sie unmißverständlich klar, wie es sein sollte und wie nicht und wer gegen die Regeln verstoßen hat.

Ein Beispiel: Eine Frau sagt in klagendem Ton zu ihrem Mann: »Seit Monaten hast du mir nicht mehr ins Ohr geflüstert, daß du mich liebst.« Ja, das muß er einräumen, das hat er wirklich schon lange nicht mehr getan. Als Helfer könnte er jetzt gleich beleidigt sein und eine paradoxe ›Sei-spontan-Aufforderung‹ diagnostizieren. Das kennt er ja aus den Paartherapien, die er macht. Aber er fühlt sich durch die Äußerung nicht sonderlich unter Druck gesetzt, und ein paar Tage später ergibt es sich wirklich, daß er ihr ein paar zärtliche Worte ins Ohr flüstert; und dann sagt sie: »Du bist so zärtlich – hast du ein schlechtes Gewissen?«
Diese Situation ruft die Paartherapeuten unter den Helfern auf den Plan. Tatsächlich kann man sagen: Die Frau traktiert ihren Mann mit Doppelbindungen – sie kann Nähe nicht ertragen und Distanz auch nicht – sie betreibt eine verrücktmachende Kommunikation – sie ist in der Beziehung ambivalent. Das mag alles richtig sein. Aber natürlich stammen diese Diagnosen sämtlich von Paartherapeuten, die hoffentlich selber nie mit Doppelbindungen operieren, die ihren eigenen Partner nicht verrückt machen, die Nähe und Distanz gut ertragen und die stets genau wissen, was sie wollen. Denn mit Wahl und Einsatz dieser Begriffe (Doppelbindung, Kommunikation, Nähe und Distanz, Ambivalenz) steht auch fest: Die Frau hat eine schwere Sünde begangen: Sie hat gegen die Regeln gesunder partnerschaftlicher Kommunikation verstoßen. Wenn ihr Partner diesbezüglich eine Korrektur fordert, tut er dies gleichsam mit systemischem Rückenwind. Man kann die Latte aber auch etwas niedriger hängen und sagen: Die Frau ist liebesbedürftig *und* sie ist mißtrauisch. Das ist nicht unbedingt krankhaft. Wenn der Helfer dies versteht, so braucht er die

Fachbegriffe, wenn er sie denn schon denkt, doch jedenfalls nicht zum Abschuß in Stellung zu bringen.

Das Paar, dem diese kleine Geschichte passierte, reagierte übrigens anders. Der Mann sagte: »Sag mal, dann soll ich dir wohl gleichzeitig ins Ohr flüstern und nicht ins Ohr flüstern!« Die Frau war einen Augenblick lang verdutzt, dann brachen beide in schallendes Gelächter aus.

Manche Helfer entwickeln ein eigenartiges Talent, die Fachbegriffe bei einer durchaus strittigen Sache so zwischen sich und dem Partner aufzuteilen, daß für sie selbst der vorteilhaftere Part dabei herauskommt.

Eine Kollegin erzählt mir voller Wut vom Umgang ihres geschiedenen Mannes Horst mit ihrer gemeinsamen fünfjährigen Tochter Johanna, für die sie das Sorgerecht ausübt: »Also, weißt du, wenn die zusammen sind, dann flippt der Horst immer total aus, dann macht er mit der Johanna die wildesten Sachen, tobt mit ihr rum, klettert mit ihr auf Bäume, spielt im Stadtpark mit ihr Cowboy und Indianer, malt sich und ihr das Gesicht rot an, also spaltet total ab, daß er dreißig ist. Hinterher ist die Johanna natürlich immer total fix und fertig, wenn der Horst sie wieder bei mir abliefert. Wenn sie dann am Abendbrottisch sitzt, ißt sie fast nichts, weil sie die ganze Zeit von dem Nachmittag erzählt, aber das dulde ich natürlich nicht, daß sie nichts ißt. Ich sage ihr dann auch: ›Du kannst nachher erzählen, iß jetzt!‹; aber dann ist sie so aufgedreht, daß sie keinen Bissen runterbringt – statt sich auf mich zu freuen.« – Hier spaltet offenbar nicht der Vater ab, daß er schon dreißig ist, sondern kann als 30jähriger noch unbefangen mit der Fünfjährigen spielen, während die Mutter bei dem Vergnügen der beiden nicht mitschwingen kann, sondern sich darüber ärgert, den Vater psychologisch etikettiert und versucht, die Tochter mit einer etwas säuerlichen Ordnungsmaxime (›Um sechs muß gegessen werden!‹) von dem Erlebnis mit dem Vater in den eigenen Lebenskontext zurückzuholen.

Manchmal bewegt uns eine Begegnung mit einem Menschen hauptsächlich deshalb, weil dieser ein ungewöhnliches Schicksal erleben mußte, oder weil er so ein klassischer Fall von . . . war, z. B. von Depression und Selbstheilung, von ungelöster Mutterbindung, von hybrider Selbstüberschätzung mit anschließendem Absturz, von ehelicher Kollusion. Natürlich ist es schön, einmal sagen zu können: ›Neulich habe ich einmal eine echte pseudologia phantastica kennengelernt!‹ oder: ›In der Psychiatrie-Akutstation habe ich neulich bei der Supervision eine ganz floride klassische Manikerin miterlebt, ohne alle medikamentöse Dämpfung, sehr schön, sowas bekommt man heute ja kaum mehr zu sehen!‹ Aber in der eigenen Partnerschaft muß der Helfer über dieses klassifikatorische Interesse hinauskommen. Eine neutrale und gleichsam abstrakte klinische Neugier ist hier kontraindiziert. Der Partner benötigt uns nicht als Erforscher seiner Seele, sondern als Partner, der an seinem Leiden mitleidet. Natürlich haben wir Helfer es gelernt, uns von unserem Partner abzugrenzen und auf symbiotische Wünsche abweisend zu reagieren. Aber jedes Problem des einen Partners ist stets auch das des anderen, allein schon dadurch, daß das Unglücklichsein des einen nicht spurlos am anderen vorübergeht. So scheint denn eine gewisse Identifikation mit den Problemen des Partners ganz unerläßlich und unverzichtbar – ohne Fachbegriffe.

Bei manchen Helfern erstarrt das Vokabular der Subkultur zu einem Jargon, der aufmerksamen Menschen mittlerweile schon schrill und schmerzhaft in den Ohren klingt. Es gibt mittlerweile schon Postkarten mit Scherzen über diese Sprachscheußlichkeiten zu kaufen.

Andere Helfer wieder lassen sich von Sprüchen, den ein *anderer* benutzt, in extremer Weise unter Druck setzen. Den krassesten derartigen Fall berichtete mir eine angehende Sozialarbeiterin. Sie lernte eines Tages auf der Straße einen arbeitslosen jungen Mann kennen und kam mit ihm ins Gespräch. Seitdem besucht er sie vier- bis fünfmal pro Woche an Nachmittagen und Abenden, auch zu solchen Zeiten, die sie mit ihrem Freund verbringen möchte. Dann erzählt er von seinem schweren Schicksal, der Perspektivlosigkeit seines jetzigen Lebens und seinen Selbstmordphantasien. Wenn sie gelegentlich versucht, das Thema zu wechseln oder ein Treffen ausfallen zu lassen, sagt er: »Da delegierst du jetzt dein eigenes Depressives an mich und wehrst es selber ab. Aber ich glaube, für dich als Sozialarbeiterin ist das auf die Dauer der falsche Weg. Ich glaube, du mußt dich dem Depressiven, das sich da in dir selbst aktualisiert, wenn du mir zuhörst, schon stellen, statt so zu tun, als existiere es nicht.« Jetzt ist sie in der Falle; denn natürlich will sie das Depressive, das in seiner Gegenwart in ihr aufsteigt, nicht abwehren, sondern ihm furchtlos ins Auge blicken.

Der Partner als Klient

Eine Helferäußerung, die dem Klienten dient, macht, wenn sie an den eigenen Partner gerichtet wird, einen tiefgreifenden Bedeutungswandel durch. Das liegt an dem Rollenwechsel, der dabei erfolgt. Was der Helfer dem Klienten sagt, dient dessen Wohlbefinden, Einsicht, Selbstklärung oder Fortkommen, die aber alle miteinander für den Helfer selbst letztlich von geringerer Bedeutung sind. Sagt der Helfer das Gleiche zu seinem eigenen Partner, so ist er dagegen unmittelbar erster Nutznießer oder erstes Opfer seiner Intervention. Auch die Helferabsicht ist dem Partner gegenüber von ganz anderer Art als im Klientengespräch.

Ein kleines Beispiel: Der Helfer mag zum Klienten sagen: ›Sie sprechen sehr oft *man sollte, man müßte, man weiß doch usw.* Versuchen Sie doch einmal, die Dinge aus Ihrer ureigensten Perspektive zu betrachten und zu formulieren!‹ Das ist gewiß eine bedenkenswerte, förderliche Äußerung, die den Klienten einlädt, in seinem Verständnis der Welt mehr Eigenständigkeit und Eigenverantwortung zu entwickeln. Aber der Helfer selbst ist davon, ob der Klient seinem Rat folgt und nun häufiger ›ich‹ statt ›man‹ sagt, relativ wenig betroffen.

Anders in der Partnerschaft. Da bedeutet das ›man sollte‹ des Partners in der Regel zunächst: ›Du und ich, wir beide sollten . . .‹, d. h. der Helfer wird in dieser Formulierung unmittelbar in die Pflicht genommen. Lädt er nun den Partner wie in der Therapie den Klienten ein, vermehrt das ›ich‹ zu benutzen, so heißt dies im Klartext: ›Laß mich in Ruhe mit deinen Ansprüchen!‹ Diese Vermischung bemerkt der gemaßregelte Partner eventuell nicht sofort, oder er versteht sie nicht. Aber vielleicht spürt er intuitiv, daß mit dem scheinbar harmlosen Korrigieren einer belanglosen sprachlichen Nuance eine geheime Neudefinition der Beziehung vorgenommen wird, und widersetzt sich erfolglos im Formalen, gegen das er nichts Rechtes vorzubringen hat.

Bei einer Therapietagung legte ich den Teilnehmerinnen und Teilnehmern einmal folgende Äußerung vor: »Ich bin ja gar nichts wert. Kein Mensch interessiert sich für mich. Ich bin auch nicht attraktiv, und ich habe auch noch nichts Weltbewegendes gemacht in meinem Leben.« Ich bat sie, zu dieser Äußerung spontan eine schriftliche Antwort niederzuschreiben, so, als habe ein Klient von ihnen die Aussage gemacht, und dann noch einmal so, als habe ihr jetziger Lebenspartner (oder ein früherer) den Satz an sie gerichtet (Anhang 3).

Unter den zahlreichen Ergebnissen der Untersuchung zeigte sich in besonderer Deutlichkeit: Helfer antworten auf eine Äußerung eines vorgestellten Klienten einfühlsamer, akzeptierender, verständnisvoller und angemessener, als wenn sie sich die gleiche Äußerung als vom eigenen Partner stammend vorstellen. Tab. 18 enthält einige Beispiele des Kontrastes. Darin spiegelt sich die Erfahrung von Menschen, die sich in der Partnerschaft mit einem Helfer nicht besonders gut aufgehoben fühlen.

Tab. 18: Helferreaktionen auf eine fiktive Klienten- bzw. Partneräußerung

Äußerung an Klient gerichtet	*Äußerung an Partner gerichtet*
1. Was ist denn überhaupt los? Wie kommst du dazu?	1. Hör doch auf damit. Natürlich, keiner mag dich!
2. Mag sein, aber ich höre dir zu, und muß das überhaupt sein?	2. Hör doch auf damit, dich selbst zu bemitleiden, oder fang doch endlich damit an, etwas zu tun!
3. Solche Gedanken habe ich auch schon öfter gehabt. Ich kann dich daher besonders gut verstehen. Ich finde es schon positiv, daß du dich mir anvertraust. Damit zeigst du, daß du etwas ändern willst ... Du solltest immer wissen, daß du mit all deinen Problemen zu mir kommen kannst.	3. Das, was du da sagst, ist doch großer Blödsinn.

Der eigene Partner führt dem Helfer die Begrenztheit seines therapeutischen Einflusses vor Augen. Natürlich sind wir geneigt, ihm unser therapeutisches Paradigma anzutragen; natürlich wünschen wir uns, daß er es sich aneignet und sich in dessen Sinne verändert. Aber er tut es nicht. Er übernimmt unsere Vorstellungen von unbewußter Motivation nicht; er teilt nicht unsere Auffassungen von Spontaneität; er ist über unsere Ich-bin-Ich-Philosophie eher besorgt als erfreut und kann sich auch das *man* nicht abgewöhnen. Das ist für Helferinnen und Helfer eine schmerzliche Erfahrung: Beim eigenen Partner stellen sich keine therapeutischen Erfolge ein.

In einer Gestalt-Gruppe, an der ich einmal teilnahm, führte das zu einer merkwürdigen Situation. Es handelte sich um eine Gruppe von Helfer-

Paaren. Die Arbeit mit dem Gruppenleiter war konzentriert, angenehm und fließend. Eine Teilnehmerin hatte ihr Gesicht fast die ganze Zeit hinter einer bis zu den Hüften herabfallenden Haarmähne nahezu vollständig verborgen und sich kaum geäußert. In einer Arbeitssequenz erinnerte sie sich an ihre Rolle als jüngstes Kind in ihrer Herkunftsfamilie. Sie hatte oft etwas falsch gemacht und war dann von den Eltern gescholten worden. Anschließend kamen dann nach und nach alle Geschwister auch noch zu ihr und setzten ihr mit Spott und Vorhaltungen zu. Sie erinnerte sich, daß sie damals begonnen hatte, die Haare vors Gesicht zu ziehen, gleichsam wie um unsichtbar zu werden. Es fiel ihr auch ein, daß sie danach anfing, sich die Haare wachsen zu lassen, und sie gegen alle Forderungen und Drohungen der Eltern nach einem geordneten Haarschnitt aufs Heftigste verteidigt hatte – bis heute. Dann sagt sie, nach einer langen Phase des Weinens, ruhig: »Ich glaube, ich brauche die langen Haare jetzt bald nicht mehr.« – Das könnte als erfolgreiche Klärungsarbeit betrachtet werden, wenn sie hier zum Abschluß käme. Aber ihr Mann, der ebenfalls an der Gruppe teilnimmt, hat die ganze Sequenz mit zunehmender Erregung verfolgt und kann nun kaum mehr an sich halten. Er hat offenbar selbst schon mehrmals versucht, ihr den Zusammenhang zwischen Haarfülle und Rückzugswunsch klarzumachen, ohne Erfolg. Nun besteht er in närrisch-verbohrter Weise darauf, daß auf der Stelle eine Schere geholt und ihr die Haare abgeschnitten werden; und es bedarf vereinter Überredungskunst durch die Gruppe, ihn davon abzubringen. Erst viel später kann er verstehen, wie sehr die Kränkung ihn getrieben hat, daß er diesen handgreiflichen Erfolg nicht bei ihr hat erzielen können, den der Gruppenleiter nun verbucht.

Auch der Versuch des Helfers, dem Partner zur Autonomie zu verhelfen, ist ein doppelbödiges Unterfangen. Wieder kann der Vergleich mit der Klientenarbeit hilfreich sein. Um dessen Autonomie brauchen wir uns später nicht mehr zu kümmern, da geht er seine eigenen Wege. Daß diese neugewonnene Autonomie des Klienten wohl auch einmal den Helfer treffen kann, sah ich einmal in einem Cartoon: Die nicht sonderlich attraktive Klientin umarmt und küßt etwas stürmisch und gewalttätig den Therapeuten, ohne dessen verlegenes und unglückliches Gesicht zu beachten, und sagt dabei: »Ich bin Ihnen ja so dankbar, Herr Doktor, ich habe gar keine Hemmungen mehr!« Aber normalerweise bleibt es uns erspart, von der frisch erworbenen Klientenautonomie zu kosten – mit Ausnahme der Tatsache, daß er die Therapie eines Tages beenden wird; aber dem können wir ja meistens zustimmen.
Ganz anders unser Partner. Wenn dieser sich anschickt, unsere Autonomieaufforderung zu befolgen, so geben wir ihn einerseits

zwar frei; aber andererseits soll doch seine Verselbständigung nach Möglichkeit so ausfallen, wie wir sie uns wünschen und wie sie uns gelegen kommt. Da aber Autonomie ›Selbstgesetzte Regeln‹ bedeutet, so müssen wir doch immer heimlich hoffen, daß der Partner zu einer Regelformulierung findet, die unsere Wünsche an ihn jedenfalls mitbedenkt. Viele Menschen empfinden die Autonomieaufforderung des Helfers, der ihr Partner ist, als schlichte Zumutung; aber einige greifen sie auf und antworten trotzig: ›Ja, damit fange ich nun wirklich an, und darüber wir dir Hören und Sehen vergehen!‹

Der Klient evoziert in gewisser Weise unsere Grandiosität, der Partner begegnet unserer Durchschnittlichkeit. Wir kennen ja die Übertragungsliebe. Klientin und Klient teilen uns auf vielfältige Weise mit, daß wir klug, scharfsinnig und einfühlsam sind. Sie reizen uns weit über das erforderliche Minimum hinaus, Kräfte zu mobilisieren, und nötigen uns eine Präsenz ab, die uns auch selbst beglückt. So lebendig und konzentriert, so einfallsreich und philosophisch, so witzig und spontan wie in Gegenwart mancher Klienten sind wir nicht immer. Zudem ist der Klient vielleicht noch dankbar, versichert uns, daß er in Selbsteinsicht und Lebensführung Fortschritte macht, und äußert Bedauern darüber, daß wir in die Ferien fahren. Kurzum, offenbar sind wir bedeutende Persönlichkeiten.

Ganz anders der eigene Partner auch hier: Er erlebt uns witzig und originell vielleicht vorwiegend in Gegenwart Dritter, vielleicht noch solcher des anderen Geschlechts; er kennt längst alle unsere Anekdoten und Pointen; er weiß, wann wir fundiert sprechen und wann wir schwadronieren; er kennt unsere Bildungslücken. Klientin oder Klient mögen sich also wie eine verliebte Geliebte verhalten, was natürlich im Helfer milde oder heftige Gegenübertragungsreaktionen hervorruft. Der Partner dagegen kennt uns ohne die Persona-Anteile, die der therapeutischen Beziehung doch anhaften. Er kennt uns gleichsam ohne Verpackung.

Wenn Helferinnen und Helfer sich dem Partner nicht selbst in Therapeutenfunktion anbieten, so haben einige von ihnen doch jedenfalls den ausgeprägten Wunsch, der Partner möge sich einer Psychotherapie bei einem Kollegen unterziehen.

So schlug eine Psychologin ihrem Mann, der an Verstopfung und Atemnot, Schulterverspannungen und tauben Fingerspitzen litt, stark rauchte und trank, die Teilnahme an einem Bioenergetik-Wochenende vor. – Eine Psychotherapeutin klagte, daß ihr Mann als ältestes Kind in einer großen Geschwisterzahl schon früh viel Verantwortung hatte übernehmen müssen und jetzt an sie besondere Verwöhnungsansprüche richtete. Sie glaubte, eine Psychoanalyse könne ihn von diesen verspäteten Wiedergutmachungswünschen befreien. – Ein Helfer, der unter der dauernden Untreue seiner Frau litt, drängte sie, eine Therapie zu machen, damit sie von der Faszination frei käme, die andere Männer auf sie ausübten.

In allen diesen Fällen versuchen Helferinnen und Helfer, eine Aufgabe, die sich ihnen *innerhalb* der Partnerschaft stellt, nach *außen* zu delegieren. Wohl haben sie selbst alle den Nutzen einer eigenen Therapie kennengelernt. Es ist auch nicht ausgeschlossen, daß das Verhalten ihrer Partner neurotische und behandlungsbedürftige Anteile enthält, etwa den unkontrollierten Alkoholkonsum, die Riesenansprüche und die Bindungsunfähigkeit. Aber die Therapieempfehlung bedeutet auch: Das Problem soll mich nichts angehen, und die Therapie soll zu einem mir genehmen Ergebnis kommen. Darin nun besteht die Unwahrheit. Denn die Verspannungen und Konsumexzesse des Partners, seine übermäßige Bedürftigkeit und seine Amouren haben durchaus etwas mit uns zu tun. Sie müssen jedenfalls *an erster Stelle* in der Partnerschaft angegangen werden. Das Ergebnis einer Therapie kann zudem niemand vorwegnehmen oder gar zu bestimmen versuchen. Es könnte nämlich durchaus geschehen, daß sich die Therapieempfehlung am Ende gegen ihren Initiator richtet, der sie für die eigenen Interessen einspannen wollte: Der Alkoholgefährdete mag erkennen, daß er u. a. wegen der Partnerschaft trinkt, in der er lebt; der Mann, der in seiner Herkunftsfamilie ältestes Kind war, wird am Ende der Therapie vielleicht sehen, daß er bei dieser Partnerin wirklich zu kurz kommt; die ungetreue Ehefrau mag entdecken, daß sie schleunigst den Absprung aus dieser leergewordenen Verbindung schaffen muß.

Einsicht ohne Folgen

Manche Helfer bemerken, daß sie in Partnerschaft und Familie nicht das tun, was sie als richtig und sinnvoll erkannt haben, und leiden darunter. Häufig wird dies mit dem scheußlichen, aber anschaulichen Bild von der Spaltung zwischen Kopf und Bauch umschrieben.

Die Leiterin einer Organisations-Abteilung, die Ideen zur Gleichberechtigung am Arbeitsplatz entwickeln will und soll, hat ihr eigenes Leben sehr diszipliniert zwischen Familie und Beruf aufgeteilt. Sie und ihr Mann haben sich die Pflichten für Haus und Kinder gleichberechtigt zugewiesen, indem jeder von beiden in etwa die Hälfte des notwendigen Pensums erledigt. Aber dabei ist eine für alle sehr unbefriedigende, dürftige Lösung herausgekommen: Sie geben sich nur noch die Türklinke in die Hand, um die Aufgaben aneinander abzugeben. Sie berichtet diese Sachlage im Freundeskreis betrübt und in aller Klarheit, zu einer Änderung fehlt ihr aber die Entschiedenheit.

Manchmal kann man aber auch beobachten, daß Helfer von Einsichten sprechen, wo es sich nur um Normierungen handelt, die den eigenen Wünschen entgegenkommen – oder die Person kraß überfordern. Chlodwig Poth (1985) hat dafür ein amüsantes Beispiel in Cartoon-Form gegeben.

Sie: »Findest du nicht, daß du gestern auf der Party ein bißchen zu heftig mit der Blumenauer geschäkert hast?«

Er »Du bist eifersüchtig! Ich finde das irre! Die große emanzipierte Frau, und nun kommt doch wieder der Besitzanspruch. Du hast eben viel mehr bürgerliche Erziehung verinnerlicht als du glaubst.«

Sie: »Nee, das ist ein bißchen anders. Mich ärgert nur, daß die Blumenauer sich revanchieren will, weil ich ziemlich scharf auf ihren Mann bin.«

Er (lacht gleichzeitig): »Irre ist das, irre!« (hält plötzlich inne, macht ein belämmertes Gesicht und schweigt)

Sie (lehnt sich auf der Couch zufrieden zurück über sein jähes Verstummen): »Was hast du denn? Ist was?«

Er: »Oh, Mist! Früher war einer eifersüchtig, das war schlimm genug. Aber heute hat unsereiner dazu noch 'n schlechtes Gewissen!«

Mißbrauch der Deutung

Beispiele für Deutungen am falschen Platz habe ich im Verlauf des Textes an verschiedenen Stellen gegeben. Doch will ich dieser Frage hier einen ganzen eigenen Abschnitt widmen; so wichtig finde ich die Sache und so häufig wird dagegen verstoßen. Also noch einmal die Ausgangsannahme: Für vieles, was in der Berufsrolle angezeigt ist, besteht in der eigenen Partnerschaft des Helfers geradezu eine Kontraindikation. Die Deutung soll ja bekanntlich erst dann gegeben werden, wenn der Klient schon dicht davor steht, sie selbst zu wissen, gleichsam als letzter Anstoß für einen Stein, der schon bis zum Abhang vorgerollt ist. In der Therapie gelingt dies manchmal. Entsprechend ist das Aha-Erlebnis des Klienten dann auch besonders schön. Aber im Privatbereich? Da hat die Deutung überhaupt nichts zu suchen, es sei denn, der Partner hätte uns ausdrücklich um sie gebeten. Im Ehestreit werden Deutungen oft unerbeten, zur falschen Zeit, in unangemessener Form, in schneller Folge und anstelle von Argumenten abgefeuert, so daß eine Prüfung ihrer Wahrheit unmöglich ist. Dann entrüstet sich der Partner zu Recht über sie, mag sie auch psychodynamisch zutreffen, und entwickelt eine tiefgreifende Abneigung gegen den Streitstil des Helfers und gegen seinen Beruf.

Was hier für die Partnerschaft ausgeführt wurde, gilt in gleicher Weise für den Umgang des Helfers mit seinen Kindern. Als Beispiel mag hier die professionelle Haltung von Nichtlenkung und Gewährenlassen dienen. Vielleicht sind Helferinnen und Helfer generell der Versuchung ausgesetzt, die gewährende Haltung, die sie dem Klienten entgegenbringen, auf die eigenen Kinder zu übertragen. Aber das ist ganz falsch und Kindern in keiner Weise dienlich. Kinder benötigen Freiraum *und* Begrenzung, Entscheidungsspielraum *und* Anordnung, eigene Schritte *und* Führung. Die alte Regel, niemals Therapie in der eigenen Familie zu praktizieren, ist immer noch ganz wahr. Die Tochter eines Kollegen hat das Falsche an einer solchen Rollenvermischung früh gemerkt. Als der Vater in Konfliktfällen anfing, sich mit der Achtjährigen nach Art des Aktiven Zuhörens zu unterhalten, wie es Thomas Gordon in seinem Buch ›Familienkonferenz‹ (1975) beschreibt, sagte sie: »Ach, jetzt redest du wieder so komisch!« und ging in ein anderes Zimmer. Wenn der Partner ein Problem hat, liegt es in der Natur der Sache, daß der Helfer unter Umständen das gesamte Instrumentarium seines beruflichen Handelns in Stellung bringt, so wie manchmal die Feuerwehr wegen einer angesengten Tischdecke ein ganzes Haus unter Wasser setzt. Der Helfer merkt also, daß seine Kompetenz angefragt ist, und ruht dann nicht eher, bis das Problem zur Strecke gebracht ist. Der Partner äußert am Ende erschöpft: »Eigentlich hatte ich dir nur ein bißchen von meinem Arbeitstag erzählen wollen.«

Eine Kollegin erzählte mir eines Abends von ihren Sorgen und Ängsten angesichts der bevorstehenden Abschlußprüfung in ihrer psychoanalytischen Ausbildung. Wir unterhielten uns so einen ganzen Abend lang in ruhigem Gesprächsfluß, und am Ende sagte sie ganz gelassen und zufrieden: »Komisch, mit dir ist es ganz anders als mit meinem Freund. Du analysierst mich ja gar nicht!«

Manchmal hat dieses Herüberlocken auf unser therapeutisches Terrain etwas ziemlich Indiskretes und Blamierendes. Der Partner mag etwa sagen: »Ich nehme einfach nicht ab, egal was ich mache und wie wenig ich esse. Wahrscheinlich gehöre ich eben zu dem Typ Mensch, der nie abnimmt.« Dann sagen wir vielleicht mit milder Nachsicht: »Vielleicht ist es dir doch ganz recht, etwas mollig zu bleiben.« Auch hier ködert der Helfer den Partner mit der Aussicht: Wenn du deine Motivation gründlich geprüft hast, vielleicht noch unter meiner Anleitung, dann besteht die Chance, daß du abnimmst, oder daß du dich mit dem jetzigen Zustand anfreunden kannst. Zugleich wird der Partner als jemand entlarvt, der das eine sagt und das andere denkt. Tatsächlich wollte der Partner vielleicht nur ein bißchen klagen.

Kommunikatives Hakenschlagen

Manche Helfer neigen in der Partnerschaft dazu, sachliche Meinungsverschiedenheiten und Interessengegensätze in Beziehungsprobleme umzudefinieren. Die inhaltlichen Divergenzen werden nicht angegangen, sondern als Beziehungskonflikte interpretiert. Der Sachgehalt wird auf diese Weise herausgeredet. So mag der Partner des Helfers sagen: ›Ich möchte wieder in den Beruf, ab jetzt mußt du einen Teil der Haus- und Kinderarbeit machen‹, und der Partner, der Helfer ist, antwortet: ›Bist du denn im Zusammenleben mit mir und den Kindern nicht ausgefüllt?‹

Ich kenne aber auch den entgegengesetzten Vorgang. Vom Partner des Helfers wird ein Beziehungsproblem angesprochen, und der Helfer reagiert darauf rein formal. Oft wirkt dies wie eine vollständige Verleugnung der Partnermitteilung. So sagt eine Frau zu ihrem Mann: »Nach allen unseren Auseinandersetzungen bin ich jetzt so weit, daß ich ausziehen will!« – aber sie sagt dies doch in der Hoffnung und Erwartung, daß der Mann irgendein Erschrecken erkennen lassen und sich bemühen werde, sie umzustimmen. Und dann antwortet der Mann beziehungsmäßig korrekt und unendlich kühl: »Du bist natürlich frei in deinen Entscheidungen. Mir kommt es vor allem darauf an, daß wir klare Verhältnisse schaffen.«

Belästigung des Bekanntenkreises

Was dem Partner und den Kindern des Helfers am krassesten begegnet, mögen Freunde und Bekannte in abgeschwächter oder variierter Form erleben, aber ebenfalls als Last.

Klientenfizierung. Wer als Helfer seinen Alltag farbig, lebendig und in akzeptabler Statushöhe verleben will, mag auf den Gedanken verfallen, seine professionelle Kompetenz in den Dienst seelisch leidender Freunde zu stellen. Das kann alle Schattierungen zwischen aufdringlichem Probleme-Einreden und wirklicher Hilfe bei erkannter Not annehmen.

Mir selbst ging es einmal so, als ich die Frau eines kurz zuvor verstorbenen Kollegen in ihrer neuen Situation begleitete. Ich selbst brachte, ohne es recht zu merken, das Gespräch immer wieder auf ihren Mann, während sie selbst sich der neuen Situation mit bemerkenswerter Gefaßtheit und Tatkraft stellte. Schließlich sagte sie einmal: »Sprich nicht immer von seinem Tod. Ich weiß es ja selbst, und ich tue auch nicht, als sei es nicht so. Aber oft hilft es mir mehr, wenn ich mir sage: *Ich* lebe!«

Ein anderes Mal kam ein alter Freund mich besuchen. Im abendlichen Gespräch kamen wir auch auf eine Reihe von Problemlagen zu sprechen, in denen er sich befand. Statt diese Dinge zu streifen und auch wieder zu verlassen, kniete ich mich mit einer gewissen Heftigkeit immer tiefer in diese Themen hinein; er selbst begann, mich mit immer neuen Details anzuspornen, und wir redeten schließlich bis tief in die Nacht nur noch über seine Lebensbelastungen. Als er sich schließlich verabschiedete, war er heiteren Sinnes. Ich dagegen hatte einen glühenden Kopf und pochende Kopfschmerzen.

In jedem Fall ist die Tendenz deutlich: Das mögliche Spektrum der Gespräche wird kleiner, und die verbleibenden Themen werden mit speziellem Operationsbesteck angegangen. Solche subtil unterbreiteten Angebote von Therapie in der Freizeit treffen natürlich auf einen Markt bereitwilliger Interessenten, die den Schritt zu einer wirklichen Beratung und Therapie scheuen, aber doch ganz gerne mal an dem bittersüßen Saft Psychologie nippen wollen. Am Ende entdeckt der selbsternannte Helfer, der ursprünglich geglaubt hat, zu schieben, daß er immer mehr der Geschobene ist. Er wird also zunehmend auch von außen in die Rolle des Feierabendpsychologen und Freizeittherapeuten eingewiesen und auf sie festgelegt. Verweigert er dann Hilfe, oder will er zurück zu einem alltäglichen Umgang, so begegnet ihm berechtigte Enttäuschung (›... wo ich Dich gerade jetzt so brauche!‹).

Die Klientifizierung des Bekanntenkreises wird dadurch gefördert, daß selbst bei kürzesten Begegnungen therapeutische Bemerkungen plaziert werden können. Ich erzähle ahnungslos einer Kollegin, daß ich seit längerer Zeit eine Korrespondenz mit einem 13jährigen Mädchen führe, das den Dialog mit mir schätzt und sucht, und erfahre unaufgefordert: »Aha, dann bist du also wieder Vater geworden!« Die gleiche Kollegin ist aber entrüstet, als sie auf Briefen, die sie ihrem Freund geschrieben hat, mit feinem Bleistiftstrich vermerkte Randnotizen von ihm findet: »Unklar«, »Vaterbezug«, »Übertragung«, »muß gedeutet werden«. Auf diese Weise kann man sich in nichtprofessionellen Lebensbezügen das Leben schwer machen.

Normierung der Interaktion. Das Denken beginnt nach einiger Zeit, in bestimmten psychosozialen Konventionen zu erstarren. Gesprächspartner erfahren dann mitten im Gespräch in leicht vorwurfsvollem oder Widerspruch nicht duldendem diagnostizierendem Ton: ›Jetzt hast du schon wieder *man* gesagt!‹; ›Du kannst dir ja noch nicht einmal in Ruhe ein Feedback anhören, du fängst ja gleich an, dich zu verteidigen!‹; ›Mein Eindruck ist, mein Eindruck, der ist nicht richtig oder falsch, sondern das ist eben mein Eindruck!‹ usf. Das eigene Ordnungsschema der Interaktion wird als unbezweifelbare a-priori-Wahrheit der Diskussion zugrunde gelegt, dem Gesprächspartner aber nur schrittweise transparent gemacht, nämlich in dem Maß, in dem er dagegen verstößt.

Aggressive Schnelldiagnosen. Unter dem Deckmantel des besonders unerschrockenen Feedback, das die Wahrheit nicht scheut, werden massive Vorwürfe erhoben, denen ein undurchsichtiges Wertsystem zugrundeliegt und deren Hauptbotschaft auf der Beziehungsebene lautet: *Sei anders.*

Ein Bekannter, nicht sehr mit Psychologie vertraut, beklagt sich bei mir über die Kommunikationsunfähigkeit eines gemeinsamen Kollegen, der Kommunikationstrainings durchführt und von dem er sich menschlich tief enttäuscht fühlt, und greift dabei zugleich die ganze psychosoziale Zunft an. Ich fühle mich bedrängt und sage: »In den zwei Gesprächen, die *ich* mit *dir* geführt habe, habe *ich dich* als wenig aufgeschlossen für ein wirkliches Gespräch empfunden, und das macht mich widerwillig, das Gespräch fortzuführen.« Das entspricht korrekt den Regeln von Feedback und Selbsteröffnung. Aber der Bekannte steht wie vom Donner gerührt und wird dann wütend, vermeint er doch, ich, der Fachmann, hätte ihm *Kommunikationsunfähigkeit* bescheinigt. Natürlich kann man einwenden, er habe nicht ordentlich zugehört. Aber angesichts der Diagnosekompetenz, die er mir zuschreibt, wäre ein behutsameres Antworten natürlich die bessere Alternative gewesen.

Schnelldiagnosen sind häufig witzig und beifallssicher, aber auch phänomenverkürzend und gegenüber dem Empfänger unbezogen.

14. Deformation im Klientenkontakt

Auch im Kontakt zu Klienten stellen sich im Laufe des Helferlebens Veränderungen ein, förderliche wie schädliche. Mit seinen Klienten verbinden den Helfer oft Erfahrungen, die in Dichte und Intensität denen in Partnerschaft und Familie vergleichbar sind. Manche Helfer sehen ihre Klienten nur einmal pro Woche für kurze Zeit; andere verbringen Tag und teilweise auch Nacht mit ihnen, etwa in Kliniken, Suchtstationen, therapeutischen Wohngemeinschaften und Übergangseinrichtungen. Die Deformationen, die sich hier einstellen, fallen teilweise ähnlich aus wie in der Familie, zu einem anderen Teil sind sie von ganz eigener Art. Der Klient ist hier besonders auf den Helfer angewiesen, und eine Problematik desselben fällt dann entsprechend doppelt ins Gewicht.

Guggenbuehl-Craig (1983) nimmt an, daß das Helfenwollen durch Ängste motiviert ist, denen Helferinnen und Helfer durch Machtausübung in der Helferrolle beizukommen versuchen. Auf die Gefahr eines sadistischen Machtmißbrauchs von Helfern suchtkranken Klienten gegenüber hat Deissler (1982) hingewiesen. Rauchfleisch (1983) sieht, wie bereits erwähnt, für Helferinnen und Helfer vor allem die Gefahr der Reaktionsbildung. Helfer haben demzufolge unbewußt bestimmte Wünsche, auch solche tabuisierter Art. In ihr Bewußtsein dringt aber der entgegengesetzte Wunsch. Wer also den Klienten als lästig empfindet, wird das gesteigerte Bedürfnis spüren, ihm zu helfen, wer ihn wütend anraunzen möchte, ihn besonders zuvorkommend und aufmerksam behandeln. Das mag sich zu einem Teufelskreis der Forderungen und Folgsamkeiten aufschaukeln. Ich werde hier wie bisher ausgewählte Aspekte darstellen, die mir an Kolleginnen und Kollegen und an mir selbst gehäuft begegnet sind.

Verlust der Einfühlung

Eine der wichtigsten Qualitäten des Helfers ist der lebendige Rapport zum Klienten. Entgegengesetzte Haltungen sind Müdigkeit, Desinteresse, Routine, Langeweile usw. Die Versicherung des Helfers, er könne den Klienten gut verstehen, ist kein Ersatz dafür, ihn *wirklich* zu verstehen und ihn dies auch spüren zu lassen. In einer Therapiesitzung bin ich einmal eingenickt und schreckte dann nach wenigen Sekunden hoch. Das war ein sehr trauriger Moment. Ich war voller Schuldgefühle. Die Klientin fand einmal mehr ihre Theorie von sich selbst bestätigt, daß sie langweilig und für niemanden interessant sei und nun auch für mich offenbar nicht.
Es können also Ungeduld, Erleichterung über ausgefallene Termine, wiederholte Verwendung von Bildern, Lehrgeschichten und Anekdoten, Formulierungsschablonen und -routinen oder Fragen ohne Erinnerungsspur auftreten, und dies wird vom Klienten bemerkt. Manche Helfer berichten über eine Gleichgültigkeit dem Schicksal der eigenen Interventionen gegenüber, d. h. sie bemühen sich, das Richtige zu sagen, aber es ist ihnen egal, ob der Klient es versteht, annimmt und einen Nutzen davon hat. Manche spüren auch ein Desinteresse am Ergehen des Klienten bis hin zu tiefer Abneigung, können sich die Namen der Klienten nicht einprägen oder ›vergessen‹ sie nach wenigen Minuten wieder.

Wo dem Helfer der lebendige Gegenwartsbezug verlorengeht, ist irgend etwas nicht in Ordnung: Überlastung, Selbstblockierung durch moralische Entrüstung, vielleicht auch die Abwehr eigener Seiten, die der Klient angesprochen und geweckt hat, mögen dabei eine Rolle spielen. Klienten erleben es oft als Unbezogenheit und Mangel an Einfühlung (Fengler, 1990).

In einem Scherz kommt das grobe Danebengreifen zum Ausdruck. Sehen zwei Sozialarbeiterinnen am Wegrand eine schwerverletzte Frau liegen. Der Mann, der sie offenbar soeben furchtbar verprügelt hat, entfernt sich gerade vom Ort des Geschehens. Sagt die eine Sozialarbeiterin im Weiterbummeln zur anderen: »Wie schwer das jetzt für den Mann sein muß, die Einsamkeit nach einer so intensiven Begegnung!«

Ein Verlust der Einfühlung tritt oft ein, wenn man zu viele Klienten oder Sitzungen hat, zu viele weitere Belastungen oder zu wenig Erholungszeiten und -möglichkeiten. Da mit der Einfühlung eine Behandlung steht und fällt, ist hier für den Helfer äußerster Alarm angezeigt.
Oft kann man beobachten, wie zwei Menschen mit unterschiedlichen beruflichen Deformationen es wechselseitig an Einfühlung fehlen lassen und sich dabei gegenseitig in ein Mißverständnis hineinmanövrieren.

Ich arbeitete einmal als Teamberater für eine größere Autofirma, die mit einem originellen Mitbestimmungsmodell und starkem psychosozialem Engagement in Erscheinung trat. Mein Honorar war äußerst bescheiden; aber mir war glaubhaft versichert worden, mehr könne die Firma für die Beratung nicht aufwenden, und ich freute mich, sie bei ihrem innovativen Projekt unterstützen zu können. Einige Zeit später erfuhr ich, daß die Firma einen anderen Kollegen für weitere Beratungsaufgaben engagiert, ihm ein doppelt so hohes Honorar angeboten und dies ebenfalls als Maximum ausgegeben hatte. Ich war darüber enttäuscht, empfand die Auskunft, die die Firma mir bei der Honorarverhandlung gegeben hatte, als unehrlich und merkte, wie ich mich innerlich von dem Engagement zurückzog. In der Firma stieß meine Kränkung auf Unverständnis, und man war ohne weiteres bereit, mir das gleiche Honorar zu bezahlen wie dem Kollegen. Mein Empfinden des Betrogenseins wurde weder verstanden noch akzeptiert. Ich selbst begriff mit einiger Verzögerung, daß für die Firma der Kauf eines Beraters den gleichen Gesetzen folgt wie der Ankauf eines Gebrauchtwagens: Man macht ein niedriges Angebot und gibt dies als das endgültige aus, um den Verkäufer der Ware zu bluffen; wenn er zustimmt, ist es gut; man erkennt daran, daß er schlechte Karten hat, und das gilt es auszunutzen. Mein eigener Versuch, die Beziehung zu der Firma gleichsam am Geld vorbei zu definieren, war auf ziemliche Überraschung gestoßen; er konnte von der Firma ohne Bedenken akzeptiert werden, weil er preisgünstig war.

Mechanische Akzeptanz

Freundlichkeit, Vertrauensausstrahlung und Zustimmungsbereitschaft gehören für die meisten Helfer zu den beruflichen Standardleistungen, und gewiß dient dies in aller Regel dazu, daß der Klient Gelegenheit findet, sich frei zu äußern. Aber ein solches Wohlwollen kann zur Routine erstarren. Die Worte des Klienten werden dann nicht mehr gehört, und die Akzeptanz verströmt sich unspezifisch oder geradezu gegen den Klientenimpuls. Darüber gibt es treffliche Scherze. Ein Beispiel für viele:

Trifft ein Mann einen Psychologen auf der Straße und fragt ihn nach der Uhrzeit. Sagt der Psychologe: »Weiß ich nicht, aber es ist gut, daß Sie das Problem in dieser schönen Offenheit aussprechen!«

Mir selbst ist in den letzten Jahren immer deutlicher geworden, daß der Helfer manchmal seine Zurückhaltung aufgeben und deutlich Stellung nehmen *muß* – zum Besten des Klienten.

Zu Alfred Adler kam einst eine schöne junge Frau und klagte ihm, sie habe einen Offizier zurückgewiesen, und nun habe der sich erschossen. Sie wünschte, sich bei Adler einer Therapie zu unterziehen. Dieser jedoch klärte die Sache beherzt und mit wenigen Worten. Er sagte: »Und nun denken Sie, Sie seien Schuld daran. Das könnte Ihnen so passen!« – und schickte sie nach Hause.

Als ein Kollege seinem Therapeuten von seiner Absicht erzählte, eine Bekannte zu heiraten, antwortete dieser ungerührt: »Das wird ja sehr schön für Sie sein – jedenfalls in den ersten Monaten.«

Technisierung der Konfrontation

An manchen Helferinnen und Helfern ist eine Neigung zu beobachten, scharfe und harte Auseinandersetzungen in den Gruppen, deren Leiter sie sind, mit Winkelzügen zu spicken und so relativ ungeschoren zu überstehen. Im Falle, daß eine Sache brenzlig ist, entscheiden sie sich also,

* in brütendes Schweigen zu versinken,
* den Kontrahenten lange wortlos anzusehen,
* mit einer krisenfesten Sentenz zu antworten (»Ich hab ja nur gesagt, wie mir in diesem Moment zumute ist«),
* den Angriff als Anzeichen für den gegenwärtigen Interaktionsprozeß

sichtbar zu machen (»Wenn du das jetzt sagst, kann das nur bedeuten, daß . . .«), oder

* zu klassifizieren (»Das ist eine Doppelbindung, eine Falle, ein Spiel, eine Du-Botschaft usw.«),
* eine Gegenfrage zu stellen (»Was willst du eigentlich von mir?«),
* empathisch abzublocken (»Ich spüre da in dem, was du sagst, so eine gewisse Gereiztheit«),
* mit einer authentischen Selbsteröffnung zu antworten (»Das geht mir jetzt sehr nahe, was du da sagst«),
* echt mürrisch zu sein (»Laßt mich in Ruhe!«) oder
* den anderen mit Liebe zu ersticken (»Komisch, daß du das jetzt sagst, ich habe dich nämlich sehr gern«).

Die Crux aller technischen Ausweichmanöver besteht darin, daß die Wirkung immer schon mitgeplant ist. Es sind strategische Züge wie beim Schachspiel: Wenn ich jetzt so reagiere, dann wird der andere . . ., und dann wird die Gruppe . . ., und dann werde ich . . ., und dann geht die Sache glimpflich ab. Am Ende bleibt der Kontrahent verwirrt zurück mit dem Gefühl des Betrogenseins. Diffus spürt er, daß die Auseinandersetzung nicht ehrlich verlaufen ist und der Helfer ihn mit einer Masche abgefertigt hat (Fengler, 1993 b).

In einer Theologengruppe fragte eine Teilnehmerin nach meiner Einstellung zur Religion. Ich antwortete: »Sie mißtrauen mir!«, aber sie hatte meinen blitzschnellen Ebenenwechsel bemerkt und sagte: »Geben Sie mir erst einmal eine klare Antwort! Dann können wir weitersehen, wie es mit meinem Mißtrauen steht.«

Auf manche Äußerungen von Klienten lassen sich allzu leicht witzige und durchaus auch richtige Antworten geben, und dennoch haftet ihnen etwas Unlebendiges und Unwahres an.

Ich rufe am Donnerstag in einem Therapie-Center an und sage, daß ich an dem Wochenend-Workshop nicht teilnehmen werde, zu dem ich mich angemeldet habe, weil ich zu müde bin. Eine gute Bekannte, die dort arbeitet, antwortet mir: »Wer müde ist, soll schlafen – dann ist er zum Workshop wieder fit!« Das ist wahr – und zugleich seltsam unscharf und unbezogen, und ich habe das Gefühl, daß sie das zu jedem sagt, der sich abmeldet. – Manche Helferinnen und Helfer können es nicht aushalten, wenn ein Mensch sagt: ›Ich kann nicht.‹ Dann kommt wie aus der Pistole geschossen die Antwort: ›Sage mal: Ich will nicht!‹ Im Alltag nennt man dieses Phänomen ›Sprücheklopfen‹ – also die vorwitzige Verwendung von Redensarten, die nicht genügend mit eigener Substanz gefüllt sind.

Schädigung der Urteilsfunktion

Der langjährige Umgang mit eigener und fremder Selbsterfahrung bringt es mit sich, daß man immer wieder mit Werten wie Selbstverantwortung, Selbstbestimmung, Orientierung an eigenen Maßstäben konfrontiert wird und Nachlässigkeiten und Verstöße in diesem Bereich mit einer gewissen Geläufigkeit bemerkt. Dieser Zuwachs an Besinnung auf das Eigene und Eigentliche ist in gutem Einklang mit den Zielen Persönlichkeitsreifung und Erwachsenwerden, Gewinnung von Autonomie und klarer Ich-Abgrenzung. Aber diese im Prinzip begrüßenswerte Entwicklung kippt nicht zu selten um; sie wird dann von Außenstehenden als Egozentrik, Kreisen um sich selbst und Verlust einer echten Bezogenheit beklagt. Das sieghaft-herrische ›Ich bin Ich‹ gewinnt dann einen Akzent, wie er in der Transaktionsanalyse als Eigenschaft des trotzigen Kindheits-Ichs beschrieben wird: Die scheinbare Ich-Entschiedenheit ist in Wirklichkeit die Reaktion eines verwöhnten Kindes, das glaubt, es sei der Mittelpunkt der Welt und es müßten ihm alle Wünsche erfüllt werden.

In einer solchen Gemütsverfassung ist für Forderungen anderer Personen und für eigene Gewissensimpulse kein Raum mehr. In vielen Gruppen erfahren Pflicht- und Norm-Forderungen ein solches Maß an Ablehnung und Sanktionierung, daß man sich ernsthaft fragen muß, worauf diese Geißelung zurückzuführen ist. Natürlich stammen viele Über-Ich-Botschaften wirklich von ungnädigen, hartherzigen und mißgünstigen Eltern; natürlich muß im Erwachsenenalter vieles davon revidiert, vieles auch losgelassen werden. Eingeräumt wird auch, daß in unserer Gesellschaft eine Lockerung der Über-Ich-Verbote für viele Menschen ein wichtiger Schritt zu einem lebendigen, realistischen Selbstverständnis darstellt. Aber diese Korrekturen in der Strenge der Gewissensinstanz können für den Einzelnen keineswegs bedeuten, daß sich sein Bemühen darin erschöpft, immer mehr Verpflichtungen abzulegen. Vielmehr geht es darum, gerade nach solchen Selbstentlastungen eine neue freie Bezogenheit zur Gemeinschaft zu entwickeln. Dieser zweite Schritt scheint bei manchen Mitgliedern psychosozialer Gruppen – und nachfolgend bei ihren Klienten – zu kurz zu kommen.

Manchmal färben die Maschen der Zielgruppe sichtbar auf den ab, der mit ihnen zu tun hat. Ein Staatsanwalt, der mit Verkehrsstrafsachen befaßt war und sich täglich die Lügen, Entschuldigungen und Beschönigungen der angezeigten Verkehrsteilnehmer anhören mußte, erhielt eines Tages selbst eine Anzeige wegen einer gravierenden Geschwindigkeitsüberschreitung. Zu mir sagte er lachend: »Natürlich war ich es. Aber das sollen die (!) mir erst mal beweisen!«
Helferinnen und Helfer müssen im Laufe ihrer Ausbildung lernen, alles das in Ruhe und Wohlwollen anzuhören, was der Klient ihnen an Seltsamem, Krankem, Asozialem und Verbogenem erzählt, und sich streckenweise jeden Urteilens und Verurteilens zu enthalten. Denn natürlich ist dem Klienten nicht damit gedient, wenn er den Helfer als moralisch entrüstet, feindselig, ängstlich oder tadelnd erlebt und dann nicht das ausspricht, was ihn bewegt. Aber diese passagere Zurückhaltung in Fragen des Bewertens führt bei einigen Helfern dazu, daß sie die Fähigkeit verlieren, einen klaren eigenen Standpunkt einzunehmen. Jede Variante des menschlichen Lebens erscheint dann in gleicher Weise möglich, sinnvoll und wertvoll, und die Möglichkeit geht verloren, einen Klienten in einem Prozeß der Wandlung, in dem er manches richtig und anderes falsch entscheidet und tut, zu begleiten.

So erzählt mir ein Kollege mit einem gewissen Amüsement von einem seiner Klienten, der am Abend oft seine Frau schlägt und sich dann noch spät in verschiedene Diskotheken begibt, um andere Frauen kennenzulernen. Seine Frau ruft dann nächtens oft bei Freunden an und klagt, ihr Mann befinde sich in Therapie und das sei nun das Ergebnis. Der Kollege hat bei dem Klienten bisher hauptsächlich auf die Ähnlichkeiten zwischen dessen Mutter und dessen Frau abgehoben und ihn durch gelegentliche anerkennende Äußerungen darin ermutigt, seine neu entdeckten Triebwünsche auszuleben. Aber man muß hier doch fragen, ob die Selbstentfaltung nicht auch auf weniger zerstörerische Weise erfolgen kann.

Übergeneralisierte Problemlösungen

Die Berufserfahrung führt dazu, daß wir uns bestimmte Problemlösungen aneignen, die sich bei Fachfragen bewährt haben. Aber oft werden sie nun anderen Lebensbereichen übergestülpt – das bekommt dem Endverbraucher meist nicht gut.

Als Hochschullehrer hatte ich einmal mit einem Ministeriumsreferenten über Curricularfragen zu verhandeln. Er war von Haus aus Ingenieur und hatte die Idee, die verschiedenen Studiengänge nach Art eines Baukasten-Systems zu konzipieren: »Jede Studienleistung ist also als Bauteil zu betrachten, aus dem man verschiedene Produkte, also Studienabschlüsse zusammenbauen kann. Jedes Bauteil enthält eine landeseinheitliche Nummer, und die Curricula lassen sich dann in Form einer Zahlenfolge ausdrücken«, erklärte er mir, und bei dem Wort ›Bauteil‹ öffneten und schlossen sich seine Hände, und er fügte diese vorgestellten Bauteile im Raum an verschiedenen Stellen oben, unten, rechts, links und in der Mitte in eine imaginäre Maschine ein. Ich wandte ein, daß das Studium mit dem Bau einer Maschine nur bedingt vergleichbar sei und einige Freiheitsgrade aufweisen solle. Aber das ließ er nicht gelten. Vielmehr antwortete er, daß verschiedene Bauteile durch ein Oder-Zeichen verbunden werden könnten, »so wie man ja auch in ein Auto Motoren mit unterschiedlichem Hubraum einbauen kann« – jedenfalls fanden wir nicht zueinander, und seine Konstruktion blieb unserer Fakultät erspart.

Ein Sozialarbeiter berichtete in der Supervision von einer kroatischen Gastarbeiterin, die, da sie mit Geld nicht gut umgehen konnte und sich in große Schulden gestürzt hatte, nun einer freiwilligen Vermögenspflegschaft unterstand. In den letzten Wochen hatte sie sich nun mehrmals beschwert, der Sozialarbeiter habe unrechtmäßig Geld von ihrem Konto abgehoben. Jetzt wollte sie die Pflegschaft aufkündigen und nach Kroatien zurückkehren. Das ärgerte den Sozialarbeiter, zumal er sein Bemühen der letzten Monate darin nicht gewürdigt fand. Als ich ihn fragte, an welche Schritte er denn selbst schon einmal gedacht habe, sagte er zögernd: »Tja – vielleicht Entmündigung nach § 6 BGB oder so, jedenfalls durchlassen kann ich ihr das natürlich nicht!«

Klienten als ›Fälle‹

Fallstudien aus der Helfer-Arbeit sind spannende Lektüren. Man nimmt im bequemen Sessel hautnah an den Lebenswidrigkeiten anderer Menschen und an der letztendlichen Besserung teil, ohne deren ganzes Schicksal selbst durchleiden zu müssen. Helfer schreiben meist über Klienten, Klienten dagegen über sich und ihre Helfer. Dies geschieht in der Regel in abgewogener, gerechter und würdiger Form.
Anders auf Kongressen und Fachtagungen: Da gerät manche

Klientenvorstellung zur eitlen Selbstdarstellung des Helfers. Er schildert den Klienten dann als jemanden, der blind und unbewußt durch sein Schicksal wankt, aber natürlich Detail für Detail streng determiniert, was er, der Helfer, von Anfang an erkannt hat und nun mit einer gewissen Selbstgefälligkeit vorführt. In solchen Momenten wünsche ich mir manchmal, der Klient höre dem Bericht seines Helfers zu, und frage mich, ob dieser, dies wissend, mit dem gleichen unerträglichen Gestus des überlegenen Durchblicks vortragen würde.
Die Zahl der verschiedenen Deformationen im Kontakt zwischen Helfer und Klient ist vermutlich ungleich größer, als es hier dargestellt werden konnte. Jeder Helfer entwickelt wohl auch seine ganz persönlichen Stärken und Schwächen in der Arbeit und muß sie hauptsächlich an sich selbst studieren. Ein Teil der Klienten, denen die Eigenartigkeiten ihrer Helfer zuviel werden, mag in die Selbsthilfebewegungen abwandern und dort gute Erfahrungen ohne professionelle Helfer machen.

15. Deformation in Team und Institution

Manche Deformationen der Helferinnen und Helfer werden nur im Umgang mit Vorgesetzten, Kollegen und Mitarbeitern sichtbar. Auch Team und Institution als ganze können chronische Veränderungen erfahren, die ihrem Auftrag entgegenstehen und die Arbeit des Helfers erschweren.

Selbsterfahrungs-Verpflichtung

In Psychotherapie und Beratung ist seit vielen Jahren bekannt, daß Helferinnen und Helfer ihren Klienten nur so weit helfen können, wie sie mit der eigenen Person gekommen sind. Leiter psychosozialer Einrichtungen sind diesem Grundsatz in aller Regel verpflichtet. Von Mitarbeitern wird erwartet, daß sie ihr eigenes Denken, Fühlen und Handeln reflektieren, ihre Gegenübertragungen beachten und dem Gespräch mit dem Einsatz der eigenen Person Gewicht verleihen. Vorgesetzte bieten ihren Mitarbeitern Fortbildungsabende und -wochenenden an, in deren Mittelpunkt die Selbsterfahrung steht.

So spielte der Leiter einer Beratungsstelle den Mitarbeitern ein auf Band aufgenommenes Gespräch mit einem Mann vor, das einige Tage vor dessen Tod stattgefunden hatte und auch vom Tod handelte. Er hoffte, auf diese Weise mit den eigenen Mitarbeitern ins Gespräch über deren Todesvorstellungen, Todesängste und vielleicht auch Todeswünsche zu kommen. Aber die Mitarbeiter verschlossen sich dem Angebot und warfen ihm vor, er habe kein Herz, da doch in ihrer eigenen Runde eine Mitarbeiterin sitze, die auf Grund einer Krebserkrankung voraussichtlich nur noch wenige Monate zu leben habe.

Oft wird die Selbsterfahrung als conditio sine qua non der psychosozialen Arbeit betrachtet. Und wirklich erscheint es schwer denkbar, diesbezüglich Ausnahmen zuzulassen. Dennoch wird es oft notwendig sein, jedenfalls die Dosis individuell zu variieren.

Der Leiter einer Stelle sagte einmal, als eine Mitarbeiterin von einem Sexanruf berichtete und die ganze Gruppe sich ihrer Empörung über den Anrufer anschloß, etwas maliziös: »Aber das ist doch auch ziemlich erregend, zuzuhören, wie sich ein Mann so in Ihrer Gegenwart erregt.« Da verstummte das Gespräch auf der Stelle; das Thema ist seitdem nicht wieder aufgekommen. Selbst wenn also der Gruppenleiter den abgewehrten Teil des Gruppenaffekts richtig gespürt hat, waren doch Zeitpunkt und Formulierung seiner Intervention in keiner Weise geeignet, der Gruppe zu einer Bewußtwerdung desselben zu verhelfen.

In der Supervision kommen wir an solchen Stellen oft auf das Anspruchsniveau von Vorgesetzten und auf die Bedürfnisse des Klienten zu sprechen. Letztendlich gibt ja bei der Beurteilung eines Mitarbeiters den Ausschlag, ob er imstande ist, einem Klienten *angemessen* zu begegnen. Diese Angemessenheit ist freilich nur an der Klientenreaktion zu messen, nicht an den Selbsterfahrungsstandards des Vorgesetzten.

Beziehungsklärung als Allheilmittel

Für manche Helferinnen und Helfer ist die Beziehungsklärung zum einzigen Mittel der Regulierung unterschiedlicher Auffassungen und Interessen geworden. Das ist gut verständlich, wenn man die Lerngeschichte von Helfern anschaut. Sie haben es über Jahre hin gelernt, daß Sachkonflikte einen persönlichen Anteil haben, und sind firm darin, ihn herauszuarbeiten. So richtet sich ihre Aufmerksamkeit im Konfliktfall reflexartig auf diesen Aspekt der Sache, in dem sie gut Bescheid wissen.

Aber darüber verlieren sie leicht zwei Dinge aus dem Blick: Ein Sachkonflikt kann ein Sachkonflikt sein. Dann ist die persönliche Note darin zwar nicht belanglos, aber marginal, und es muß zur Sache gestritten werden. Und: Manchmal ist ein Konflikt zwar von sehr persönlicher Art; aber es lohnt sich nicht besonders, dieses Individuelle immer noch einmal wiederzukäuen oder neu umzupflügen. Vielmehr kann es richtig sein zu fragen: Was können wir, nachdem die Sache sich so und so entwickelt und jetzt diesen Stand erreicht hat, für die Zukunft ins Auge fassen und als Konsens vereinbaren? Im folgenden Beispiel werden beide Aspekte sichtbar.

Im Team einer Beratungsstelle hat die neue Kindertherapeutin den ihr zugewiesenen Raum mit vielfältigen Materialien ausgestattet, die sie für ihre Arbeit braucht. In der Supervision erhebt ein altgedienter Kollege, der in dem angrenzenden Raum ebenfalls mit Kindern arbeitet, Einspruch dagegen. Früher standen beide Räume ihm allein zur Verfügung; er hat die Einwegscheibe dazwischen genutzt, Filmaufnahmen von Kinderspiel und Elterngespräch zu machen und sie Kollegen aus anderen Stellen vorzuführen und zu besprechen. Dies ist nun nicht mehr möglich oder nur noch nach aufwendigen Umräumarbeiten im Zimmer der neuen Kollegin.

Das Team ist gleich eilfertig mit Deutungen zur Beziehungsklärung zur Stelle: Der ältere Kollege beäuge mißtrauisch die Expansionsgelüste der Neuen; die Jüngere wolle ihr Terrain abstecken und hätte den Raum auch anders einrichten können; heimlich gehe es darum, wer bei den ratsuchenden Eltern und ihren Kindern besser ankommt usw. Das ist vermutlich alles nicht falsch. Aber die beiden kauen an der ihnen angebotenen Mahlzeit nur sehr lustlos. Denn sie spüren: Wenn sie ihre persönlichen Affekte preisgeben, schwächen sie damit ihre Position in der Sache. Die Sache muß also von der entgegengesetzten Seite angegangen werden, auf der Sachebene: Welches sind die Erfordernisse der Beratungsstelle, und welche Raumaufteilung und -einrichtung wird dem am besten gerecht? Die jüngere Kollegin kann in dieser Erörterung mehrere Gesichtspunkte für ihren Standpunkt ins Feld führen. Zusätzlich stellt sich heraus, daß auf Bitten des älteren Kollegen vor einigen Jahren eine moderne, leicht handhabbare Videoanlage angeschafft wurde, die seitdem unausgepackt in einem Schrank der Beratungsstelle liegt. Die letzte Filmaufnahme liegt 9 Jahre zurück. Das Team entscheidet am Ende, daß die jüngere Kollegin in ihrem neuen Raum bleiben kann und bei jetzt vielleicht neu anfallendem Video-Aufnahme-Bedarf kurzfristig umräumen wird. Die Entscheidung ist aber nicht auf

Grund einer erfolgreichen Beziehungsklärung gefallen – denn die Animositäten zwischen den beiden bleiben –, sondern weil die Sache es erfordert.

Fehlen einer Gruppenperspektive

Wer in einer psychosozialen Einrichtung Leitungsfunktionen ausübt, hat oft eine therapeutische Ausbildung absolviert und vermag einzelnen Klienten Beratung, Klärung und Krisenintervention anzubieten. Aber diese Aufgaben werden weitgehend auch von den Mitarbeitern der Stelle wahrgenommen, während Leiterin und Leiter viel Zeit mit Verwaltung, Fortbildung, Gruppensupervision, Konferenzleitung verbringen – ein Feld, für das viele nicht hinreichend gerüstet sind.

Der Leiter einer Einrichtung der Telefon-Seelsorge machte einmal wöchentlich eine Fortbildungssitzung mit seinen Moderatoren. Dazu wählte er Themen aus der Gruppendynamik. Er sah vor, daß diese ihre bei ihm erworbenen Kenntnisse an die ehrenamtlichen Helferinnen und Helfer weitergeben würden. Einmal aber regte sich Unmut über diese Vorgehensweise. Die Moderatoren äußerten, sie wollten bei Auswahl der Themen und Gestaltung der Abende mitwirken, statt nur als Empfänger seiner vorbereiteten Arbeitspapiere zu fungieren. Diese kleine Revolte kam dem Vorgesetzten wie gerufen. Er hatte ohnehin schon seit längerem vorgehabt, eine Sitzung über Führungsstile abzuhalten, und sah nun den Moment gekommen, dies mit einem besonders aktuellen Bezug zu tun. Zur nächsten Sitzung brachte er einen Stapel kopierter Texte über Führungsstile mit, verteilte sie und forderte die Mitarbeiter auf, sie zu lesen und dann zu diskutieren. Leider erkannte er dabei nicht, daß sich nun gerade darin das wiederholte, was die Mitarbeiter an ihm kritisierten. Die Supervisionsgruppe konnte, als er den Vorgang in aller Arglosigkeit vortrug, nur schwer ihre Erheiterung unterdrücken. Der Vorgesetzte, der sich bisher als Herr des Geschehens betrachtet hatte, mußte erkennen, daß er nicht weniger abhängig von seinen Mitarbeitern war, als sie von ihm, und daß er den Protest, den er nun erntete, selbst gesät hatte. Aber dieser Blick auf die ganze Gruppe fehlte ihm bisher.

Leitungshemmung

In allen psychosozialen Einrichtungen sind Leitungsfunktionen gefragt. Aber gelegentlich geschieht hier etwas Eigenartiges: Man versucht, gerade Leitung möglichst zu vermeiden. Das ist ehrenhaft, solange ein Konsens erzielt werden kann. Schwierig sind die anderen Fälle, diejenigen nämlich, in denen Vorgesetzte in psychosozialen

Einrichtungen von ihrer Weisungsbefugnis Gebrauch machen müßten. Hier gibt es dann manchmal ein eigenartiges Zögern, Hinausschieben, Durch-die-Blume-sagen, Gut-zureden, Vertagen und Offenhalten, das der Sache nicht guttut. Helferinnen und Helfer in Leitungsfunktionen scheuen sich dann, eine Meinungsverschiedenheit mit Festigkeit durchzustehen und auf ihren institutionell begründeten Pflichten, Rechten und Möglichkeiten zu beharren. Stattdessen ziehen sie es vor, an Hilfsbereitschaft und Einsicht der Mitarbeiter zu appellieren und ein auf Zuneigung begründetes Agreement zu erhoffen, das dann nicht zustande kommt.

So berichtete mir der Leiter eines Telefon-Notdienstes, es sei bezüglich eines ehrenamtlichen Helfers innerhalb einer Woche zweimal der Eindruck entstanden, dieser habe während der Rufbereitschaft Alkohol getrunken. Er selbst hatte den Mitarbeiter darüber befragt. Der Beschuldigte beschönigte und leugnete, gab halb zu, wand sich, widerrief und gelobte Besserung. Der Vorgesetzte sagte ihm, wie sehr er von ihm enttäuscht sei und daß er ihm nun vielleicht nicht mehr werde vertrauen können. Es war auf der Beziehungsebene alles recht und lauter und sehr gewissensbetont. Aber darüber hinaus waren Ruf und Leistungsfähigkeit der Einrichtung in dieser Stadt zu bedenken und die Verbindlichkeit in Betracht zu ziehen, die das generelle Alkoholverbot zukünftig noch würde beanspruchen können. Die Supervisionsgruppe empfahl dem Teilnehmer, der den Fall vorgetragen hatte, den ehrenamtlichen Helfer für die nächsten drei Monate nur zu Tagespräsenzen einzuteilen, wo er stets mit einem anderen Helfer zusammen den Dienst versah, und die Situation dann erneut zu prüfen.

Standardisierte Problemdefinitionen

Bestimmte Begriffe setzen sich in psychosozialen Teams irgendwann fest und machen dann eine eigenartige Verwandlung durch. Waren sie ursprünglich Beiträge zum Verstehen einer komplexen Realität, also bloße Sichtweisen und Mittel der gedanklichen Verdichtung und Präzisierung, so gewinnen sie auf Grund ihrer Prägnanz und Plausibilität rasch den Charakter von Standards. Wenn dieser Entwicklung nicht entgegengewirkt wird, werden manche von ihnen zur alleinigen Realität, mit der nun vieles, auch sehr Unterschiedliches und Entgegengesetztes, scheinbar zufriedenstellend erklärt werden kann.

Irgendwann hatte das Team einer Fortbildungs-Akademie den Begriff

Widerstand entdeckt. Hinfort war alles Widerstand: Wenn ein Gruppenteilnehmer auf die klugen Kommentare des Seminarleiters nicht einging, leistete er Widerstand. Wenn ein Kollege im Teamgespräch ein Feedback nicht dankbar annahm, war es Widerstand. Wenn der Leiter ein Thema vorschlug und die Gruppe es nicht annahm, ließ sie Widerstand erkennen. Dabei ging natürlich der feine Sinn des Widerstandsgedankens, daß er nämlich dem Helfer stets zuverlässig angibt, wieviel Offenheit und Konfrontation der Klient in welchem Moment vertragen kann, völlig verloren. Stattdessen galt: Wer Widerstände hat, muß sie ablegen; wenn sich zwei gegenseitig des Widerstands bezichtigen, hat der gewonnen, der die Diagnose als erster ausspricht, oder der, der sie überzeugender vorträgt.

In einem solchen Moment besteht die Aufgabe der Supervision, die natürlich auch mit dieser allumfassenden Widerstandstheorie zu tun bekommt, u. a. darin, auf den Schutz- und Hinweischarakter des Vorgangs hinzuweisen. Generell halte ich es für einen Mißgriff, ja für einen Kunstfehler, den Begriff Widerstand zu benutzen (wenn man ihn denn schon denkt), und ziehe es vor, mit den Begriffen Prinzip der kleinen Schritte, Schaffung dosierter Diskrepanzerlebnisse, Konfrontation usw. zu arbeiten.

Auf einer Intensivstation betrachtete man es als großen Fortschritt, daß in dem geplanten Neubau ein Totenzimmer (wohlgemerkt: kein Sterbezimmer!) eingerichtet werden sollte. Als wir in der Supervision einmal auf das Thema Tod und Sterben zu sprechen kamen, äußerten sich die Teilnehmerinnen und Teilnehmer sehr freimütig über ihr eigenes Engagement für die lebensbedrohlich geschädigten Patienten, ihre Genesungs- und Sterbewünsche und ihre Angst, den Tod eines Patienten aus der Nähe miterleben zu müssen. Eine Krankenschwester sagt: »Wenn ich merke, es geht aufs Ende zu, dann habe ich immer was ganz Dringendes zu tun, Regalaufräumen, Bodenwischen, Toilettenschüsseln auswaschen, damit ich das nicht mit ansehen muß.« Bei einigen anderen Teilnehmern der Runde ist spürbares Aufatmen zu erkennen – so offen und deutlich hat bisher noch niemand über dieses Thema gesprochen. Der Chefarzt meldet sich zu Wort: »Aber Schwester Jutta, das ist ja eine regelrechte Pflichtverletzung, die mir da jetzt zu Ohren kommt. Natürlich muß gerade dann, in den letzten Minuten, jemand bei dem Patienten ausharren. Allerdings – natürlich sind wir (!) eine Intensivstation, keine Sterbestation.« Damit lehnt er sich zufrieden zurück. Das Gespräch bricht an der Stelle jäh ab. Die Deformation ist auf mehreren Ebenen sichtbar geworden. Der Chefarzt definiert das Sterben aus seinem Arbeitsbereich heraus; die Selbstmitteilung der Krankenschwester wird nicht angenommen, sondern dienstlich abgebürstet; und es gibt im ganzen Team keine Möglichkeit, dem entgegenzutreten.

Unterschätzung der Institutionseinflüsse

Die Institution vermittelt ein Gefüge von Werten, die relativ personunabhängig sind. Diese Werte sind nicht das Werk einzelner Menschen, sondern bilden das ethische Gerüst der ganzen Einrichtung. Sie sind schon da, wenn der neue Helfer der Institution beitritt, und sie werden in nur wenig veränderter Form noch da sein, wenn er ausscheidet. Werten in Institutionen haftet in der Regel etwas Konservatives, Schwerfälliges an. Eher nähert sich der Helfer im Laufe der Jahre den vorgefundenen Werten an, als daß er sie grundlegend umgestaltet. Der Sozialisationswirkung der Institution kann sich auf die Dauer keines ihrer Mitglieder entziehen. Das muß gar nicht mit Druck oder Zwang betrieben und beschleunigt werden. Eher sickert die Institution in Köpfe und Herzen der Mitarbeiter mit einer gewissen Gemächlichkeit ein. In Abwandlung eines pietistischen Spruches könnte man sagen: »Die Mühlen der Institution mahlen langsam, dafür aber trefflich fein.« Die Institution vermittelt Kontinuität, Sicherheit, Zugehörigkeit, Fürsorge, Arbeitsplatz, Sinn und viele andere Vergünstigungen. Sie disponiert aber auch zu Abstumpfung gegenüber den Arbeitsbedingungen, Einfallslosigkeit und Erschöpfung, und zwar gerade da, wo der Helfer die Aufgabe hätte, sich selbst, aber vor allem den Klienten an einer Gewöhnung zu hindern.

Viele Fragen, mit denen Helferinnen und Helfer in der Arbeit konfrontiert werden, müssen institutionell geklärt werden, nicht nach persönlichem Erleben oder individuellen Gefühlen. Dazu gehört oft, sich mit Sachinformationen kundig zu machen und die Folgen der einen und der anderen Alternative für Klienten, Mitarbeiter, Leitung, Träger und psychosziales Umfeld abzuwägen.

Wissenschaftlicher Unsinn

Daß wissenschaftliche Einrichtungen ihre eigenen Deformationen entwickeln und dies am Personal Spuren hinterläßt, ist wohl hinlänglich bekannt. Über den zerstreuten Professor und den weltfremden Fachidioten gibt es reichlich Witze, die das belegen. Ich will mich hier darauf beschränken, ein plastisches Beispiel mißglückter Wissenschaftlichkeit zu nennen.

Ein Artikel in einer Fachzeitschrift beginnt mit dem Satz »Das psychophysische Problem (Leib-Seele-Problem) scheint in der Fachwelt . . .« – da braucht man eigentlich schon nicht mehr weiterzulesen. Denn die Seele ist nun vielleicht doch etwas mehr als ein psychophysisches Problem, auch wenn die atheistische Fachsprache sie so herabgestuft hat.

Solche wissenschaftlichen Patzer, von denen es in der Psychologie viele gibt, beruhen vermutlich u. a. auf Störungen der Urteilsfunktion, die im Binnenverhältnis einer von Außeneinflüssen sich erfolgreich abschottenden Kollegenschaft nicht mehr korrigiert werden können.
Zuletzt wenden wir uns nun den Deformationen zu, die im Kontakt mit Kolleginnen und Kollegen aus der gleichen Berufssparte auftreten. Was geschieht, wenn Helfer mit Helfern zusammentreffen?

16. Deformation im Kontakt zu Kollegen

Auch im Kontakt zu den Kolleginnen und Kollegen können vielfältige Deformationen entstehen. Unter Kollegen kommt es, gerade wenn man sich beruflich in fremder Umgebung trifft, rasch zu willkommener gegenseitiger Bestätigung, und über viele Fragen verständigt man sich schnell. Das mag so weit gehen, daß ein Berufsfremder erstaunt sagt: ›Komisch, neulich habe ich den X das gleiche gefragt wie jetzt dich, und der hat mir bis in den Wortlaut hinein fast das gleiche geantwortet wie jetzt du.‹ Der Kollegenkreis mag also einerseits ein besonders sachkundiges zügiges gemeinsames Arbeiten ermöglichen, aber auch Fehlentwicklungen in eigenartiger gemeinsamer Blindheit nicht erkennen oder nicht bekämpfen. U. a. mögen offene oder verdeckte Rivalität innerhalb und zwischen den Schulen sichtbar werden. Oft tritt ein eigenartiger Narzißmus der kleinen Differenzen zutage, wie Freud es genannt hat, d. h. man ist gerade mit *den* Kolleginnen und Kollegen spinnefeind, die einem in der Sache am nächsten stehen könnten: Einrichtungen der Konfessionen, benachbarte Krankenhäuser, Künstler konkurrierender Stilrichtungen, Therapeuten verschiedener Schulen usw.

Entwicklung einer Subkultur

Die langjährige Beschäftigung mit dem Gegenstand Seele führt zur Aneignung eines Paradigmas, das sich zunehmend von dem des Nichthelfers unterscheidet. Daraus können ernsthafte Kommunikationsbarrieren werden.

Wenn uns jemand in aller Unschuld sagt: ›Ich habe Kopfschmerzen!‹, so antwortet das Paradigma in uns mit einer gewissen routinierten Geläufigkeit in Form des tiefsinnigen Wortspiels: ›Was bereitet dir denn Kopfschmerzen?‹ Wenn der Gesprächspartner dann sagt: ›Es liegt am Wetter; es ist so schwül und drückend heute‹, so wissen wir: Er ist ein Fremder; er sieht die Welt mit naiven Augen; eine weitere Beschäftigung mit ihm lohnt sich wahrscheinlich nicht, außer um ihn in mühsamer Kleinarbeit zu unserer Sichtweise herüberzuholen.

Diese blitzschnelle, intuitive Sortierung neuer Bekannter in Vertraute und Fremde kann sehr entlastend und beglückend sein. Manche Gespräche erreichen eine Tiefe und Wesentlichkeit wahrscheinlich nur, wenn sie unter Personen stattfinden, die eine Reihe wichtiger Grundüberzeugungen schon vorab teilen. Aber wichtige Aspekte aus der Fülle des Lebens, nämlich die, die in den Erfahrungen fachfremder Personen sichtbar werden, verschwinden dabei zunehmend aus unserem Gesichtskreis.

Die Einengung des Bekanntenkreises führt zwangsläufig zur Entwicklung einer sprachlichen Subkultur, die wir gelegentlich selbstironisch als Psychoschnack bezeichnen, aber doch nicht ablegen. So mag für jemanden, der leidet, aber seine Lebenssituation nicht ändert, die etwas spöttische Deutung wichtig sein: ›Das können Sie offenbar ganz gut leiden, das Leiden.‹ Als Pointe kolportiert, wird es schnell zur leichtfertigen Etikettierung und Beschuldigung.

Einer Psychologie-Studentin war bereits während ihres Praktikums in der Psychiatrie erlaubt worden, eigenständig eine Therapiegruppe mit Patienten zu leiten. In der Supervision berichtete sie einmal beunruhigt, aber auch mit einem gewissen Stolz, also gleichsam wie in einem Kolleg unter erfahrenen psychiatrischen Kolleginnen und Kollegen: »In der letzten Sitzung hat meine Gruppe total schizophren reagiert!« Nach einer Überraschungssekunde erkundigte ich mich behutsam, was denn vorgefallen sei. Da antwortete sie: »Tja, ein Teil der Gruppe wollte malen und der andere lieber reden, also die klassische schizophrene Spaltung. Ich habe ihnen das als Persönlichkeitszerfall der Gruppe gedeutet – das war es ja auch.« Dann schaute sie mich aufgeregt an und wartete auf ein Lob.

Eines der wichtigsten Themen im Kreis der Kolleginnen und Kollegen ist Geld. Im Gespräch zwischen praktischen Ärzten wie neuerdings auch zwischen Psychologen, die ihre Einkünfte über kassenfähige Leistungen erzielen, überwiegen auffallend Themen aus der Abrechnungspraxis: Welche Leistungen man welcher Ziffer der GOÄ zuordnen kann; wie die Kassen auf welche Anforderung reagiert haben; wie welche Kasse welche Ermessensspielräume interpretiert, welche Tricks und Einsprüche wo sinnvoll, wo aussichtslos sind usw. Für Zuhörer sind dabei oft Kaltschnäuzigkeit und latente Habgier spürbar, die mit den wohlklingenden Zielen des Helfens nicht leicht in Übereinstimmung zu bringen sind.
Daß Helfer auch ihre Klienten durch ihren Berufsfilter wahrnehmen, ist von Holiman et al. (1987) mit dem Schlagwort ›Die Landkarte ist nicht das Land!‹ beschrieben worden, will heißen: Die Fachbegriffe sind allenfalls eine Annäherung an die seelische Realität des Klienten, nicht aber deren optimale Darstellung. Greben (1985) hat darauf hingewiesen, daß die Ablehnung von Verantwortung für die Klienten Bestandteil der psychosozialen Subkultur ist und durch Supervision gemildert werden kann. Krampen (1979) verglich die Werte von Therapeuten mit denen ihrer Klienten und fand signifikante Unterschiede zwischen ihnen.

Deutungs-Schematik

Ähnlich wie Klient, Familie und Freunde werden auch Kolleginnen und Kollegen ab und zu mit unerbetenen Deutungen belästigt, manchmal in vorlauter und aufdringlicher Weise.

In einer Psychodrama-Gruppe berichtet eine Teilnehmerin einen Traum. Sie saß an einem See in der Sonne in heiter-gelöster Stimmung. Im Wasser vor ihr lag ihr Baby; es war tot. Von jeder Welle wurde es sanft hin- und hergeschaukelt. Sie sah es ganz ruhig an, bewegte sich selbst ein wenig im Rhythmus der Wellen mit und spürte eine tiefe Glücksempfindung. – Die anderen Gruppenteilnehmer sind sich rasch einig: Sie habe einen tiefverborgenen Haß auf ihr neugeborenes Kind; der Traum bringe deutlich einen

Todeswunsch zum Ausdruck. Die Teilnehmerin schaut die Deuter ruhig an und sagt, nein, das sei es nicht. So gut kenne sie sich, daß sie ihrem Kind nicht den Tod wünsche, sondern das Leben. Die Selbsterfahrungsarbeit droht zu einem Disput zu werden. Nur die Gruppenleiterin nimmt sich die Zeit, Atmung, Tonfall und Körperhaltung der Teilnehmerin auf sich wirken zu lassen. Sie bittet sie, sich jetzt noch einmal an den See zu setzen und die Bewegung zu wiederholen, die sie im Mitgehen mit den Wellen gemacht hat. Die Teilnehmerin folgt; nach kurzer Zeit verwandelt sich ihre Bewegung wie von alleine in ein Wiegen; sie formt die Arme zu einer Umhüllung und wiegt ihr Kind. Es ist auch nicht tot, sondern schläft, und nun stellt sich auch das Glücksgefühl aus dem Traum wieder ein.
In der weiteren Arbeit mit der Kollegin erfahren wir, daß sie während der Schwangerschaft oft von Ängsten bezüglich der eigenen Gesundheit und der des Kindes geplagt war und auch der Niederkunft mit Bangen entgegensah. Nach der Geburt, die ohne Komplikationen verlief, war sie von tiefer Dankbarkeit erfüllt und dachte manchmal: ›Habe ich mit meiner Kleinmütigkeit es verdient, daß es mir und meinem Kind so gut geht?‹ Zu anderen Zeiten dachte sie auch: ›Das Glück dieser Geburt ist so groß, nun brauche ich nichts im Leben mehr zu fürchten, auch den Tod nicht.‹ So mochte der Traum von dem toten Kind entstanden sein. Aber so viel Geduld, diesen feinen seelischen Verästelungen bis zur Quelle nachzuspüren, hatte die Gruppe nicht. Totes Kind = Todeswunsch war eine Gleichung, von der jeder schon einmal gehört hatte; da war der Traum der Kollegin eine schöne Gelegenheit, diese ›Kenntnis‹ einmal zum Gruppenprozeß beizusteuern.

Lästig ist an solchen flotten Deutungen, daß sie auch auf unbekümmerte Alltagsmitteilungen erfolgen. Manche von ihnen sind gar nicht mal schlecht, manche ausgesprochen witzig oder geistreich. Aber in jedem Fall sind sie unerbeten und haben etwas Bedrängendes, und der so Beschenkte mag in Zukunft etwas vorsichtiger sein mit dem, was er noch sagt.

In einem Gruppendynamischen Laboratorium, an dem ich einmal in England teilnahm, haben die Teilnehmer es nach zähem Ringen erreicht, daß sie an einer abendlichen Sitzung der Leiterrunde als Beobachter teilnehmen dürfen. Im Leitungsteam sitzt u. a. eine junge Frau, Liz, die durch einen Unfall die linke Hand verloren hat. Sie trägt keine Prothese, der Stumpf ihres Unterarms ist deutlich zu erkennen. Im Laufe der Arbeitsbesprechung hat sie eine längere Auseinandersetzung mit einem anderen Kollegen, George. Als die Beobachter am Ende der Sitzung um ein Feedback gebeten werden, poltert ein Psychotherapeut gleich los, als habe er auf diesen Moment ungeduldig gewartet: »Ja, sieht denn hier niemand, daß die Liz einen Phallus hat statt einer Hand, da, am Arm, gut sichtbar für jedermann, und mit dem fuchtelt sie schon den ganzen Abend lang herum, kein Wunder, daß ihr Kollege, also dieser George, total eingeschüchtert ist, sie ist eben eine total phallische Frau, da hilft auch kein Feedback und keine Beziehungsklärung und solcher Nippes, das mußte einfach mal ausgesprochen werden, aber das ist ja hier nicht erlaubt, oder?!«

Echtheits-Wettbewerb

Als man in Deutschland begann, klientenzentrierte Gesprächs-Psychotherapie zu lehren, erhielten die angehenden Therapeuten zunächst die Aufgabe, sich die drei Kernvariablen Wärme, Echtheit und Einfühlung anzueignen. Einer ihrer ersten akademischen Lehrer sagte in der Zeit einmal in strengem Ton zu seinen Studenten: »Solange Ihr nicht selbst echt seid, hat es keinen Zweck, daß Ihr mit Klienten arbeitet.« Das führte zu ziemlichen Absonderlichkeiten im Verhalten der Studenten, weil nun viele von ihnen in einen Wettkampf um die beste Echtheit gerieten. Einige sprangen mitten im Mensaessen auf und eilten davon, weil ihnen in dem Moment ganz echt nach frischer Luft zumute war. Andere unterbrachen ein Gespräch, das sie gerade führten, abrupt, weil sie in dieser Zehntelsekunde bemerkt hatten, daß es begann, sie zu langweilen. Wieder andere probierten aus, ihre Kommilitonen in groben Worten zu beschimpfen, weil sie mit der Scheinheiligkeit der Beziehungen ein für allemal Schluß zu machen gedachten. Das waren kleine Übertreibungen auf der Suche nach dem rechten Maß. Aber das Authentizitäts-Gebot verfolgt doch viele Helfer bis in die Gestaltung ihrer Praxis und ihrer persönlichen Beziehungen weiter. Von aufmerksamen Mitmenschen wird das Übertriebene und Aufgesetzte daran sehr wohl wahrgenommen.

Ich leitete einmal bei einem Kongreß ein Seminar über Gruppenpsychotherapie. Es ging um die Frage des angemessenen Therapeutenverhaltens. Ich hatte eine Liste von Gesichtspunkten zusammengestellt, die ich mit den Teilnehmern besprach, und darin auch formuliert, ›Echt und spontan in sparsamer Dosierung zu sein‹. Das wollten die Teilnehmer so nicht hinnehmen, plädierten für den Eigenwert der Echtheit und erkannten auch einen Widerspruch zwischen echt, spontan und sparsam. Dabei ist die Sache doch recht einfach. Natürlich geht dem Helfer vieles durch den Kopf, während er mit Klienten arbeitet, aber er ist keineswegs verpflichtet, das alles auch herauszuplappern. Vielmehr geht es darum, unter den verschiedenen Impulsen solche auszuwählen, die der Gruppe dienlich sind. Diesen Vorgang hat Ruth Cohn als ›Selektive Authentizität‹ bezeichnet.

Ich erlebte einmal, daß es Ruth selbst möglich war, dies in ihrem eigenen Leben zu verwirklichen. Eine junge Rundfunkreportertin erzählte mir während eines Kongresses davon. Sie hatte Ruth vor einigen Jahren einmal interviewt und war beeindruckt gewesen von der Offenheit, Klarheit und Würde dieser großen Persönlichkeit. Nun wußte sie, daß Ruth Cohn an dieser Tagung teilnehmen würde, und freute sich auf eine erneute Begegnung. Als sie sie im Gewühl der Pausenhalle entdeckte, stürzte sie freudig auf sie zu und sagte: »Hallo, Ruth, wie schön, dich wieder zu treffen!« – ganz selbstverständlich annehmend, daß Ruth genauso erfreut sein werde wie sie. Ruth erkannte sie nicht wieder, schaute sie ruhig an und sagte dann freundlich: »Honey, ich lerne jedes Jahr 5000 Leute kennen. Tut mir leid, daß ich dich nicht unterbringen kann.« – das war klar und ehrlich, ohne Begegnungsbrimborium.

An vielen Kolleginnen und Kollegen, besonders an solchen, die bei amerikanischen Therapeuten oder deren deutschen Schülern eine Gruppenausbildung absolviert haben, ist eine ganz eigenartige, demonstrativ dick aufgetragene Fröhlichkeit und Spontaneität zu beobachten, die glauben machen sollen: Hier handelt es sich um eine durch und durch authentische Persönlichkeit. Dem genaueren Hinsehen bleibt freilich nicht verborgen, daß die Vergnügtheit, das Erstaunen, der Ärger und überhaupt jede öffentliche Gefühlsäußerung adressiert sind, häufig noch unterstrichen durch eine kleine neckische publikumswirksame Grimasse, Geste, Körperhaltung oder Anekdote. Selten treten Äußerungen der Furcht, der Verzagtheit, der Trauer und Ermüdung zutage – sie sind offenbar nicht chic genug. Stattdessen werden sie, anders als Wut und Freude, im Verborgenen gelebt, in den kurzen Momenten des Sich-unbeobachtet-Fühlens. Aber schnell werden sie auch wieder weggewischt von Scherz, Animation und Gegenwartspräsenz.

Ich frage einen Kollegen, den ich auch als Freund schätze, ob er nicht noch müde sei von der letzten Gruppe, die erst vor zwei Stunden zu Ende gegangen ist. Er antwortet theoriegerecht: »Jetzt bin ich hier!« Da wechsle ich resigniert das Thema.

Es geschieht da etwas Falsches, gegen das man sich nur schwer zur Wehr setzen kann: Gruppenleiter liefern noch in der kleinsten Äußerung eine Unterrichtsstunde über ihre Theorie und die eigene Stimmigkeit mit ihr. Sie sagen sich offenbar: Ich bin der Lehrer und Meister; meine Glaubwürdigkeit wird daran gemessen, ob ich selber das lebe, was ich vertrete. Sie sind immer im Dienst; aber niemand hat gefordert, daß sie vollkommen sind. Das macht ihre Selbstdarstellung so unnatürlich. Von manchen Lehrern der Menschheit sind überhaupt ausschließlich theoriegerechte Äußerungen überliefert: Buddha, Sokrates, Christus. Wenn der wirkliche Meister spricht, kommt es auf jedes Wort an; vielleicht haben jene Großen mit solcher Konzentration gesprochen. Aber bei Sterblichen der Gegenwart handelt es sich um Meisterallüren.

Distanzlose Gefühlsmitteilung

Im Laufe von Ausbildung und Praxis lernt der Helfer, seine eigenen Gefühle vermehrt zu beobachten, zu reflektieren und anderen Menschen mitzuteilen. Er läßt u. U. immer mehr davon ab, sich fassadenhaft, vorteilhaft, unangreifbar und überlegen zu geben, und stellt sich schließlich mit einer gewissen Furchtlosigkeit so dar, wie er ist, mit allen Licht- und Schattenseiten. Aber in dieser verdienstvollen, das Leben und Zusammenleben bereichernden Fähigkeit gibt es offenbar ein Optimum, das leicht überschritten wird (vgl. dazu Schulz von Thun, 1981).

Der bereitwilligen Selbstöffnung folgt nämlich rasch die Routine. Man spricht nun oft und gern über seine Gefühle, auch in einem Kreis von relativ Fremden und auch dann, wenn niemand darum gebeten hat. Viele Mitteilungen beginnen nun mit: ›Ich spüre, daß . . .‹, ›Eben fällt mir ein, daß . . .‹, ›Ich habe jetzt so ein Gefühl, . . . ‹, ›Sie sind mir unwahrscheinlich sympathisch . . .‹ usw. Das mag den Gegenüber dann beglücken, irritieren, peinlich stimmen, in die Flucht schlagen oder zu bissigen Kommentaren veranlassen. Milena Jesenska, eine Prager Intellektuelle, die in der Literatur meist als Franz Kafkas Freundin vorgestellt wird, aber ganz eigenständig als politische Journalistin hervorgetreten ist und im KZ Ravensbrück starb, schreibt in einem Essay: »Man muß Distanz bewahren können. Man muß es fertigbringen, täglich mit Menschen zu verkehren, ohne ihnen etwas über sich selbst zu verraten. Man wird vielleicht nicht verhindern können, daß irgend jemand Einblick erhält in unser Privatleben, aber man soll ihm dabei nicht noch behilflich sein. Wenn man die Grenzen der Vertraulichkeit überschreitet, setzt man sich der Kritik, dem Mitleid und dem Neid aus, und damit beginnen die menschlichen Beziehungen problematisch zu werden, weil man, ohne es zu wollen, Mißverständnissen Tor und Tür öffnet. Dann hat man die Beziehungen mit anderen Menschen nie mehr in der Hand, kann sie nie mehr gestalten, sondern wird von ihnen geformt. Zu große Vertraulichkeit bedeutet außerdem Untreue zu den wahrhaften Freunden und ist eine Geschmacklosigkeit sich selbst gegenüber« (z. n. Buber-Neumann, 1990).

Erich Wulff, der bekannte Psychiater, hat voller Abscheu davon berichtet, wie ihm in Vietnam amerikanische Heerespsychologen unaufgefordert, aber detailreich von ihren inneren Konflikten zwischen humanistischer Gesinnung und militärischen Notwendigkeiten erzählten. Dabei blieben sie ganz entspannt und gut gelaunt. Es schien ihm, als sei für diese Kollegen die Mitteilung der Probleme auch schon ihre Lösung.

Manchmal passen zwei Kollegen mit ihren unterschiedlich, einander ergänzenden Einseitigkeiten so gut zusammen, daß Streit unvermeidbar wird. In einer Runde von Helfern fordert etwa der eine Raum für seine Selbstoffenbarung, der andere ist gerade darum bemüht, etwas mehr von sich abzusehen. Da kann natürlich leicht jeder von beiden dem anderen bescheinigen, daß er auf dem Holzweg ist. Eine Lösung kann sich hier nur ergeben, wenn jeder den eigenen Wunsch ruhig vertritt und sich zugleich darum bemüht, den des anderen zu unterstützen.

Verlust des Alltags-Rapports

In vielen Gesprächen von Helferinnen und Helfern geht es um die Frage, wie in einer Situation angemessen gehandelt werden kann. Dabei heißt ›angemessen‹: Es gibt bestimmte Vorgaben, auf die der Helfer keinen Einfluß hat. Er kann aber sein eigenes Verhalten so einrichten, daß es sich in Einklang mit der Situation findet, oder so, daß es zu nennenswerten Mißverständnissen und Störungen kommt. Ein besonders krasses Beispiel dafür erlebte ich einmal während eines Kongresses. Bei den Zuhörern handelte es sich hauptsächlich um Ärzte, die in Fragen der Psychotherapie größtenteils als Anfänger zu betrachten waren.

Ein Kollege hielt einen Vortrag über Individuation. Er war offenbar sehr mit seinem Thema verwachsen, so daß er sich nicht vorstellen konnte, irgend jemand könne auf diesem Gebiet ein Anfänger sein. Jedenfalls zeigte er in rasendem Tempo etwa hundert Dias von bildnerischen Gestaltungen seiner Patienten zur Individuationsthematik und kommentierte simultan: »Hier sehen Sie die Zeichnung eines 53jährigen Schizophrenen, der Mond, Symbol der weiblichen Identität, und dann vier Wochen später das Quadrat, also die Quaternität, also die Vollständigkeit, und hier von einem sechsjährigen Jungen ein Fisch, die christliche Symbolik Fisch, nicht wahr, aber auch das Sternzeichen Fisch, der Junge war auch unter dem Zeichen des Wassermanns geboren, gewiß kein Zufall, und hier eine Hexe, also magna mater und Erdgeist und in der Vereinigung dann Individuation . . .«. Am Ende klatschte das Publikum hastig Beifall, um den Saal verlassen zu dürfen.

Konkurrenz der Paradigmata

Im Laufe der Helfer-Ausbildung schließt sich der Adept einem bestimmten Paradigma, einer Schulrichtung und einem Ausbildungsinstitut an und gewinnt daraus Professionalität und berufliche Identität. Er erwirbt auch gesellschaftlichen Status und Prestige, wenn er sich durch Lehrer, Werdegang und Berufsbezeichnung auszuweisen vermag. Nach einigen Berufsjahren hinterläßt das einmal gewählte Paradigma aber in Wechselwirkung mit andern Faktoren tiefere Spuren an seinem Anhänger, als dieser vielleicht selbst erwartet hat und sich wünscht.
Tremblay et al. (1986) verglichen Aussagen, die 180 Helferinnen und Helfer aus Tiefenpsychologie, Verhaltenstherapie und Humanistischer Psychologie zu Fragen des Personal Orientation Inventory (POI) gaben. Dabei zeigte sich, daß die Angehörigen der Humanistischen Psychologie sich von den Verhaltenstherapeuten durch höhere Flexibilität, Akzeptanz von Aggression, Gespür für die eigenen Gefühle und die Entwicklung enger persönlicher Beziehungen unterschieden. Von beiden anderen Gruppen unterschieden sie sich durch starke Innenlenkung, Zustimmung zum Wert der Selbstaktualisierung und zu deutlicher Mitteilung von Gefühlen. Bei Selbsteinschätzungen von 126 Psychotherapeuten und 98 Dimensionen eines Polaritätsprofils erwiesen sich Verhaltenstherapeuten als besonders wenig intuitiv (Walton, 1978). Mahrer (1978) nannte als Charakteristika von erlebnisorientierten Therapeuten:

1. Sensibilität für Fragen von Verantwortung und Kontrolle
2. Abneigung gegen Rollen und Spiele
3. Faszination durch vollständige Aufmerksamkeit
4. Bevorzugung praktischer Therapietechniken; Bereitschaft, Klienten entsprechend zu unterweisen
5. Interesse an östlicher Meditation und Versenkung
6. Radikale Annäherung an die Erfahrungen des Klienten
7. Beachtung von Erinnerung und Träumen und einschneidenden Lebensereignissen des Klienten.

Solche Schwerpunktbildungen mögen in der Begegnung zwischen Helfern, die unterschiedlichen Schulen angehören, zu Sprachlosigkeit und Konkurrenz führen. Manche Helfer ziehen sich, um nicht dem Vergleich ausgesetzt zu sein, ganz vom kollegialen Gespräch zurück (Fengler, 1993 b). Levine (1982) wies darauf hin, daß die Bindung an Methoden und Konzepte zu der von Helfern erlebten Entfremdung von ihrer Tätigkeit, ihrer unmittelbaren Wahrnehmung und den Klienten beitragen können. Es kann dem Helfer dann passieren, daß er sich nicht mehr in erster Linie seinen Klienten widmet, sondern der Bestätigung seiner Theorien.

Abwehr

Alle diese Dinge sind bekannt. Wenn ich in Seminaren zum Thema Burnout-Prophylaxe die Teilnehmerinnen und Teilnehmer bitte, eine eigene Burnout-Erfahrung niederzuschreiben, so tun sie dies ohne Zögern, und jedem fällt ein Augenblick ein, in dem er oder sie schon einmal gedacht hat: »Jetzt bin ich am Ende!« Gleichzeitig freilich gibt es eine auffällige Abwehr dem Thema gegenüber, über die es sich lohnt, nachzudenken. Auch hierzu einige Beispiele:

Am Ende eines Vortrags zum Thema Burnout vor einem großen Kreis von Ärzten und Pflegekräften sagte der einladende Klinikleiter: »Herzlichen Dank, Herr Fengler, daß Sie das alles einmal so schön übersichtlich dargestellt haben – für unsere Krankenschwestern!« Er selbst und seine Kollegen fühlten sich offenbar nicht angesprochen.

Ganz dem entsprechend kamen zu einer Tagung, bei der das Thema Burnout eine wichtige Rolle spielte und das sich an Ärzte und Pflegepersonal wandte, 100 Krankenschwestern und fünf Ärzte. Die beiden veranstaltenden Klinikleiter waren dabei schon mitgezählt.

Ein Arzt sagte in einer Diskussion: »Schon der Begriff ist ja Quatsch: ›Ausgebrannt, ausgebrannt!‹ Da brennt ja gar nichts!« Aber an dem Begriff »Einschießen der Muttermilch in die Brust« nimmt er gewiß *nicht* Anstoß und denkt *nicht* an Schußverletzungen.

Ein anderer Arzt gibt sich als sehr interessiert zu erkennen und fragt: »Nach welcher Ziffer der GOÄ ist das denn als Heilbehandlung abzurechnen?« Er hat das Burnout als zusätzliche Diagnose für seine Patienten geortet.

Hier spielen gewiß Unverletzlichkeits- und Grandiositätsphantasien eine Rolle. Daß das Helfen auch eine solche Komponente hat, ist ja hinreichend bekannt.
Der Hauptabschnitt ›Deformationen‹ findet hier seinen Abschluß. Wir wenden uns nun der Frage zu, welche Möglichkeiten zur Bewältigung von Burnout und Deformation es gibt. Diesen Fragen ist Hauptabschnitt IV gewidmet.

IV. Bewältigung

Nach den ausführlichen Abschnitten über Belastung und berufliche Deformation ist es nun an der Zeit, sich über Möglichkeiten angemessenen Handelns Gedanken zu machen. An einigen Stellen ist dies im vorausgegangenen Text bereits geschehen. Nun aber soll systematisch gesichtet werden, welche Haltungen und Maßnahmen eine Chance bieten, den beruflichen Deformationen der Helferinnen und Helfer zu begegnen. Dabei werden wir sehen, daß die bisherige Ordnung nach Bezugspersonen und Lebensbereichen hier nicht mehr dienlich ist. Oft wird eine Maßnahme, die in einem Bereich ansetzt, tiefgreifende Veränderungen an ganz anderen Stellen bewirken. Riley et al. (1983) haben z. B. darauf hingewiesen, daß Maßnahmen auf Institutionsebene zur Besserung im individuellen Helfer-Burnout beitragen können.
Helferinnen und Helfer, die unter der eigenen Deformation leiden, sind oft überrascht, wenn man sie fragt, ob sich daran etwas ändern lasse. Sie können sich nicht vorstellen, daß das, was sie mit ihren Klienten täglich erörtern, auch für sie selbst von Bedeutung sein könne. Tatsächlich sind es aber die gleichen Gedanken, Begriffe und Strategien, die für Klienten und Helfer hilfreich sein mögen, und auch Widerstand, Änderungsresistenz und letztendliche Neuorientierung treten in vergleichbarer Weise in Erscheinung. Bewältigung findet auf verschiedenen Ebenen statt. Wir werden hier die Aspekte Psychohygiene, Coping, Soziale Unterstützung, Supervision sowie gruppale und institutionelle Einflüsse behandeln. Eine Kombination mehrerer Maßnahmen zeitigt in der Regel die besten Wirkungen.

Was gibt uns überhaupt die Zuversicht, Helferinnen und Helfer könnten ihrer Deformation beikommen, also die Fähigkeit haben, sich gleichsam am eigenen Schopf aus dem Sumpf von Burnout und Selbstschädigung zu ziehen? Es sind drei Besonderheiten, die – entgegen allen früher genannten Beispielen – bei Helfern doch oft anzutreffen sind.

Gespür für Destruktives. Es ist Helferinnen und Helfern auf Grund ihrer Ausbildung und Tätigkeit teilweise leichter möglich zu registrieren, wo ihr eigenes Verhalten destruktiv ist oder in die Irre geht. Sie vermögen vielleicht in besonderer Weise Persönliches und Ideologisches zu unterscheiden und Subjektives zu identifizieren, das unter dem Deckmantel allgemeingültiger Werte artikuliert wird. Sie sind vielleicht weniger als andere Menschen der Gefahr einer länger andauernden Apathie ausgesetzt und können manchmal in origineller Weise um die Ecke denken. Begriffe wie ›Streiten verbindet‹, ›Lösungen zweiter Ordnung‹, ›Neuentscheidung‹, ›kognitive Umstrukturierung‹ usw. lassen dies jedenfalls hoffen.

Selbsterforschung. Wir können damit rechnen, daß viele Helferinnen und Helfer, wenn sie verstrickt sind, doch über hinreichend seelischen Freiraum verfügen, um sich zugleich aus einer Metaperspektive im Blick zu behalten und sich zu fragen: Was tue ich im Moment eigentlich?

Realitätssinn. Wir wissen, daß Realität in der Regel nicht durch einzelne Personen definiert werden kann, sondern in Beziehungen ausgehandelt werden muß. Der Helfer kann einen besonderen Beitrag zur Gewinnung dieses Realitätsverständnisses leisten, indem er fachlich fundiert Übersehenes und Vergessenes, Vernünftiges und Besonnenes, Naheliegendes und Machbares in seiner Selbstprüfung herausstellt. Zu seinem guten Zugang zur Realität mag auch gehören, daß er Ungewisses von Vorhersagbarem, Unmögliches von Aussichtsreichem und Plausibles von Verdrehtem zu unterscheiden vermag. Er wird dafür sorgen müssen, daß er die eigenen Möglichkeiten nicht überschätzt und sich selbst dazu anhält, in Plänen und Entscheidungen auf solche Begrenzungen Rücksicht zu nehmen. Im ersten Kapitel dieses Abschnitts werden diese Fähigkeiten gleich in Anspruch genommen. Es geht um die Psychohygiene der Helferinnen und Helfer.

17. Psychohygiene

Selbstbelastung, Selbstgefährdung und Deformation haben oft mit falscher Selbsteinschätzung, übermäßigem Ehrgeiz, ansprüchlichem Geliebt-werden-Wollen oder fehlender Aufmerksamkeit zu tun. Ihre Behebung erfolgt durch Verstehen der eigenen Motive, durch Einsicht in die überpersönlichen Belastungsanteile, die von Klienten, Team und Institution ausgehen, und durch Vernunft in Anspruchsniveau und Alltagsgestaltung. Dabei scheint mir die vernünftige Gestaltung des Alltags durchaus von gleichem Wert wie die seelische Verarbeitung von Belastungen.

Eine Studentin von mir begann einmal am Ende eines Gruppendynamik-Seminars, haltlos zu weinen. Als ich sie nach dem Anlaß fragte, sagte sie: »Ich wohne über einem Schreitherapie-Zentrum. Jeden Abend, wenn ich mich ins Bett lege, fangen die Gruppen an, und dann wird oft stundenlang geschrien, geweint und gewimmert, und ich kann dann nicht einschlafen. Auch wenn die Gruppe endlich zu Ende ist und die Teilnehmer nach Hause gehen, hallen mir diese Schreie noch im Ohr nach. Oft fahre ich mitten aus dem Schlaf schweißgebadet wieder hoch. Wenn ich jetzt daran denke, daß ich die nächste Nacht wieder in diesem Zimmer verbringen muß, wird mir jetzt schon ganz angst und bange davor.« Sie schaute mich dann erwartungsvoll an, als könne ich ihr helfen, durch Klärung eines eigenen Störungsanteils von dieser Belastung loszukommen. Ich antwortete: »Ich glaube, dann müssen Sie da schleunigst ausziehen!« Das führte in der Gruppe zu einem eruptiven Lachanfall, dem sie sich selbst etwas verspätet und zögernd anschloß. Natürlich war dies die richtige Lösung; alles andere dagegen wäre eine unangemessene Psychologisierung gewesen. Ein Kollege allerdings hat mir vorgehalten, ich hätte ihr zur Klage auf Einhaltung der Lärmschutzbestimmungen gegen ihren Vermieter raten sollen.

Definition

Beginnen wir die folgende Darstellung mit einer Besinnung auf den Psychohygiene-Begriff, den Heinrich Meng in seinen Arbeiten verwendet (Bettschardt, Meng und Stern, 1959). Er definiert Psychohygiene als Praxis und Lehre vom seelischen Gesundheitsschutz. Psychohygiene ist in erster Linie eine praktische Disziplin, ist aus praktischen Bedürfnissen und Erwägungen heraus entstanden und erst später theoretisch und programmatisch formuliert worden. Meng nennt folgende Arbeitsgebiete:

1. Psychohygiene im *Dienste des Gesunden* ist eine Aufgabe und eine Herausforderung, die sich an jeden wendet.
2. Psychohygiene als *Faktor in der Psychotherapie und Resoziali-*

sierung ist eine Aufgabe, die in erster Linie von Institutionen und ihren Mitarbeitern geleistet werden muß.

3. Psychohygiene hat eine Aufgabe bei der *Sanierung von Störungen innerhalb der Gesellschaft.*

Meine Absicht besteht nun darin, in Fortführung der Mengschen Definition Psychohygiene als Gegenimpuls zur beruflichen Deformation vorzustellen. Sie kann dann u. a. als Sammlung präventiver und kurativer Maßnahmen gegen äußere und innere Belastungen und Schädigungen im Leben von Helferinnen und Helfern verstanden werden.

Bei Störungen im Außenbereich denke ich an Gegebenheiten des Lebensumfeldes, die hinderlich, lästig, ärgerlich sind: Schlechte Beleuchtung in Arbeitsräumen, kalte Flure, lieblose Zimmer, beschädigte Möbel, labyrinthartige Behörden, irrationale Arbeitsabläufe, sinnlose Wartezeiten, verstopfte Straßen – es gibt viele solcher kleinen Störungen, denen man im Laufe eines Tages ausgesetzt ist. Die Werbung hat sich dieses Sachverhaltes angenommen: Der Konsum von Kräuterlikör, Zigaretten und Flugreisen verspricht, die aufkommende Frustration schnell zu beheben.

Von vielleicht noch größerem Interesse sind Alltagsstörungen im Innenbereich, d. h. die kleinen Selbsttadel, Selbstverletzungen, Selbstbeleidigungen, Selbstbeschädigungen, Selbstvergiftungen, Selbstkränkungen, Selbstverstümmelungen, Selbstabnützungen, zu denen im Laufe eines Tages Gelegenheit besteht. Psychohygiene ist zunächst vermehrte Aufmerksamkeit für diese kleinen seelischen Verschmutzungen, darüber hinaus auch die fortlaufende seelische Entrümpelung des Alltags, oder, wie eine Kollegin es einmal sehr zutreffend ausgedrückt hat, ein tägliches seelisches Zähneputzen. Wohlgemerkt, jede dieser täglichen Sünden ist für sich genommen nicht neurotogen; aber als Summe stellen sie eine erhebliche Belastung dar, die bei Helferinnen und Helfern zur Entwicklung beruflicher Deformationen beitragen können.

Die Erfahrung zeigt, daß gerade die Alltäglichkeit der Selbstschädigungen eine Aufdeckung besonders schwer macht. Sie sind so geläufig, so selbstverständlich, so alt und vertraut, daß sie sich längst der Beachtung entzogen haben. Wer schon immer an einer Allergie gelitten hat, kann sich ein Leben ohne Allergie kaum vorstellen;

wessen Alltagstorheiten schon seit Jahrzehnten bestehen, der betrachtet sie leicht als ihm eigen. Aber es sind eben doch tägliche Vergiftungen, die Aufmerksamkeit und Energie kosten und Lebensfreude, Arbeitsfähigkeit und Kontakt beeinträchtigen.

Däumling (1968) nennt als Aufgaben der Psychohygiene Erhaltung der seelischen Gesundheit, Entspannung des Gemeinschaftslebens und Förderung der Persönlichkeitsreifung. Unter ihnen kommt der Erhaltung der seelischen Gesundheit eine Vorzugsstellung zu, da sie im Arbeitsleben vermutlich am meisten bedroht ist und am ehesten der Beeinflussung durch den Helfer selbst unterliegt.

Spontan reagieren Helfer auf übermäßige Belastungen ohnehin. Besonders häufig ist hier der innere Rückzug den Klienten gegenüber zu beobachten, die sich z. B. in der Art zu erkennen gibt, wie diese bezeichnet werden: als Alkies, Junkies, Spritties, Knackis, Schizos, Spastis, Hirnis, Rollies, Depries oder als die bekannte ›Leber auf Zimmer 13‹ – also Wortwahlen, die ein übermäßiges Angerührtwerden verhindern oder im Scherz Distanz, Abneigung oder Verachtung dokumentieren. Von systematischen Maßnahmen der Psychohygiene hingegen ist zu fordern, daß sie die Belastung regelmäßig beobachten und Möglichkeiten einer fortlaufenden selbst- und klientenbezogenen Regulierung eröffnen.

Einige Psychohygienemaßnahmen ergeben sich nahezu von selbst, wenn man die Listen erforschter Belastungen studiert und entsprechende Konsequenzen zieht. Auch ganz konkrete Hinweise und Empfehlungen können nützlich sein. Die Korrektur zielt dabei stets in mindestens zwei Richtungen; nämlich (1) die Verringerung negativer Arbeits- und Lebensbedingungen (»Abwehr des Negativen«) und (2) die Förderung positiver Möglichkeiten (»Impuls nach vorn«) (Justice, 1981).

Fragen zur Alltagsgestaltung

Im folgenden sind einige Fragen und Vorschläge zusammengestellt, mit denen in verschiedenen Lebensbereichen des Alltags Psychohygiene pragmatisch beginnen kann. Jede Frage stellt ein doppeltes Angebot dar: sich des Sachverhaltes deutlicher bewußt zu werden und dann zu klären, ob Einstellungsänderung, Neuentscheidung oder Verhaltenskorrektur erfolgen sollen. Denjenigen Leserinnen und Lesern, die diese Fragen für ihr eigenes Leben zu prüfen beabsichtigen, sei empfohlen, sich pro Tag nur eine einzige davon vorzunehmen und sich von ihr durch den Tag begleiten zu lassen.

1. Stellen Sie eine Liste der ›Du solltest . . .-Sätze‹ zusammen, die Ihnen als Inanspruchnahmen durch Ihnen wichtige Personen geläufig sind. Prüfen Sie, welchen dieser Beanspruchungen Sie in Zukunft noch gerecht zu werden beabsichtigen und welchen nicht.
2. Fertigen Sie ebenso eine Liste aller ›Ich sollte ...-Sätze‹ an, die Ihnen geläufig sind. Prüfen Sie auch hier, welche dieser Selbstverpflichtungen Sie in Zukunft aufrechterhalten wollen und welche nicht.
3. Schreiben Sie nieder, in welchen Momenten des Alltags Sie in Ihrem Leben die schiere Unvernunft walten lassen. Fragen Sie sich, wo dies unerläßlich ist und wo sie vermieden werden kann.
4. Bringen Sie in Erfahrung, welche Gedanken, Wünsche, Pläne, Handlungen in Ihrem Leben unerledigt sind, vom Größten bis zum Kleinsten (vgl. ›Du solltest ...-Sätze‹ und ›Ich sollte ...-Sätze‹). Entscheiden Sie, welche davon Sie innerhalb der nächsten vier Wochen erledigen wollen und welche Sie unerledigt lassen können oder müssen. Verabschieden Sie sich von letzteren Dingen ganz bewußt. Es gilt: Alles Unerledigte bindet Kraft.
5. Welche Personen und Situationen bringen Sie zuverlässig in Rage? Lassen sich Bedingungen Ihres Lebens so umstellen, daß diese kritischen Begegnungen seltener eintreten als bisher?
6. Welche Ihrer gegenwärtigen Tätigkeiten sind Ihnen ausgesprochen lästig? Ist es möglich, einige davon in Zukunft seltener, kürzer oder nicht mehr auszuüben?
7. Gibt es in Ihrem Bekanntenkreis und unter Ihren Klienten solche Personen, mit denen Sie eigentlich keine Begegnung wünschen? Ist es in diesen Fällen möglich, die Kontaktrate wesentlich zu verringern oder den Kontakt in absehbarer Zeit zu beenden? Gibt es andererseits Menschen, mit denen Sie gern häufiger zusammen wären? Ist dies einzurichten?
8. Mit welchen Tätigkeiten gestalten Sie Ihre Freizeit? Sind Sie danach erfrischt und bereichert oder müde, dumpf, gereizt und ausgelaugt?
9. Bei welchen Gelegenheiten sehen Sie Ihre engeren und weiteren Verwandten? Ist das zu wenig, zu viel oder gerade richtig?
10. Für welche Dinge geben Sie viel Geld aus? Ist diese Mittelverteilung richtig, oder kommt für Sie eine Planung: ›Weniger Arbeit = weniger Einkommen = weniger Konsum = mehr Erholung‹ in Betracht?
11. Worüber reden Sie in informellen Begegnungen bevorzugt? Sind Sie danach angeregt, entspannt und wohlgestimmt oder maskenhaft, erregt und müde?

12. Gibt es in Ihrem Leben eine Tätigkeit, bei der Sie zuviel Zeit verbringen, z. B. Autofahren, Fernsehen, Aufenthalt in Gaststätten, Putzen, Kontakt mit von Ihnen nicht geschätzten Personen, Konferenzen? Ist es aussichtsreich, in einem dieser Punkte eine Änderung anzustreben?
13. Schreiben Sie alle Unsitten, die Sie an sich kennen, von den harmlosesten Eigenarten bis hin zu den schwersten Torheiten nieder. Notieren Sie dann, welche davon Sie bis zum Ende dieses Monats oder Jahres ablegen wollen.
14. Notieren Sie möglichst detailliert, was an einem typischen Arbeitstag, den Sie erleben, wann geschieht. Achten Sie besonders auf Zeiten des Übergangs, z. B. Aufstehen – Frühstück – Haus verlassen, Arbeit – Mittagessen – Arbeit, Arbeit – Fahrt nach Hause – Begegnung mit Angehörigen und Freunden, Abendessen – Freizeit – Schlaf. Schreiben Sie die genauen Uhrzeiten dazu und auch, welche Zeitspannen des Tages Ihnen zusagen und welche nicht. Fragen Sie sich, ob Sie an diesem typischen Arbeitstag etwas verändern wollen. (Siehe folgende Seite.)
15. Wenn Sie Ihren normalen Arbeitstag nun gut kennen, haben Sie jetzt Gelegenheit, sich Ihren idealen Arbeitstag auszumalen. Beschreiben Sie ihn Stunde für Stunde detailliert und genau. Prüfen Sie dann, welche Teile daraus auch in Ihrem wirklichen Leben Platz finden können.
16. Bei welchen Themen, Situationen und Personen greifen Sie zu kleinen, mittleren oder großen Übertreibungen, Unwahrheiten oder Lügen? Ist es möglich, einige davon loszulassen?
17. Wo entwickeln und pflegen Sie kleine Verdrängungen, Verleugnungen und Verkennungen, also selbstinszenierte Unschärfen in Wahrnehmung, Äußerung und Erinnerung, die Sie zugleich sehr wohl bemerken?
18. Spüren Sie in sich einen ständigen Änderungsdruck, dem Sie nicht länger gehorchen wollen? Oder erleben Sie sich schwerfällig und änderungsabgeneigt, obwohl es notwendig wäre, Dinge in Bewegung zu bringen? Besteht in Ihrem Leben eine Balance zwischen Veränderung und Erhaltung?
19. Finden sich im Laufe Ihres Arbeitstages und Ihrer Lebenswoche ausreichend Zeiten für Extraversion und Introversion? Oder hat eines von beiden ein starkes einseitiges Übergewicht im Vergleich zum anderen?
20. Dienen die Kontakte, die Sie mit Klienten und Bekannten haben, auch Ihrer eigenen Inspiration und Entfaltung? Oder handelt es sich dabei überwiegend um Pflichten? Besteht die Möglichkeit, sich von einigen dieser Begegnungen zu befreien? Oder benötigen Sie mehr davon?
21. Beobachten Sie an sich Selbstmitteilungen, in denen Sie sich tadeln, entwerten und beschimpfen? Ist es möglich, diese Dauerselbstberieselung abzustellen?

	+ 0 –
0– 1	
1– 2	
2– 3	
3– 4	
4– 5	
5– 6	
6– 7	
7– 8	
9–10	
10–11	
11–12	
12–13	
13–14	
14–15	
15–16	
16–17	
17–18	
18–19	
19–20	
21–22	
23–24	

\+ = in Ordnung
0 = na ja, geht so
– = ist für mich ein Streßrisiko

22. In welchen Bereichen Ihrer Wohnung fühlen Sie sich wirklich wohl? Gibt es Flächen, die Ihnen nicht gefallen, die Sie beunruhigen oder ängstigen? Ist Abhilfe denkbar? Gibt es Bereiche, die Sie für die Regeneration ausbauen und anders gestalten sollten?
23. Findet sich im Laufe jedes Tages in Ihrem Leben Raum zum Denken, Fühlen, Empfinden und Intuieren? Wenn nicht: Ist dem abzuhelfen?
24. Auf welche Weise entlasten Sie sich von angestauten Spannungen? Sind diese Formen wünschenswert? Schädigen Sie damit sich selbst oder andere? Wünschen Sie eine Änderung darin?
25. Wie stellen Sie es an, sich im Alltag zu entmutigen und kleinzumachen, häßliche Stimmungen in sich zu erzeugen, in Ängste zu versinken und sich Lebensmut und Lebensfreude zu nehmen?
26. Was können Sie von anderen Menschen erbitten und was bringen Sie als Bitte auf keinen Fall über die Lippen? Werden Sie dabei gut versorgt, oder kommen Sie seelisch häufiger zu kurz?
27. Welche Gebote, Verbote, Tonlagen und Aufforderungen aus früher Kindheit kennen Sie? Welche davon nehmen noch heute Einfluß auf Ihre Entscheidungen und Ihr Verhalten? Sind solche darunter, die Sie ablegen oder durch andere Mitteilungen ergänzen wollen?
28. An welchen Orten, zu welchen Zeiten, durch welches Tun und Lassen und mit welchen Menschen können Sie vor und besonders nach anstrengenden Zeiten Kraft schöpfen? Tun Sie es auch?

Wer diese Fragen in Ruhe bedacht hat, mag Lust bekommen, einige Bereiche seines inneren und äußeren Hauses zu renovieren.

Therapeutische Initiativen

Manche Maßnahmen, die Helferinnen und Helfer ergreifen, dienen nicht der Neuordnung eines ganz bestimmten Lebensbereiches, sondern helfen bei einer generellen Entlastung, Selbstklärung und Neuorientierung.

Psychotherapie. Vielleicht, aber nur vielleicht kann man zur Behandlung der beruflichen Deformation Therapie empfehlen. Sie wird in manchen Fällen zur Lockerung der strengen Helfer-Selbstverpflichtung führen, eine Relativierung des Geltungsstrebens erreichen oder neue Verhaltensmöglichkeiten eröffnen. Aber dabei ist zu bedenken: Der Grundstein für die berufliche Deformation wurde ja oft gerade während der eigenen Therapieausbildung gelegt, und in der erneuten Therapie kommen nun wieder hauptsächlich diese zahllosen inneren Regungen zur Sprache. Außerdem besteht in der Regel kein schwerer Leidensdruck, sondern eher ein mildes oder mittleres Unbehagen am eigenen Leben. Therapie mag also geeignet sein oder auch nicht. Gewiß werden alle therapeutischen Maßnahmen zu empfehlen sein, die ein *Gegen*gewicht zur beruflichen Überlastung bewirken.

Entspannungsverfahren und Aktivierungsverfahren haben psychohygienische Wirkungen in antagonistischer Weise. Wer als Helfer sympathikoton, mit zunehmender Anspannung und übererregt auf Belastungen reagiert, wird gewiß gut daran tun, eine Form der Selbstentspannung zu üben, z. B. das Autogene Training, die Jacobson-Entspannung, ein Biofeedback-Verfahren oder eine Atemtechnik. Wer unter Streß andererseits eher mit Schwäche, Apathie und Passivität reagiert, wird mehr Nutzen von aktivierenden Verfahren haben, zu denen z.B. Tanz und Bewegung, das Karate (ein Antidepressivum ersten Ranges) und generell Sportübungen gehören. Eine Mittelstellung, in der aktivierende, harmonisierende und entspannende Elemente einander ergänzen, nehmen z.B. Yoga und Eurythmie, Tai Chi und Eutonie ein.

Kunsterfahrung und künstlerischer Ausdruck. Manchen Helferinnen und Helfern gelingt es, in der Begegnung mit Werken der Kunst zu innerer Ruhe, Klarheit und Kraft zu finden: Musik, Formen, Darstellungen, Theater, Tanz. Nicht ohne Grund hat Alfred Adler die Ehrfurcht vor den Werken von Natur und Kultur als einen Hinweis auf seelische Gesundheit betrachtet. Man muß dabei über sich selbst hinausblicken und sich für etwas öffnen, das gerade nicht von der eigenen Seelenlage handelt. Das ist oft lehrreich und heilsam. Noch deutlicher wird die psychohygienische Funktion der Kunst dann, wenn der Mensch versucht, selbst einen künstlerischen Ausdruck für seine seelische Situation zu finden: in der Arbeit mit Bildern und Texten, in Ausdruck und Bewegung und in der plastischen Arbeit mit Materialien. Alle diese Gestaltungsformen und Gestaltungstherapien haben sich bei der Arbeit mit Klienten in Psychotherapie, Psychiatrie, Heil- und Freizeitpädagogik und auch im regulären Schulunterricht bewährt. So haben sie gewiß auch für Helferinnen und Helfer eine psychohygienische Funktion.

Selbstlohnung. Nach herkömmlichem Denken müssen Anerkennung und Belohnung von anderen Menschen kommen, um den Helfer zu erfreuen und zu stärken. Die Verhaltenstherapie hat aber gezeigt, daß Selbstbelohnung möglich ist, daß man sie lernen kann und daß die Fähigkeit dazu ein zentrales Kennzeichen der gesunden Person ist. Helferinnen und Helfer leiten ja auch ihre Klienten dazu an, sich selbst anzuerkennen, zu bejahen und zu belohnen. So liegt es nahe, daß sie von diesem Wissen auch für sich selbst Gebrauch zu machen lernen. Sie mögen also bei ihrem eigenen Tun und bei ersten kleinen Erfolgen des Klienten durchaus innehalten und sich selbst mit einer kleinen Sonderanerkennung versorgen. Am angenehmsten fühlt es sich vermutlich an, wenn diese spontan und von einer anderen Person kommt. Wer als Helfer nicht über einen derart aufmerksamen sorgenden Kollegen- und Freundeskreis verfügt, findet in Tab. 19 ein paar Hinweise, wie er oder sie selbst zur Tat schreiten kann.

Tab. 19: Angebote zur Selbstbelohnung

Bitte unterstreichen Sie in der folgenden Liste alle Dinge, die Sie gern konsumieren, tun, besitzen. Notieren Sie jeweils auch eigene Beispiele.

1. Speisen: Süßigkeiten, Eis, Obst, Kuchen, Nüsse, Kekse, Brot, Salat, Joghurt, Pudding, Fleisch, Schinken ...
2. Alkoholfreie Getränke: Wasser, Milch, Kaffee, Tee, Sprudel ...
3. Männer, Frauen treffen: die gut aussehen, intelligent sind, eine Position haben, interessant sind ...
4. Probleme lösen: Kreuzworträtsel, mathematische Aufgaben, technische Probleme ...
5. Musikhören: klassische Musik, Opern, Operetten, Musicals, Chansons, Jazz, Soul, Schlager, Volkslieder ...
6. Musikmachen: Singen, Klavier, Flöte, Geige, Gitarre, Schlagzeug ...
7. Sport sehen oder treiben: Fußball, Leichtathletik, Schwimmen, Skilaufen, Autorennen, Boxen, Tanzen ...
8. Radiohören/Fernsehen: Berichte, Hörspiele, Magazine, Shows ...
9. Lesen: Illustrierte, Zeitungen, Krimis, Romane, Abenteuergeschichten, Biographien, Reiseberichte, Lyrik, Comics, Liebesgeschichten, Fachliteratur ...

10. Einkaufen: Platten, Bücher, Lebensmittel, Kleidung, Kosmetik, Haushaltswaren, Autozubehör ...
11. Ruhe, Entspannung, Atemübungen, Schlafen, Yoga ...
12. Zusammensein, Gespräche mit Bekannten, Freunden ...
13. Ausgehen: Restaurant, Kneipe, Kino, Theater, Café, Friseur, Diskothek ...
14. Hygiene: Duschen, Schaumbad, Massage, Sauna ...
15. Mit Tieren umgehen: Hunde, Katzen, Vögel, Fische, Amphibien ...
16. Werken, Basteln, Handarbeit, unerledigte Dinge in Haus und Haushalt tun ...
17. Ausflüge: Landschaften, Sehenswürdigkeiten, Museen, Architektur, Kirchen, Stadtviertel ...
18. Was tun Sie, wenn Sie sich trösten oder sich etwas Gutes tun wollen?

Welche der Verstärker, die Sie jetzt aus der Liste zusammengestellt haben, werden Sie sich in den nächsten vier Wochen bei Gelegenheit einmal gönnen, wenn Ihnen danach zumute ist?

____

____

____

____

(modifiziert nach Schulte, 1976)

Von gleichem Wert mag es freilich sein, die Anerkennung im eigenen Inneren zu finden. Dies gelingt oft um so eher, wenn man sein Handeln als Helfer nicht als besondere Leistung und Tüchtigkeit definiert, sondern als geliehene Gabe dankbar betrachtet und zur Verfügung stellt.

Gedankenstop. Es ist manchmal notwendig, über die beruflichen Anforderungen und Schwierigkeiten, denen man ausgesetzt ist, immer wieder nachzudenken und ausführlich zu sprechen. Zu anderen Zeiten ist es richtig, damit aufzuhören. Das ist eine ganz einfache Erkenntnis; aber viele Helferinnen und Helfer sind nicht imstande, dem zu folgen. Stattdessen kreist ihr Denken grüblerisch und quälend immer wieder um die gleichen Möglichkeiten,

Unwägbarkeiten, Eventualitäten und Risiken, spult zurückliegende Begegnungen und Gespräche wiederholt ab oder sucht nach Schlupflöchern und Lösungen, wo es keine gibt. Das Denken kommt nicht zur Ruhe; diese Helfer können nicht Abstand von sich nehmen. In solchen Fällen ist das Gedankenstop eine schiere Notwendigkeit und ein Gebot der Vernunft. Entscheidend ist eben immer die richtige Dosierung. Im Rheinland gibt es dazu eine sehr nützliche, heilsame Redensart: ›Mer müsset nit öwwerdriewe!‹ (›Wir müssen es nicht übertreiben‹). Tatsächlich hat die Psychohygiene oft damit zu tun, daß man etwas nicht übertreibt.

Tägliche Praxis

Viele Maßnahmen sind nicht als Therapie zu bezeichnen, entfalten aber bei regelmäßiger Übung durchaus therapieähnliche Wirkungen.

Brief, Tagebuch, gute Gedanken, Gebet. Es handelt sich hier um verschiedene Formen des Dialogs: mit anderen Menschen, mit sich selbst, mit imaginären Gesprächspartnern oder mit Gott. Offenbar hilft das Aussprechen oder Niederschreiben von Gedanken, Gefühlen und Wünschen manchen Helferinnen und Helfern, Belastungen abzulegen, mehr Klarheit in ihr Leben zu bringen und neue Handlungsimpulse zu entwickeln (vgl. Kaiser, 1981). Aber dies gilt nicht für jeden. Manche Menschen werden beim Schreiben erst recht traurig. Dann sind Brief und Tagebuch nicht ihr Weg. Das Gebet kann man andererseits kaum ›empfehlen‹. Es ist ein zu intimer Vorgang, als daß es pragmatisch angeraten werden könnte. Dennoch: Menschen berichten recht oft, daß im Moment tiefster Not oder Angst ihnen der Gedanke zu beten ganz von alleine kam. Auch Helfer, die keine religiöse Bindung erleben, machen vielleicht die Erfahrung, daß gute Gedanken demjenigen guttun, der sie hat, und manchmal denjenigen erreichen, dem sie gelten.

Flow-Erlebnisse. In Arbeit und Freizeit spielen die sog. Flow-Erlebnisse (Csikszentmichalyi, 1987) eine besondere Rolle. Es sind also Erfahrungen vollständigen Hingegebenseins, in denen die Unterscheidung zwischen Selbst und Umwelt und zwischen

Vergangenheit, Gegenwart und Zukunft (Aronson et al., 1983), aber auch zwischen verschiedenen Sinnesgebieten aufgehoben ist. Die Gestalt-Therapie hat diese Erfahrung als Konfluenz bezeichnet. Im Alltag können wir die Andeutung einer Flow-Erfahrung machen, wenn wir uns in eine Tätigkeit so hineinbegeben, daß wir alles um uns her vergessen und später überrascht feststellen, wie die Zeit verflogen ist. Man empfindet sich dann danach oft als von einer gesunden Müdigkeit umhüllt – im Gegensatz zum Ausgepumpt- und Erschöpftsein nach frustrierender Arbeit.

Erlebnisse der vollständigen Hingabe oder des Verschmelzens werden Menschen manchmal in der Begegnung mit Natur und Musik, bei künstlerischer Betätigung, beim Schachspiel, in Liebe und Religion oder in der Meditation zuteil. Man kann sie nie erzwingen; aber wenn man ganz geöffnet ist, werden sie einem manchmal geschenkt und sind dann Erfahrungen, die man sein Leben lang nicht vergißt. Helfer mögen ob dieser Beschreibung skeptisch sein, denn manche von ihnen kennen im Übermaß die Erfahrung, von Klienten symbiotisch vereinnahmt zu werden. Aber eben: Die Verschmelzung birgt, wie vieles andere im menschlichen Leben auch, Chance und Gefahr in sich. Wer als Helferin und Helfer Flow-Erlebnisse hat, ohne sich und andere zu schädigen, gewinnt daraus eine Stärkung für die weitere Arbeit.

Fähigkeit zur Mit-Arbeit. Ob ein Helfer sich in der Arbeit wohlfühlt, hängt u. a. davon ab, welches Maß an Disziplin er sich selbst in der Zusammenarbeit mit den Kolleginnen und Kollegen abverlangt. Die Teilnahme an Seminaren über Kommunikation und Kooperation kann hier hilfreich sein. Aber der Helfer ist auch gefordert, sein Handeln an einer ethischen Maxime zu orientieren. Lievegoed (1988) zitiert für Menschen der Gegenwart, die die Zusammenarbeit lernen wollen, den sog. sechsgliedrigen Pfad: Kontrolle der Gedanken, Kontrolle der Handlungen, Ausdauer, Toleranz, Unbefangenheit und ruhigen Gleichmut.

Regulierung der Nähe. Die Regulierung der Nähe betrifft Wohnort, offene oder geschlossene Tür des Arbeitszimmers, Abfolge und Länge der täglichen Gespräche, aber auch den Grad der Identifikation mit jedem Klientenschicksal. Einige Autoren empfehlen, sich auf keinen Fall emotional enger auf Klientenschicksale einzulassen (z. B. Hunter et al., 1982). Es ist aber wohl beides erforderlich: Grenzsetzung und tiefes Verständnis. Wer nur das eine kann, wird bald Erschöpfung erfahren – weil er die Klienten nicht erreicht, oder weil sie alle seine Kraft beanspruchen.

Zur Regulierung der Nähe gehört auch die Entscheidung über das Du. Während in therapeutischen Wohngemeinschaften das Du zwischen Helfer und Klient verbreitet ist, beschränkt es sich in Kliniken oft auf den Kollegenkreis der Helfer oder unterbleibt ganz. Innerhalb der Szene gibt es aber auch ein aufdringliches Du zwischen einander völlig unbekannten Helferinnen und Helfern, die zum ersten Mal miteinander telefonieren (›Tach, ich bin der Bernhard von der DROPS in X. Kannst Du mir mal eben sagen, wie ...‹). Man kann aus psychohygienischer Sicht empfehlen, das Du nur dann zu benutzen, wenn es Ausdruck der eigenen Vertrautheit mit dem Gegenüber ist oder werden kann, für beide eine seelische Sützung darstellt und etwas Wahres über die Beziehung aussagt. Im übrigen ist ein zurückhaltendes Sie oft gesünder als ein kumpelhaftes Du. Als Faustregel hat sich bewährt: Jeder ist selbst dafür verantwortlich, wie er angesprochen wird.

Lektüre. Einerseits erwerben manche Helferinnen und Helfer durch Lektüre fundierte Kenntnisse. Die Lektüre dient hier dazu, mit soliderem Hintergrund begleiten, entscheiden und handeln zu können. Der Aufwand an Zeit und Kräften wird durch den Gewinn an Verständnis und Handlungssicherheit aufgewogen. Die ›Familienkonferenz‹ von Thomas Gordon ist für manche Helfer in dieser Hinsicht zu einem Schlüsselerlebnis geworden. Es ist aber auch an Texte zu denken, die beim Leser spontan Gefühle von Ruhe, Frieden und Hoffnung wecken. Manche Menschen werden in der Lektüre ausgewählter Bibelstellen Trost und Kraft finden. Manche Texte muß man mehrere Male lesen, bevor sie sich erschließen, oder sie zeigen sich zuerst in einer Weise und später in einer ganz anderen. Es muß wohl jeder, der aus Lektüre Kraft schöpfen will, selbst suchen, bis er etwas findet, das in ihm diese Wirkung hervorruft.

Einsamkeit und Natur. Ich meine hier nicht das verbreitete ›Mal eben kurz Luft schnappen‹ oder den Verdauungsspaziergang nach zu schweren Mahlzeiten. Einsamkeit und Natur sind zwei Chancen der Begegnung mit sich selbst und zugleich mit einem Raum, in dem wir manchmal eine Erfahrung der Geborgenheit machen. Aber auch hier ist Vorsicht geboten. Manchen Helfern bekommt in einer Situation schwerer Belastung Einsamkeit nicht gut, und sie fühlen sich wohler in Stadt und Getriebe. Und andererseits läßt sich die Natur nicht zwingen, uns Kraft zu geben. Entscheidend ist vermutlich die Fähigkeit, der Natur zu begegnen, also ein Sich-Öffnen und Hinhorchen. Die Tugenden Aufmerksamkeit und Hingabe sind gefragt; denn dann fordern wir nichts von der Natur, sondern lassen sie heilend auf uns einwirken.

Tagesresümee. Beim Tagesresümee handelt es sich um eine dem Gedanken-Stop ähnliche kleine Übung, die sich besonders für Helferinnen und Helfer eignet, die sich schwer mit dem Loslassen und Abschalten tun. Man kann sie vielleicht um 17 Uhr oder abends vor dem Abendbrot machen, aber jedenfalls so rechtzeitig, daß danach vom Tag noch eine nennenswerte Wegstrecke übrigbleibt. Man notiert auf ein Blatt alles, was man im Laufe dieses Tages im Helferberuf getan und gedacht hat: Gespräche, Erkundigungen, Teamsitzungen, Telefonate, Terminabsprachen, Gedanken, Pläne, Beratungen, Therapien, Supervisionen – in chronologischer Reihenfolge bis zu dem Zeitpunkt, zu dem man eben jetzt diese Niederschrift anfertigt. Und unter diese kurze oder lange Liste schreibt man dann mit energischer Schrift den Satz: »Damit soll es nun für heute genug sein!!!« – Dies stellt dann das Ende des Helfer-Arbeitstages dar, und in der verbleibenden Zeit werden alle Gedanken, die wieder daran aufkommen, mit diesem einen Satz ›Damit soll es nun für heute genug sein!!!‹ energisch abgewiesen.

Grundsätzlich sind Maßnahmen der Psychohygiene immer dann geeignet, wenn sie leicht verfügbar sind, von Wohlwollen gegen sich selbst und andere geprägt sind und dem eigenen Wohlbefinden dienen. Jeder Mensch muß sich selbst auf die Suche nach den Maßnahmen machen, die für ihn diese Bedingungen erfüllen und zugleich einen Beitrag zur Gemeinschaft leisten. Ein wenig tägliche Aufmerksamkeit ist dabei unerläßlich.

Zur seelischen Gesundheit gehört Genußfähigkeit – Freud hat nur sie und die Arbeitsfähigkeit als Merkmale des gesunden Menschen gewählt. Nun soll Genuß gewiß nicht Ausgangspunkt eines weiteren Arbeitspensums werden. Aber manchen Menschen, die sich mit dem Genießen schwertun, können, wenn sie ein paar Regeln beachten, ihre Kompetenz auf diesem Gebiet erweitern. Lutz und Koppenhöfer (1989) führen dazu aus:

1. Genießen braucht Zeit
2. Genuß ist erlaubt
3. Genießen verlangt Erfahrung
4. Genuß ist niemals zufällig oder eine bloße Beigabe
5. Im Genießen gibt es große individuelle Unterschiede
6. Genuß ist auch im Alltag möglich
7. Beim Genießen ist ›weniger‹ oft ›mehr‹.

Zur Psychohygiene gehört also auch, dem Genuß Ort, Zeit, Gelegenheit und innere Bereitschaft einzuräumen. Helferinnen und Helfer sind manchmal der Versuchung ausgesetzt, statt dessen noch ein wenig mehr zu helfen und hierin schließlich ihre einzige Befriedigung zu finden. Aber Neuentscheidungen sind möglich.

18. Coping

Manche der hier eingeführten Begriffe weisen Überschneidungsbereiche miteinander auf oder beleuchten den Gegenstand von verschiedenen Seiten, jedoch mit konvergierenden Ergebnissen. So verhält es sich auch mit dem Coping-Konzept. ›Bewältigung‹ dient uns als Überschrift über den ganzen Hauptabschnitt; denn alle Maßnahmen, von denen hier berichtet wird, sind Versuche, Burnout und berufliche Deformation zu bewältigen. Man könnte aber auch speziell die Überlegungen zur Psychohygiene dem Coping-Konzept zuordnen, weil sie persönliche Bewältigungsweisen darstellen. Und umgekehrt ist es denkbar, Coping als Sonderfall der Psychohygiene zu betrachten; denn natürlich sind unter den Coping-Strategien viele, die der seelischen Gesundheit dienen. Andererseits bezeichnet Coping auch bereits bestehende habituelle Bewältigungspraktiken, von denen durchaus noch nicht gewiß ist, ob sie psychohygienische oder noxische Wirkungen haben. So erscheint die Verwendung des Begriffs in einem gesonderten Kapitel vertretbar, zumal aus dieser Perspektive ein reiches Material für die Praxis vorliegt.

Definition

Unter Coping versteht man heute die individuellen Formen, in denen Menschen auf Belastungen reagieren. Dabei werden Eigenschaften, Entscheidungen, Formen der Informationsverarbeitung, Kognitionen und Ich-Leistungen der Person als vermittelnde Größen zwischen Belastung und Verhalten berücksichtigt (Rüger et al., 1990). Die Bewältigungsstrategien, die eine Person wählt, scheinen nicht sonderlich konstant oder einheitlich zu sein, so daß man tunlichst nicht von Bewältigungs-*Stilen* sprechen sollte. Vielmehr reagieren Menschen wohl recht situationsbezogen und entsprechend variabel auf Belastungen.
Generell wird eine große Zahl von Coping-Strategien unterschieden. Die folgende Skala von Sidle et al. (Tab. 20; entnommen und frei übertragen aus Rüger et al. 1990) bietet zehn Coping-Formen an. In der Diagnostik wird den Befragten in wenigen Sätzen der durchschnittlich problematische Anfang einer normalen mittelglücklichen Ehe beschrieben; danach werden sie gebeten, in den folgenden Fragen ihre eigenen bevorzugten Coping-Strategien zu kennzeichnen und anzugeben, mit welcher Wahrscheinlichkeit sie jede der zehn Zugehensweisen wählen würden. Dieser Selbstversuch steht auch Leserinnen und Lesern offen, für sich selbst, vielleicht auch für den eigenen Partner oder einen Klienten.

Tab. 20: Copingfragebogen nach Sidle et al. (1973)

1. Versuchen, mehr über die Situation herauszufinden; zusätzliche Information suchen.
2. Mit anderen Menschen über das Problem sprechen.
3. Versuchen, die heitere Seite der Situation zu sehen.
4. Sich nichts daraus machen (»Wahrscheinlichkeit wird alles gut werden«).
5. Sich anderen Aktivitäten zuwenden, um von dem Problem loszukommen.
6. Auf der Grundlage des gegenwärtigen Verständnisses der Situation einen konstruktiven Impuls geben.
7. Aufs Schlimmste vorbereitet sein.

8. Verschiedene Alternativen zur Beeinflussung der Situation vorbereiten (»Letztendlich wissen Sie nie genau, welche davon zum Erfolg führen wird«).
9. Sich auf eigene frühere Erfahrungen stützen (»Vielleicht sind Sie schon mal in einer ähnlichen Situation gewesen«).
10. Versuchen, die Spannung zu reduzieren.

Die zehn Strategien sind recht klar und trennscharf formuliert. Aber natürlich wird jeder Helfer ab und zu jede der Vorgehensweisen wählen und allenfalls milde, nicht übermäßig stabile Präferenzen entwickeln. Auch sind die Sätze recht abstrakt, vermutlich, um die Zahl der Kategorien in überschaubaren Grenzen zu halten. Aber die Suche nach Information z. B. wird doch recht verschieden ausfallen, je nachdem, ob man eine rasche Zugverbindung benötigt, eifersüchtig ist oder eine Forschungsarbeit abfassen will. Wir müssen also mehr ins Detail gehen.
Ich nahm während verschiedener Seminare zum Thema ›Belastung in Helfer-Berufen‹ die Gelegenheit wahr, die Teilnehmerinnen und Teilnehmer um eine schriftliche Äußerung über die Art zu bitten, in der sie selbst mit Belastungen umgehen. Dabei entstanden Listen ganz konkreter Vorgehensweisen, mit denen Helfer in ihrem Lebenskontext Erfolg gehabt hatten. Drei derartige Erhebungen zu verschiedenen, aber verwandten Themen sollen hier vorgestellt werden.

Abgrenzung gegen eigene Klienten

In einem dieser Seminare bat ich die Teilnehmerinnen und Teilnehmer, eine kurze Notiz darüber zu machen, wie sie sich im Kontakt mit Klienten vor falscher Fürsorge (vgl. Kap. 4) schützen. Darauf gaben sie die folgenden Antworten (Tab. 21). Für Leserinnen und Leser mag es sich lohnen, diejenigen Verhaltensweisen zu markieren, derer sie selbst sich vielleicht auch einmal bedienen würden.

Tab. 21: Helfer-Abgrenzung gegen Klienten

1. Das eigene Zimmer als Verwöhnungsort verschönern
2. Ich halte mich mehr raus
3. Neuen Projektschwerpunkt suchen
4. Supervision
5. Therapeutische Intervention im Team besprechen

6. Zeigen meiner eigenen Begrenztheit
7. Bessere Zeit- und Arbeitsplanung
8. Innere Warnsignale aufmerksamer beachten
9. Aktivitäten zur Weiterbildung
10. Delegation von Aufgaben, Schwerpunktbildung der eigenen Arbeit
11. Den Klienten nicht in Gedanken mit nach Hause nehmen
12. Konstruktive Pause
13. Neinsagen
14. Den Wunsch nach Bestätigung in der Arbeit hinterfragen
15. Stärker auf eigenes Befinden achten
16. Aussprechen, was ich empfinde
17. Andere berufsfremde Interessen pflegen: Sprachen, Sport, Sexualität
18. Figuren aufs Papier malen
19. Einen Teil der Schuldgefühle als Ergebnis einer Gegenübertragung erkennen
20. Arbeitszeiten und Pausenzeiten einhalten
21. Ich stelle meine eigenen Ziele nicht mehr hintan
22. Keine gezielten Ratschläge geben
23. Ich suche Ähnlichkeiten zwischen dem Patienten und mir. Damit tue ich dann immer auch etwas für mich.
24. Bei Überlastung lasse ich meine Sekretärin den bevorstehenden Termin absagen und zugleich den nächstfolgenden Termin bestätigen
25. An etwas Schönes denken
26. Mehr Zeit für Neues, mehr Zeit für mich
27. Balint-Gruppe
28. Im Team Entlastung suchen
29. Das Zeit-Setting genauer einhalten
30. Deutlicher ausdrücken, was ich fühle; dann dem Klienten nach seiner Meinung fragen
31. Mein Privatleben bereichern
32. Wenn ich die Position der Hilflosigkeit einnehme, fängt der Klient an, für sich zu sorgen
33. Mich fragen: Für was bin ich verantwortlich?
34. Fünf Minuten Pause zwischen zwei Klienten
35. Die eigene Mitte wiederfinden: Meditation und Jacobson-Entspannung
36. Rückzug auf die Lehre – weniger emotional reagieren
37. Zugeben, daß ich auf dem Helfer-Trip bin
38. Einem Klienten, der mir für meine Hilfsbereitschaft nicht dankt, laut und deutlich ›Dankeschön!‹ vorsagen
39. Bewußter mit eigenen Wünschen und eigenen Grenzen umgehen
40. Eigene Kraftquellen, die Freude machen, entdecken und nutzen.

Man sieht: Für das gewiß jedem Helfer geläufige Problem der falschen Fürsorge gibt es eine Vielzahl origineller, sinnvoller, vertretbarer und praktikabler Lösungen, und jeder Seminarteilnehmer machte die Erfahrung, daß sich unter den Ideen seiner Kollegen noch einige fanden, die er sich zueigen machen konnte.

Abgrenzung gegenüber dem eigenen Partner

Bei dem gleichen Seminar bat ich die Teilnehmerinnen und Teilnehmer an einem anderen Tag, einmal eine kurze Notiz über ihre Formen des Rückzugs vor falscher Fürsorge dem eigenen Partner bzw. der eigenen Partnerin gegenüber niederzuschreiben. Zu dieser Frage nahmen zahlreiche Seminarteilnehmer Stellung.

Tab. 22: Helfer-Abgrenzung gegen den eigenen Partner

1. Aussprechen: »Nein, ich will das nicht so!«
2. Selbst herausfinden, was *ich* will, und es dann tun – allein oder zu zweit
3. Distanzierung und Besinnung auf eigene Bedürfnisse
4. Ich sage dem Partner, daß ich jetzt in Gefahr bin, überfürsorglich zu werden
5. Nach meinem eigenen Gewinn in der Überfürsorge fragen
6. Klare Absprachen über Arbeitsteilung und Freizeitgestaltung treffen
7. Ich frage mich und meine Partnerin: Was will ich – will ich nicht? Was kann ich – kann ich nicht?
8. Ohne Begründung einfach für eine Stunde weggehen
9. Überfürsorge pendelt sich wieder auf ein Normalmaß ein
10. Ich will mich fragen: Was möchte ich?
11. Kamel *und* Löwe sein: Was lasse ich mir aufbürden? Was verteidige ich mit Zähnen und Klauen?
12. Die Weisheit reiferer Jahre: Der Partner ist nicht zu ändern.

Diese Listen könnten sich wie Anleitungen zum Egoismus lesen. Aber das ist nicht gemeint. Vielmehr scheinen manche Helfer auf dem Gebiet der notwendigen Selbstabgrenzung wirkliche Verhaltenslücken zu haben. Da mögen diese Praktiken eine vertretbare Modellfunktion übernehmen.

Maßnahmen bei Erschöpfung

Als ich einmal einen Vortrag vor 300 Lehrerinnen und Lehrern hielt, die an Schulen mit Drogenproblemen zu tun hatten, bat ich sie aufzuschreiben, was sie an einem Abend tun, an dem sie nach der

Arbeit ganz erschöpft sind und nichts mehr von Drogen hören wollen. Einige der lebendigsten Äußerungen seien hier exemplarisch wiedergegeben.

Tab. 23: Hilfen zur Regeneration

1. Ich wechsele den Aufenthaltsort möglichst radikal. Ich lasse meine Kinder Eis essen und beobachte sie dabei – das ermutigt sehr.
2. Ich jogge oder ich mache Yoga.
3. Ich musiziere und denke dann von neuem über den Tag nach.
4. Ich flüchte zu Freunden oder gehe in die Stadt.
5. Ich suche mir eine praktische Tätigkeit, z. B. Basteln, Arbeit mit Holz.
6. Ich denke daran, welche Probleme ich selbst in meinem Leben hatte und überwunden habe.
7. Ich gehe in den Garten und gucke in den See, füttere die Fische und streichele den Hund.
8. Ich lehne mich zurück, höre intensiv Musik und denke an die eigene Jugendzeit.
9. Ich spreche mit meiner Frau, nehme anschließend den Dackel an die Leine und mache einen langen Spaziergang durch den Wald.
10. Ich setze mich irgendwo ganz alleine hin und bete.
11. Ich nehme ein Bad, schimpfe wie ein Rohrspatz und trinke eine Flasche Wein.
12. Ich ärgere mich kräftig, spreche mit meiner Frau, gehe spazieren, mache Gartenarbeit oder Autogenes Training.
13. Ich schreibe Tagebuch als Form der Reflexion und Distanzierung.
14. Ich denke an das, was ich über Antipädagogik gelesen habe. Dann fühle ich mich erleichtert, weil ich ja nicht die Verantwortung habe.
15. Mir hilft dann häufig, therapeutische Literatur zu lesen und daraus neue Kraft zu schöpfen für einen neuen Anlauf.
16. Ich verkrieche mich in mein gemütliches Zimmer, krulle mich ins Bett und lese, lese, lese . . . und bin erst mal weg.
17. Ich überlege, ob ich nicht den Beruf wechseln und wieder wissenschaftlich arbeiten soll.
18. Dann stecke ich mir ein Pfeifchen an und denke darüber nach, wie viele Schultage es noch sind bis zu den nächsten Ferien bzw. wie viele Jahre bis zur Pensionierung.

Im Ergebnis zeigte sich, daß neben vielem Klugen und manchem Regressiven etwa 10% (!) der Lehrerinnen und Lehrer als Reaktion auf diesen Berufsstreß im Zusammenhang mit Drogen ihrerseits eine suchtnahe Verhaltensweise nannten, vorwiegend Alkoholkonsum, allerdings meist in beschwichtigender oder beschönigender Form (z. B. ». . . bestimmt nicht mehr als ein Glas!«).

Neuentscheidung

Es lohnt sich für Helferinnen und Helfer, verschiedene Bewältigungsstrategien zu sichten und zu erproben und sich solche Vorgehensweisen anzueignen, die individuell brauchbar erscheinen, der beruflichen Deformation entgegenzuwirken. In einigen Coping-Theorien wird u. a. Abwehr als Form der Bewältigung verstanden, in anderen das Coping als Gegenimpuls zur Abwehr konzipiert, also als aktive Auseinandersetzung mit der Belastung durch umweltveränderndes Handeln, durch eigene Verhaltensänderung und durch kognitive und affektive Umstrukturierung der Situation. Für letzteres fand ich ein Beispiel in Form einer Liste von Empfehlungen für belastete Lehrerinnen und Lehrer, die – für die eigene Arbeit modifiziert – bei entschiedener Befolgung aber den Alltag eines jeden belasteten Helfers einschneidend verändern könnten.

Tab. 24: Empfehlungen für burnout-belastete Lehrer (und andere Helfer)

1. Wählen Sie eine – möglichst künstlerische – Freizeittätigkeit, die nichts mit Ihrem Beruf zu tun hat.
2. Benutzen Sie alte Unterrichtsvorbereitungen nicht noch ein weiteres Mal. Beginnen Sie etwas Neues.
3. Wenn Sie andererseits ständig neue Konzepte entwickeln, unterbrechen Sie auch diese Festgefahrenheit und leihen Sie sich einmal eine Unterrichtsvorbereitung von einem Freund aus.
4. Bemühen Sie sich um die Genehmigung, im nächsten Schuljahr eine andere Klassenstufe unterrichten zu können.
5. Wenn Ihnen das Unterrichten zuviel ist, versuchen Sie, eine Zeitlang als Beratungslehrer oder in einer anderen Funktion Abstand von der Schülerfront zu gewinnen. Die Lust am Unterrichten kommt dann leichter wieder.
6. Suchen Sie eine Möglichkeit, im Unterricht mit einem Kollegen zusammenzuarbeiten. Unterrichten Sie nur noch Fächer, die Ihnen wirklich Spaß machen – wenn das geht.
7. Wählen Sie innerhalb des Stoffes ein Thema aus, das Sie besonders interessiert, und investieren Sie hier viel Energie.
8. Wählen Sie eine Tätigkeit, die ohne Sprache ausgeübt werden kann und

die Sie physisch herausfordert, z. B. Töpfern, Keramik, Yoga, Massage, Gitarrenspielen. Hier erhalten Sie immer sofort eine Gratifikation für Ihr Tun.

9. Wenn Sie sich unwohl fühlen, bleiben Sie ein bis zwei Tage zu Hause (in Amerika mancherorts zum Teil als Mental-Health-Days anerkannt).
10. Bleiben Sie, wenn Sie erkältet sind, zu Hause. Sie müssen nicht erst warten, bis Sie Fieber haben und man Sie nach Hause schickt.
11. Bemühen Sie sich um ein Frei- oder Studiensemester.
12. Schließen Sie sich einer Gruppe an, die sich mit Problemen befaßt, die einer allein nicht lösen kann. Bemühen Sie sich hier in erster Linie um Lösungen, nicht um Sympathie.
13. Lassen Sie auf dem Weg von der Schule nach Hause alles hinter sich. Richten Sie sich zu Hause eine Erholungszone ein. Denken Sie, was die Schule angeht, nur noch an erfreuliche Episoden.
14. Denken Sie daran, warum Sie einmal Lehrerin oder Lehrer geworden sind. Wenn Sie diese Gründe heute noch bejahen können, wird es Ihnen Kraft geben.
15. Finden Sie jemand, der Ihnen im Haushalt Arbeit abnimmt. Zwei Vollzeitberufe sind zuviel (frei übertragen nach Hendrickson, 1979).

In diesen Empfehlungen wird sehr schön sichtbar, daß ein Zuviel genauso zu Fehlentwicklungen führen kann wie ein Zuwenig und daß das rechte Handeln oft in der Mitte zwischen beiden liegt. Zum Coping gehören hier Ausgleichstätigkeiten, Vermeidung von Einseitigkeit, Beweglichkeit im Handeln, Einräumen der Belastung (vs. unverwüstliche Kondition), Zugeben von Präferenzen (vs. universelle Verwendbarkeit), Bilden von Figur und Grund, Aufmerksamkeit für Erschöpfungssignale, Sachbezug, Trennung von Arbeit und Freizeit, Motivationsklärung und Selbstbegrenzung. Allen diesen Gedanken können Helferinnen und Helfer aus ihrer Erfahrung mit Klienten gewiß vorbehaltlos zustimmen. Dann mag es auch für sie selbst richtig sein, sich so zu orientieren.
Psychohygiene und Coping setzen vorrangig an der Person des Helfers selbst an und geben ihm die Initiative anheim. Wir müssen bei Fragen von Belastung und Deformation aber stets unseren weiteren Lebenskontext mit in Betracht ziehen. Von ihm handeln die folgenden drei Kapitel.

19. Soziale Unterstützung

In der Arbeit mit Klienten ist es für Helferinnen und Helfer selbstverständlich, Persönlichkeit, Verhalten und Lebensumfeld zu betrachten. Sie entwickeln Hypothesen darüber, wie aus allen diesen Bereichen schädliche und förderliche Kräfte das gegenwärtige Verhalten beeinflussen und in der Änderungsplanung Berücksichtigung finden können. Unter sozialer Unterstützung versteht man heute Personen und andere Kräfte, die in der Umgebung des Menschen mit dafür verantwortlich sind, daß er sein Leben bei guter seelischer Gesundheit führen kann.

Der Gedanke der sozialen Unterstützung hat in den letzten Jahren viel Beachtung gefunden, und zwar als Alternative zur professionellen Hilfe, zur Selbsterfahrung und zur Selbsthilfe. Professionelle Helfer können Hilfe meist besonders gezielt anbieten und Zuversicht verbreiten. In Selbsterfahrungsgruppen lautet das Arbeitsmotto: ›Es wird über alles gesprochen; Konflikte sind erwünscht‹. Die Selbsthilfegruppen arbeiten nach dem Prinzip: ›Hilf Dir selbst, damit hilfst Du auch den anderen.‹ In der Social Support Group dagegen heißt es: ›Jeder bemüht sich, den anderen Unterstützung zuteil werden zu lassen‹.

Definition

Unter sozialer Unterstützung versteht man, ». . . daß der Mensch eine Botschaft empfängt, die ihm das Gefühl verleiht, daß er beachtet und geliebt, geschätzt und für einen wertvollen Menschen gehalten wird und daß er an einem Netzwerk von Kommunikation und gegenseitiger Verpflichtung teilhat« (Aronson et al., 1983, S. 144 f.). Unter die sozialen Unterstützungssysteme zählt man zunächst Personen. Aber alle Erfahrung lehrt, daß das Konzept größerflächig konzipiert werden muß. Es kann dann umfassen:

* Personen und Gruppen: Partner, Verwandte, Eltern und Kinder, Freunde und Bekannte, Nachbarn, Arbeitskollegen, Firma, Haushaltshilfe, Autoreparaturwerkstatt, Vorgesetzte und Mitarbeiter, den Kaufmann an der Ecke, Friseur, Masseur, Schneiderin, Vereine, Parteien, Verstorbene (vgl. dazu Nestmann, 1988)

* Tiere, vor allem Haustiere
* Tätigkeiten: Die Tatsache des Arbeitenkönnens und die Gelegenheit dazu, der bestimmte Weg zur Arbeit, wiederkehrende Handlungsabläufe zu bestimmten Zeiten des Tages, z. B. Zeitunglesen, Musikhören, Kochen, Bekannte anrufen, Fernsehen, Autofahren, Hobbys
* Ideen: Gott, Welt, Ordnung, Freiheit, Kosmos, Gerechtigkeit
* Orte: Gemütliche Leseecke, Stammkneipe, Wald
* Gegenstände: Pflanzen, Briefmarkensammlung, alte Briefe, Fotoalben.

In den Helferberufen kommt es hier manchmal zu einem gefährlichen Teufelskreis derart, daß der Helfer – oft nicht zu Unrecht – glaubt, Kontakte zu den Personen seines sozialen Unterstützungssystems müßten sehr gepflegt werden, damit sie Liebe und Wertschätzung spenden können. Er nimmt dann an, er selbst müsse auch hier zunächst Vorleistungen erbringen. Dann entwickelt sich zusätzlich zur klientenbezogenen Selbstüberforderung auch noch eine Neigung zu interaktionellen Höchstleistungen im Freundeskreis.
Soziale Unterstützung wird auch durch subjektive und/oder objektive Einbindung in persönliche Beziehungsgeflechte definiert. Sommer und Fydrich (1989) wählen dafür die Abstufung: Existenz sozialer Verbindungen, soziales Netzwerk, soziale Interaktion und soziale Unterstützung. Davon unterscheiden sie die *Auswirkungen* sozialer Unterstützung, die in der Tendenz ganz überwiegend als positiv betrachtet werden, aber manchmal auch negativ sein können, z. B. wenn man an gemeinsames Trinken, Glücksspiel oder kriminelle Gruppenaktionen denkt.
Aus der Perspektive des Empfängers definieren Sommer und Fydrich soziale Unterstützung durch fünf Erfahrungen:

1. *Emotionale Unterstützung* erleben: positive Gefühle, Nähe, Vertrauen und Engagement erfahren; eigene Person und Gefühle werden von anderen akzeptiert; aktives Zuhören.
2. *Unterstützung beim Problemlösen* erleben: über ein Problem sprechen können; problemlösungs- und handlungsrelevante Informationen erhalten; Ermutigung und Rückhalt erleben; Rückmeldung für eigenes Verhalten und Erleben erhalten.
3. *Praktische und materielle Unterstützung* erleben: im Bedarfsfall Geld oder Gegenstände geliehen oder geschenkt bekommen; bei einer

schwierigen Tätigkeit Begleitung, Beistand oder praktische Hilfe erhalten; von Aufgaben und Belastungen befreit werden.

4. *Soziale Integration* erleben: eingebettet sein in ein Netzwerk sozialer Interaktionen; Übereinstimmung von Lebensvorstellungen und Werten.
5. *Beziehungssicherheit* erleben: Vertrauen haben in relevante Beziehungen und deren Verfügbarkeit.

Aronson et al. (1983) nennen als Aspekte der sozialen Unterstützung Zuhören, sachliche Unterstützung, sachliche Herausforderung, emotionale Unterstützung, emotionale Herausforderung, Teilen der sozialen Realität.

Wirkungsweise

Über die Wirkungsweise sozialer Unterstützung gibt es unterschiedliche Vorstellungen: Viele Autorinnen und Autoren unterscheiden eine Generaltheorie und eine Puffertheorie der sozialen Unterstützung (z. B. Blöschl, 1987). Es wird also für möglich gehalten, daß soziale Unterstützung in vielen Lebensbereichen unmittelbar segensreiche Wirkungen entfaltet, aber auch, daß sie sich angesichts auftretender Belastungen zur besseren Abfederung, Bewältigung und Erholung eignet. Im einzelnen kann soziale Unterstützung folgende Funktionen übernehmen:

1. Befriedigung grundlegender sozialer Bedürfnisse
2. Schutz vor Belastungen
3. Verarbeitung von Belastungen
4. Adäquater Umgang mit Belastungen
5. Mehr und intensivere positive Erfahrungen
5. Direkte Einwirkung auf physiologische Vorgänge
7. Einfluß auf gesundheitsrelevantes Verhalten.

Aronson et al. (1983) resümieren, ». . . daß soziale Unterstützung Schutz und Hilfe für Menschen in kritischen Lebensphasen bedeuten kann, ob es sich um geringes Geburtsgewicht oder das Sterben, um Arthritis, Tuberkulose, Depressionen, Alkoholismus oder sozialen Zusammenbruch handelt. Durch soziale Unterstützung kann das Maß gegebenenfalls erforderlicher Medikation vermindert und die Besserung beschleunigt werden. Auch in den vielfältigen Übergangssituationen des menschlichen Lebens von der

Geburt bis zum Sterben bedeutet soziale Unterstützung Schutz; das ist durch viele Forschungsergebnisse belegt« (S. 144 f.).

Fragebogen zum Selbst-Versuch

Soziale Unterstützung ist mittlerweile durch Fragebögen verschiedener Art meßbar gemacht worden. Die folgende Liste – freilich auf den Aspekt ›Soziale Unterstützung durch Personen‹ begrenzt – erscheint mir für den Selbst-Versuch besonders geeignet.

Tab. 25: Fragebogen zur sozialen Unterstützung

1. Von wem können Sie jederzeit praktische Hilfe bekommen?
2. Mit wem unternehmen Sie gerne etwas?
3. Wer nimmt auch Mühen auf sich, um Ihnen bei größeren Schwierigkeiten zu helfen?
4. Wer mischt sich ständig in Ihre Angelegenheiten ein?
5. Wer ist für Sie da, wenn Ihnen zum Weinen zumute ist?
6. Wer löst bei Ihnen häufig unangenehme Gefühle aus?
7. Wem können Sie ganz vertrauen?
8. Wer verursacht bei Ihnen Angst und macht Ihnen ein schlechtes Gewissen?
9. Mit wem zusammen fühlen Sie sich richtig wohl?
10. Von wem fühlen Sie sich oft ausgenutzt?
(Sommer und Fydrich, 1989).

Prüfen Sie bitte, bei welchen Fragen Ihnen keine Nennung einfällt, wo Sie mit Ihrer Antwort nicht zufrieden sind oder eine Änderung wünschen, und ob dies möglich ist.

In diesem Zusammenhang machte ich folgende Beobachtung: In einem Seminar über Helferbelastung waren die Teilnehmerinnen und Teilnehmer bei allen anderen Fragebögen ohne Zögern bereit, Auskünfte zu geben; dagegen wurde bei Fragen zu ihren sozialen Unterstützungssystemen eine merkliche Befangenheit und Verlegenheit sichtbar. Anscheinend fiel es ihnen leicht, über ihre Gefühle der Belastung und Erschöpfung zu sprechen. Aber sich darüber zu äußern, auf welchen Gebieten man Hilfe benötigt und sie vielleicht nicht erhält, ist eine ganz andere Sache.

Wenn man als Helfer in dieser Hinsicht leer ausgeht, so mag es auch daran liegen, daß man es verlernt hat, um etwas so Wichtiges zu bitten (vgl. dazu Kap. 17 über Psychohygiene).

Feedback

Eine wichtige soziale Untersützungsfunktion für Helferinnen und Helfer ist ein klares Feedback aus Partnerschaft, Familie, Freundeskreis, von Klienten und unter Kollegen. Diese Personen merken am deutlichsten die Entwicklung der beruflichen Deformation; sie sehen auch den Netto-Menschen im privaten Kontakt und die Pose in der Öffentlichkeit. Sie sind entsprechend imstande, der Person einen klaren Hinweis zu geben, wenn sie sich verrannt hat, sich übernimmt, sich einseitig belastet oder generell berufsgeschädigt wirkt. Für das Burnout gilt, so hatten wir gezeigt: Wenn Bekannte die Person ansprechen und sagen, sie sehe schlecht und abgespannt aus, so korrespondiert diese Feststellung in aller Regel mit einem tatsächlich fortgeschrittenen Stadium der Burnout-Entwicklung.

Aus der personzentrierten Psychotherapie sind die Klientenerhebungsbögen bekannt, die bei allwöchentlichem Ausfüllen zwar zu einer ziemlichen Qual für den Klienten werden, dem Helfer aber manchmal wichtige Hinweise geben.

Unterstützungssitzungen im Team

Unterstützungssitzungen sind wiederkehrende Gespräche in Teams, in denen es weder um die Analyse von Problemen noch um gegenseitige Korrektur oder Supervision geht. Vielmehr ist das einzige Thema: Wie kann ich die Kollegin und den Kollegen bei ihrer/seiner und unserer gemeinsamen Arbeit unterstützen? Wie kann ich ihr und ihm das Leben leichter machen? Was kann ich zu ihrer und seiner Motivation, Arbeitsfreude, Anerkennung und positiven Selbsteinschätzung beitragen?

Maynard (1985) beschrieb, daß Helferinnen und Helfer ihre Gefühle oft unterdrücken und maskieren, um ihre Arbeit mit Klienten ordentlich leisten zu können. Sie unterstreicht die Notwendigkeit, Helfern Gelegenheit zu geben, in Unterstützungsgruppen ihren Gefühlen freien Lauf zu lassen. Smaby (1983) stellte ein Unterstützungsprogramm vor, in dessen Verlauf die Teilnehmer Beratungstechniken lernten. Auch von Buchka et al. (1987) wurde ein Unterstützungsprogramm vorgestellt. Beese (1981) erwähnt, daß

die Zusammenarbeit von Ärzten und Psychologen in der psychiatrischen Klinik eher in Abhängigkeit von Persönlichkeits-, Wissens- und Begabungsschwerpunkten gelingt, als daß die Zugehörigkeit zu dem einen oder dem anderen Beruf ausschlaggebend wäre.
Von großer Bedeutung ist es für Helferinnen und Helfer zu wissen, daß sie mit ihren Werthaltungen und Entscheidungen nicht allein stehen, sondern im Kollegenkreis Rückhalt finden. Über einige Fragen grundsätzlicher Art besteht dieser Konsens in Institutionen meist bereits, wenn der Neue zum Team dazu kommt. Andere Themen dagegen, z. B. Fragen der Therapiekonzeption, müssen naturgemäß immer wieder neu verhandelt und geklärt werden. Kataloge von konsensfähigen Werten sind stets in Gefahr, Worthülsen oder leere Pflichtbekenntnisse zu sein, denen jeder zustimmen kann, weil sie niemanden binden. Sie müssen entsprechend immer wieder auf ihre Aussagekraft und Tragfähigkeit hin überprüft werden.

Soziale Unterstützung im Team kann u. a. darin bestehen, daß die Kolleginnen und Kollegen sich jedenfalls untereinander solche Gefühle gestatten, die in Institution und Gesellschaft verpönt sind, die sie aber doch an sich spüren. Eine Helferin im Bereich der Altenpflege sagte mir: »Gelegentlich schimpfen wir gewaltig über unsere alten Klienten und machen derbe Witze und Sprüche über das, was wir im Laufe des Tages erleben – aber nur, wenn die Praktikantin nicht dabei ist. In deren Gegenwart wird immer nur gesäuselt.«
Auch die zu beschreitenden Wege der Hilfestellung bedürfen immer wieder der neuen Erörterung und Ausbalancierung im Team der Helfer, um der Arbeit jeden Teammitglieds förderlich zu sein. So bestehen oft überflüssige Konflikte zwischen Anhängern unterschiedlicher Schulen und Auffassungen. Das Problem liegt hier bisweilen eher in der Verabsolutierung der Standpunkte als in der Frage der Indikation. Denn Indikationen und Kontraindikationen gibt es für jedes Verfahren, und oft müssen sie auf Grund neuer Erfahrungen revidiert werden.

Bei der Supervision einer Intensivstation wurde immer wieder sichtbar, wie die Ärztinnen und Ärzte sich darum bemühten, beim Pflegepersonal um Verständnis für ihre Entscheidungen und Maßnahmen zu werben. Der

Konflikt schien struktureller Art zu sein. Die Ärzte wollten oft noch dieses und jenes ausprobieren, um den Patienten zu retten. Sie entwarfen öfter auch Strategien, die beim Pflegepersonal auf Unverständnis stießen und Kommentare wie »Reine Zeitverschwendung!«, »Nutzlose Quälerei!«, »Der will doch nur mal die ganze Palette der Mittel durchprobieren!« hervorriefen. Das Pflegepersonal neigte dazu, eher mit weniger Aufwand und Hektik die Patienten einfach zu pflegen – in aufmerksamer, sorgender Art. Aber die Erklärungen der Ärzte führten dazu, daß die Krankenschwestern in einigen Fällen entgegen ihrer anfänglichen Skepsis doch Enthusiasmus für die verschiedenen keineswegs widerspruchsfreien Strategien der Lebensrettung entwickelten und aktiv an ihnen mitzuarbeiten begannen. Manchmal traten danach tatsächlich überraschende Besserungen ein.

Soziale Unterstützung und Selbsthilfe

Interessanterweise sind gerade Selbsthilfegruppen, die sich pragmatisch an den Bedürfnissen ihrer Mitglieder orientieren, mit der Formulierung eines praxisbezogenen Grundkonsens den Professionellen oft voraus. Ein Beispiel aus einer Selbsthilfegruppe Süchtiger in Osnabrück:

1. Die Sitzung findet einmal wöchentlich statt und dauert zwei Stunden.
2. An der Sitzung dürfen nur Abhängige aller Art teilnehmen, keine Angehörigen und keine Sozialarbeiter.
3. Kein Süchtiger wird abgewiesen.
4. Die Gruppe hat keinen Leiter.
5. Am Anfang und am Ende einer jeden Sitzung wird ein Blitzlicht gemacht.
6. Es ist keine Ablenkung z. B. durch Kaffee, Zigaretten, Bonbons, Stuhlwippen u. a. erlaubt.
7. Jeder redet über das, was ihn beschäftigt.
8. Entscheidungen fällt jeder allein.
9. Darüber hinaus finden viele weiteren Aktivitäten statt, an denen Angehörige teilnehmen können.

Man erkennt hier einen Satz sehr konkreter, bedürfnisbezogener Regeln, die nicht ohne psychologischen Hintersinn sind. Als geradezu vorbildlich sind in diesem Zusammenhang die zwölf Traditionen und die zwölf Schritte der Anonymen Alkoholiker und anderer vergleichbarer Gründungen zu bezeichnen. Freilich liegt deren Stärke auch darin, daß sie nicht als Dienstleistungsunternehmen in Anspruch genommen werden können, nicht einer öffentlichen Kontrolle unterliegen und keine Rechenschaft ablegen müssen.

Soziale Unterstützung ist offenbar nicht unter allen Umständen etablierbar. Als wichtigste Hindernisse werden erwähnt:

1. Unterschiedliche theoretische Orientierungen und persönliche Wertvorstellungen
2. Unterschiede in Ressourcen, Status und Macht
3. Polarisierungen und Kontaktverhinderung durch unterschiedliche Rollen und Funktionen
4. Berufsfremde Interessen, die einer Begegnung entgegenstehen
5. Hinderliche informelle Normen, die zu einer Abgrenzung zwischen Gruppen führen
6. Häufiger Stellenwechsel von Personen innerhalb einer Institution und zwischen Institutionen (Aronson et al., 1983, S. 158 f.).

Dennoch kann soziale Unterstützung als Faktor ersten Ranges bei der Behebung beruflicher Belastungen und Deformationen betrachtet werden. In den Untersuchungen über Burnout (Kap. 11) wird sie fast unisono empfohlen. Kontraindikationen scheinen nicht vorzuliegen.

Wir wenden uns nunmehr dem Thema Supervision zu: Supervision scheint neben Partnerschaft und Familie das wichtigste soziale Unterstützungssystem zu sein, auf das Helferinnen und Helfer zurückgreifen können.

20. Supervision

Der Begriff Supervision fand in den vergangenen Kapitel bereits mehrfach Erwähnung. Supervision ist in den letzten Jahren neben Therapie, Beratung, Lehre und Pflege eines der wichtigsten Tätigkeitsfelder von Helfern geworden. Seit 1990 gibt es eine Deutsche Gesellschaft für Supervision (DGSv) mit Sitz in Köln und ein Curriculum des Berufsverbandes Deutscher Psychologinnen und Psychologen (BDP, Bonn). Offenbar wächst die Nachfrage nach dieser Form der Fürsorge rasch an, und zwar am nächsten in den Helferberufen. Supervision ist also eine Hilfestellung, die Helfer für andere Helfer zur Verfügung stellen.

Definition und Arbeitsfelder

Supervision ist die Sammelbezeichnung für eine größere Zahl psychosozialer Interventionen, die mit Beratung im Arbeitsfeld, beruflicher Begleitung, Praxisanleitung usw. zu tun haben. Sie findet zwischen Supervisor und Supervisand oder Supervisandengruppe statt. Der Einfachheit halber werde ich in der weiteren Darstellung den Adressaten der Supervision meist im Singular nennen, also von Supervisand und Supervisandin sprechen, ohne damit die große Bedeutung der Team- und Gruppensupervision schmälern zu wollen. Supervision ist die psychosoziale Beratung von – vorwiegend in helfenden Berufen tätigen – Personen, die Entlastung, Klärung ihrer beruflichen Identität sowie Bewahrung und Steigerung ihrer beruflichen Handlungskompetenz anstreben.

Supervision hat mit innerseelischen, interaktionellen, gruppalen und institutionellen Fragen zu tun. Sie befaßt sich mit Wünschen, Motiven und Plänen von Einzelnen, Paaren, Gruppen, Teams und Abteilungen. Sie studiert und korrigiert Entwicklungs- und Handlungsverläufe des Supervisanden. Sie orientiert sich an transparenten Kriterien für Erfolg. Gegenstand der Supervision ist vor allem die berufliche Arbeit des Supervisanden. Dabei geht es in erster Linie darum, wie der Supervisand mit seinen Zielgruppen umgeht, also mit Klienten, Gemeindemitgliedern, Schülern, Patienten, Ratsuchenden, Antragstellern, Familien, Freizeitgruppen usw. Oft wird auch das Verhältnis des Supervisanden zu eigenen Vorgesetzten, Kollegen und Mitarbeitern sowie Vertretern anderer Abteilungen, Behörden, Firmen und Einrichtungen besprochen. Berufliche Zielsetzungen werden thematisiert. Diese wiederum stehen oft in enger Verbindung zum gesamten Lebenskontext des Betreffenden, der dabei nicht ausgespart bleiben kann. Nicht zuletzt muß immer wieder die Beziehung zwischen Supervisor und Supervisand bedacht werden, um eine sachdienliche Arbeit zu gewährleisten bzw. diese bei Störungen wiederherzustellen. Tab. 26 zeigt einen Überblick über die Arbeitsfelder, in denen Supervision stattfindet.

Tab. 26: Arbeitsfelder der Supervision

Supervisanden	Thema der Supervisionsarbeit: Der Umgang mit ...
Lehrer, Erzieher	Schülern, Schülereltern, Lehrplan, Kollegium, Schulbehörde, Heimleitung, Träger usw.
Sozialarbeiter, Sozialpädagogen	Klienten, Kollegen, Gericht, Jugendamt, Beratungsstelle, Feriencamp, Kommunikationszentrum, Arbeitsamt, Arbeitgebern usw.
Justizangehörige	Gefangenen, Kollegen, Verwaltung, Gefängnisleitung, Justizministerium, Polizei, Richtern usw.
Vorgesetzte	Mitarbeitern, Kollegen, Abteilungen, Geschäftsleitung, Behörden, Kunden usw.
Dozenten	Studenten, Kollegen, Fachbereichsrat, Verwaltung, Ministerium, Fachschaft, Fakultät usw.
Ärzte, Krankenschwestern	Patienten, Psychologen, Angehörigen, Pflegepersonal, Kollegen, Verwaltung usw.
Psychologen	Klienten, Kollegenteam, Träger, Ärzten, Sozialarbeitern, Medien, Öffentlichkeit, Praktikanten, Lehrern usw.
Psychotherapeuten	Klienten, Co-Leiter, Kollegen, Institution, Träger usw.

Supervision im Wandel

Ursprünglich bedeutete Supervision in der amerikanischen Sozialarbeit administrative Kontrolle und Koordination der Arbeit nachgeordneter Stelle durch ihre Träger, war also eher Inspektion als Supervision im heutigen Verständnis (Gaertner, 1980). Erst in den zwanziger Jahren dieses Jahrhunderts ging mit der zunehmenden Professionalisierung in den helfenden Berufen ein Bedeutungswandel von Supervision einher, die nunmehr Beratung und Unterstützung der Fachkräfte bei ihrer Arbeit mit Klienten wurde. Der Aspekt institutioneller Kontrolle blieb darin aber erhalten, indem meist Vorgesetzte die Supervisorenfunktion ausübten.

Parallel dazu wurde in der Psychoanalyse in den zwanziger Jahren die sog. Kontrollanalyse institutionalisiert. Im fortgeschrittenen

Stadium der Lehranalyse begann der junge Psychoanalytiker, selbst Therapien mit Patienten durchzuführen, und ließ diese von einem erfahrenen Kollegen in Form von Supervisionssitzungen kontrollieren. Die Kontrollanalyse ist heute fester Bestandteil aller ernsthaften Therapieausbildungen.

In der Gegenwart hat psychosoziale Arbeit weniger Kontrollcharakter und strebt vermehrt Sozialisation und Resozialisation des Klienten an. Die Distanz zwischen Helfer und Klient verringert sich dabei, die zwischen Helfer und Institution wird größer. Daraus ergeben sich neuartige Loyalitäten und Loyalitätskonflikte. Helferinnen und Helfer sind heute nicht mehr zwangsläufig an erster Stelle Vertreter institutioneller Interessen; hier hat Supervision u. a. die Aufgabe, bei der Klärung der widersprüchlichen Wünsche und Anforderungen behilflich zu sein – oder den Supervisanden in der Krise seiner beruflichen Identität zu begleiten.

Methodik der Supervision

Der Supervisand, der in der Regel bereits eigenständig arbeitet, trägt dem Supervisor eigene Praxisfälle vor, die er aus dem Gedächtnis, durch Protokolle, Tonbandaufnahmen oder Filme aktualisiert. Supervisor und Supervisand klären die eigenen Anteile des Supervisanden, identifizieren Fehler und Mißgriffe der Arbeit, erarbeiten in dem geschützten Raum des vertraulichen Gesprächs gemeinsame Hypothesen zum Fall, suchen ein vertieftes Verständnis seiner besonderen Problematik und planen Handlungsalternativen für vergleichbare zukünftige Arbeitssituationen. Dem mögen sehr unterschiedliche theoretische Vorstellungen zugrundeliegen, die in der Praxis aber doch oft miteinander vereinbar sind bzw. ineinander übergehen können (vgl. dazu Rappe-Giesecke, 1990). Die bekanntesten und am verbreitetsten sind folgende:

1. Die gruppendynamische Supervision arbeitet heraus, welche Gruppenprozesse in Einklang mit den Sachzielen des Supervisanden, welche ihm hinderlich sind, und entwickelt Handlungsalternativen, die dem Supervisanden eine Einwirkung auf die Situation ermöglichen.
2. Die psychoanalytisch konzipierte Balint-Gruppe macht vor allem die unbewußten Gefühle und Impulse des Supervisanden seiner Zielgruppe gegenüber sichtbar.

3. Die Themenzentrierte Interaktion (TZI) bringt Arbeit am Thema, Gefühle der Beteiligten und Bezug zur Gemeinschaft in eine balancierte Form.
4. Die klientzentrierte Supervision strebt eine lebendige Begegnung zwischen Supervisand und Zielgruppe an und betont die Bedeutung von Verstehen, Akzeptieren, echter Begegnung und Zuversicht.
5. Die psychodramatische Supervision gibt die Möglichkeit, das Arbeitsgeschehen in wechselnder Rollenübernahme nachzuspielen, spürt Spontaneitäts- und Gestaltungsmängel auf und erprobt in der Gruppe erarbeitete neue Handlungsabläufe.
6. Die gestalttherapeutische Supervision sucht die Arbeitsprobleme als Blockierung des Supervisanden zu erkennen und abgespaltene Erlebnisse des Betreffenden sowie künstlich erzeugte Gegensätze zu reintegrieren.
7. Die transaktionsanalytische Supervision prüft, ob in der Beziehung zwischen Supervisand und Zielgruppe korrekturbedürftige Haltungen einer tiefgreifenden Mißbilligung bestehen und ob doppelbödige Botschaften, Fallen und Spiele die Arbeit behindern.
8. Die organisationstheoretische Supervision setzt vorrangig bei den Belastungen an, die zwischen Bedürfnissen und Positionen von Personen sowie zwischen Fähigkeiten und Aufgaben innerhalb komplexerer Funktionsgefüge auftreten.
9. Die systemtheoretische Supervision beachtet vor allem Abhängigkeiten und Kommunikationsstörungen zwischen Menschen und strebt neue klare Vereinbarungen an.
10. Die verhaltenstherapeutische Supervision korrigiert den vom Supervisanden vorgestellten Modifikationsplan hinsichtlich Verhaltensanalyse, Verstärkerauswahl und Setzung von Konsequenzen (vgl. Fengler, 1986).

Da Supervisorinnen und Supervisoren in der Regel mehreren Paradigmata verbunden sind, ist heute eine Supervision mit nur einer einzigen Perspektive eher die Ausnahme als die Regel. Stattdessen bemühen sich Supervisoren, ihr eigenes Arbeitsmodell durch wichtige Beiträge anderer Schulen anzureichern und so ihren Zielgruppen besser gerecht zu werden.
Supervision richtet sich grundsätzlich *nicht gegen eine Person*, sondern bemüht sich um konstruktive Lösungen für Probleme, die von allen Beteiligten getragen werden können

Eine Kollegin trug mir einmal einen Fall vor, in dem sie selbst als Supervisorin von einer Gruppe von Sozialarbeitern in Anspruch genommen worden war. Dieses Team bemühte sich, die gemeinsame Vorgesetzte, die zugleich der gemeinsame Feind war, zu Kündigung oder gravierendem dienstlichem Fehlverhalten zu veranlassen, das eine Entlassung nach sich ziehen würde. Ich wies die Kollegin darauf hin, daß es nicht Aufgabe der Supervision sein könne, sich an einer Intrige zu beteiligen. Wir erwogen aber verschiedene Möglichkeiten für das Team, sich dem schikanösen Verhalten der Vorgesetzten zu entziehen und zu verweigern oder auf Institutionsebene Einfluß auf sie zu nehmen.

Supervisions-Bedarf

Das Bedürfnis nach Supervision hat in allen helfenden Berufen während der letzten 30 Jahre wesentlich zugenommen. Heute wird die Frage nach Supervision und Fortbildung normalerweise bereits in Bewerbungsgesprächen thematisiert. Dem Berufsanfänger ist bekannt, daß er den ihm übertragenen Aufgaben auf Dauer nur dann gerecht werden kann, wenn er seine Arbeit der fachlich fundierten wohlwollenden Überprüfung durch einen Experten unterwirft. In Institutionen wächst die Einsicht, daß Supervision, die zunächst Kosten verursacht und Arbeitszeit beansprucht, langfristig der Arbeitsqualität dient und auf diese Weise doch dem Klienten nützt, dem durch sie zunächst Zeit abgezogen wird. Wie ist diese sichtbar ansteigende Nachfrage zu erklären?

Neue Zielgruppen machen den Helfer unsicher. Es tauchen in Therapie und Beratung Personen auf, mit denen der Helfer keine Erfahrungen hat und die sich nicht so verhalten, wie der Helfer es bisher gewöhnt war:

* Antragsteller, die detaillierte Rechtskenntnisse haben (z. B. bezüglich Wohngeld und Heizkostenzuschuß) und nicht als Bittsteller kommen, sondern als Fordernde
* Drogenkonsumenten, die – im Gegensatz zum Helfer – über Drogen Bescheid wissen und ihren Konsum ideologisch begründen
* Frauen, die uneheliche Kinder ohne Beschämung haben
* Personen, die Arbeit aktiv verweigern
* Aggressive Klienten, die sich nicht hinhalten und nicht abspeisen lassen
* Personen, die ihre gleichgeschlechtliche Partnerwahl bewußt zur Schau stellen, etwa noch einem Helfer gegenüber, der die seine seit Jahren verbirgt
* Anhänger der sog. Jugendsekten, die mit ihrer Unbekümmertheit um das Morgen den pflichtbewußten Helfer ratlos und neidisch machen
* Neuerdings Flüchtlinge, Asylsuchende, Aus- und Übersiedler, Aidskranke usw.

Neue Gesetze machen ein verändertes Abwägen erforderlich.

* Im Scheidungsrecht ist das Schuldprinzip durch das Zerrüttungsprinzip abgelöst worden. Dies macht für Gutachten und Empfehlungen zum Sorgerecht ein neues Abwägen erforderlich
* In Mutter-und-Kind-Projekten soll das werdende Leben beschützt und die Familie gefördert, nicht aber ein eheunwilliger Liebhaber durchgefüttert werden
* Je nach politischer Wende oder regionalem Wahlergebnis werden Beratungen zum § 218 gefördert, oder sie können der Anfang vom Ende einer Einrichtung bedeuten
* Die Datenschutzgesetzgebung fordert neue Formen der Aktenführung und Aktenbeaufsichtigung; hier kann der Helfer sogar strafrechtlich belangt werden.

Neue Begegnungsformen fordern von Helferinnen und Helfern mehr seelischen Einsatz, als dies in der herkömmlichen Rollenverteilung zwischen Klient und Fachmann/Fachfrau der Fall war. In der Psychiatrie versuchen Helfer, die Patienten nicht nur zu verwalten und zu versorgen, sondern wagen sich an das Verstehen der Wahnbildungen heran. In therapeutischen Wohngemeinschaften lassen sich Helfer darauf ein, die Schrecknisse des Entzugs zu begleiten und die ausgemergelten Klienten aktiv ins Leben zurückzuführen. Wer mit Alten, Schwerstbehinderten, Krebs- oder Aidskranken arbeitet, begegnet, selbst mitten im Leben stehend, täglich dem Tod. Aber auch wer ›nur‹ ganz normal Pflege, Beratung, Therapie, Lehre, Diagnostik, Gespräch, Versorgung leistet, läßt sich heute oft mehr auf die Klienten ein als früher, nimmt mehr von deren Last auf sich und kann sich leichter seine eigene Berührtheit und Bedürftigkeit eingestehen.
Alles dies führt dazu, daß auch altgediente Helfer immer häufiger den Eindruck gewinnen, sie brauchten Supervision, und fast immer ist dies auch wirklich ein wichtiger Beitrag zu ihrer seelischen Gesundheit. Supervision ›darf‹ heute im Gegensatz zu früher und im Gegensatz zu Therapie auch ohne Zeitbegrenzung in Anspruch genommen werden. Dies kommt der Tatsache entgegen, daß auch berufliche Deformation immer wieder und nicht nur einmalig droht. So mag Supervision ein gesunder Gegenimpuls dazu sein. Es besteht die Chance, daß der Supervisand danach die Klienten und auch sich selbst besser behandelt.

›Gute‹ Supervision

Ob eine Supervision gut ist oder nicht, entscheidet der Supervisand am Ende der Sitzung, in der nächsten Begegnung mit dem Klienten, den er zuletzt vorgestellt hat, und immer wieder einmal spontan, wenn er an dem nächsten Supervisionstermin denkt: Freut er sich darauf? Gibt er sich Mühe, konkurrierende Terminbeanspruchungen abzuweisen? Ist die Supervision eine lästige Pflicht? Erwartet er, beschwert aus der Sitzung zu kommen, oder erleichtert und inspiriert? Supervisanden scheinen bestimmte Merkmale und Verhaltensweisen an ihren Supervisoren besonders zu schätzen:

* wahrgenommene Kompetenz
* Glaubwürdigkeit und Vertrauenswürdigkeit
* Förderung der persönlichen Entwicklung gegenüber der bloßen Einübung von Geschicklichkeit und Interventionstechnik
* tiefenpsychologische gegenüber verhaltensbezogener Orientierung
* unterstützende Haltung
* mitgeteilte Erwartungen
* klares Feedback (Allen et al., 1986)
* Wärme und Aktivität (Balsam et al., 1970).

Therapie-Ausbildungskandidaten gaben in einer Untersuchung von Zucker et al. (1986) an, gute Supervision bestehe aus Unterstützung, Erklärung, direkter Beobachtung des Supervisandenverhaltens und angemessener Konfrontation. Ginsberg et al. (1985) konnten zeigen, daß die Zufriedenheit, die Schulassistenten bezüglich der Supervision äußerten, an der sie teilnahmen, in direkter Beziehung zu einer Verringerung der Schulprobleme und zu einem Zuwachs an erlebter Kompetenz stand. Je näher die Supervision vor der nächsten Sitzung des Supervisanden mit dem Klienten liegt, desto unmittelbarer scheint sie diesem bei der Gestaltung der nun folgenden Sitzung zu helfen (Couchon et al., 1984).
Carifio et al. resümieren nach einer Sichtung der einschlägigen Literatur (1988): »Der ›ideale‹ Supervisor besitzt Empathie, Respekt, Echtheit, Konkretheit und Transparenz. Er oder sie verfügt über Kenntnisse und Erfahrungen sowohl im Bereich der Psychotherapie als auch in der Supervision, er oder sie arbeitet mit klaren Zielsetzungen und richtet an diesen den Einsatz unterschiedlicher Lehrmethoden und Techniken zur Informationssammlung aus.

Der ›ideale‹ Supervisor hat eine unterstützende, nicht kritische Haltung. Er oder sie setzt unterschiedliche Verfahren zur sozialen Einflußnahme ein, einschließlich direkten und indirekten Feedbacks. Ein solcher Supervisor ist weder übertrieben direktiv noch besonders passiv« (S. 18).

Diese empirischen Ergebnisse weisen darauf hin, daß Helferinnen und Helfer von ihren Supervisoren sowohl praktisch-kollegiale Anstöße wie auch therapieartige Hilfestellungen erwarten. Damit ist Supervision als Maßnahme gegen Ausbrennen und berufliche Deformation hinreichend ausgewiesen. Denn wirklich: Sowohl Erfolglosigkeit in der Arbeit als auch Festgefahrenheit, Erstarrung in beruflichen Attitüden und Routinen und auch Verlust der Identifikation mit dem eigenen Helfer-Dasein können dem Helfer erheblich zusetzen und sich einer Änderung durch ihn selbst gänzlich entziehen. Dem allen ist eine gute Supervision oft gewachsen.

21. Intervention auf Team- und Institutionsebene

Bereits bei der Darstellung der Helferbelastungen hatten wir gesehen, daß viele Probleme nicht an einzelne Personen gebunden sind, sondern in Team und Institution ihren Ursprung haben. So muß auch bei der Behebung der Schwierigkeiten u. a. eine Team- und Institutionsperspektive eingenommen werden. In einer Untersuchung von Weaver (1984) wurde gute Zusammenarbeit mit Kollegen von Helfern oft als stärkste Entlastung genannt.

Helfende Funktionen im Team

Yalom (1989) hat zwölf Wirkfaktoren von Therapiegruppen zusammengestellt (Tab. 27), die sich auf Teams in gewisser Weise übertragen lassen. Es soll also in Gruppen Gelegenheit dazu bestehen, folgende Erfahrungen zu machen (und vielleicht haben einige Leserinnen und Leser Lust, ihr eigenes Team einmal daran zu messen):

Tab. 27: Wirkfaktoren von Gruppen

1. Offene Rückmeldung darüber, welche Wirkung man mit seinem eigenen Verhalten bei den anderen erzielt
2. Offene Mitteilung von Gefühlen in der Gruppe
3. Erfahrung der Zusammengehörigkeit in der Gruppe
4. Einsichten in das eigene seelische Funktionieren
5. Lernen und Erprobung neuen Verhaltens in der Gruppe
6. Existentielle Erfahrungen über das Wesen des menschlichen Schicksals
7. Einsicht in die Gemeinsamkeit des Leidens und der Belastung
8. Entwicklung von Hoffnung aus den Bewältigungserfahrungen anderer Personen
9. Erfahrung, für andere ein wichtiger Gesprächspartner zu sein und ihnen helfen zu können
10. Wiederentdeckung alter Verhaltens- und Beziehungsmuster
11. Ratschläge und Anleitungen
12. Lernen aus der Identifikation mit anderen Gruppenmitgliedern

Von großer Bedeutung ist vermutlich in Helfereinrichtungen wie auch in anderen Teams die regelmäßige wechselseitige Anerkennung.

Dies könnte man für eine triviale Forderung und Empfehlung halten; denn natürlich wissen wir alle, daß wir nicht nur für den Lohn arbeiten und vom Gehalt leben, sondern wesentlich auch aus der Bejahung unseres Tuns. Aber die Formulierung ›regelmäßige wechselseitige Anerkennung‹ will eine Konkretisierung des Gedankens ermöglichen. ›Regelmäßig‹ heißt: Die Arbeit soll nicht nur in der Weihnachtsansprache oder zum silbernen Dienstjubiläum erwähnt werden, sondern so oft wie möglich und auch in Gegenwart Dritter Beachtung finden. Diese praktizierte erlebbare Aufmerksamkeit soll wechselseitig sichtbar werden. Während Mitarbeiter zu Recht wünschen und erwarten, daß ihnen Anerkennung ausgesprochen wird, übersehen sie manchmal, daß ihre Vorgesetzten genauso bedürftig sind, und könnten doch ihre Zufriedenheit mit der Vorgesetztenfunktion ebenfalls zum Ausdruck bringen. Schließlich ›Anerkennung‹: Ich ziehe ›Anerkennung‹ dem ›Lob‹ vor. Anerkennung ist die in der Sache begründete Stellungnahme zu guten Leistungen und angemessenen Handlungsweisen, wogegen das Lob den Aspekt der Hierarchie unterstreicht: Vorgesetzte und Mitarbeiter können sich gegenseitig ihre Anerkennung aussprechen – loben kann man nur von oben nach unten.

Von besonderer Bedeutung ist dabei oft der Vorgesetzte, weil von ihm eine Stilprägung erwartet und auch akzeptiert wird (Tab. 28).

Tab. 28: Vorgesetzten-Funktionen in psychosozialen Einrichtungen

1. Werben Sie Ehrenamtliche an!
2. Studieren Sie die Belastbarkeit neuer Mitarbeiter während der Probezeit!
3. Geben Sie Mitarbeitern Gelegenheit, mehrere Arbeitsschwerpunkte zu bilden!
4. Reduzieren Sie die Arbeitszeit der Mitarbeiter, z. B. durch Pflichtpausen zwischen Klientengesprächen, durch gemeinsamen Arbeitsbeginn im Teamgespräch und einen gemeinsamen Ausklang!
5. Geben Sie Gelegenheit zu häufigen kürzeren Ferienzeiten! Regen Sie selbst dazu an, z. B. durch Ihr eigenes Arbeits- und Freizeitverhalten!
6. Sprechen Sie im Team über Erschöpfungsvorgänge!
7. Geben Sie Raum für die Teilnahme an Fortbildungsmaßnahmen!
8. Fördern Sie die Einstellung von Teilzeitkräften! Unterstützen Sie Mitarbeiter, wenn diese Teilzeittätigkeiten anstreben!
9. Regen Sie körperliche Betätigung der Mitarbeiter an (Sport, Joggen u. a.) und machen Sie selbst dabei mit! (modifiziert und erweitert nach Freudenberger, 1976).

Enzmann und Kleiber (1989) empfehlen Vorgesetzten, den Mitarbeitern bei der Entwicklung realistischer Ziele und alternativer Belohnungen sowie bei der Burnout-Diagnose und der Aneignung von Bewältigungsstrategien behilflich zu sein und ihnen belastungsbezogene Beratungsgespräche anzubieten. Ferner weisen sie darauf hin, daß es zweckmäßig ist, die schwierigen und undankbaren Aufgaben auf *alle* Mitarbeiter zu verteilen, täglich einen Wechsel zwischen geschätzten und ungeliebten Tätigkeiten zu ermöglichen, Verantwortlichkeiten klar zu definieren, Entwicklungsprogramme für die berufliche Laufbahn aller Mitarbeiter zu konzipieren, zuverlässige Rückmeldungssysteme zu etablieren und Leitsätze für die Arbeit zu formulieren (Fengler, 1996).

Autonomie

Fehlende Autonomie ist eine Belastungsursache ersten Ranges. Das Fehlen von Autonomie wird oft sichtbar, wo die eigene Tätigkeit durch Anweisung anderer oder durch fremdbestimmte Terminfolge weitgehend festgelegt ist, erschwert etwa noch dadurch, daß

Leerlauf, Anonymität, psychosoziale Fließbandarbeit und Handelnmüssen gegen eigene Überzeugung und Einsicht erzwungen werden. In großen Institutionen mit abteilungsübergreifenden Therapieangeboten ist dies geradezu die Regel. Abteilungsintern läßt sich oft leichter etwas bewegen.

In der Tagesklinik eines Landeskrankenhauses litten die vier Hauptamtlichen, also Arzt, Psychologin, Sozialarbeiter und Pfleger, sehr darunter, daß sie in unberechenbaren Schüben manchmal viele, dann wieder fast gar keine Patienten bekamen. Es fiel ihnen schwer, die Patienten als Individuen wahrzunehmen und sie individuell zu behandeln – und wirklich herrschte durch das häufige Kommen und Gehen von Patienten immer ein wenig Bahnhofsatmosphäre in dem Gebäude. Ich schlug ihnen vor, neue Patienten immer sofort *einem* Teammitglied als fester Bezugsperson zuzuweisen. Natürlich waren weiterhin alle vier Helfer für alle Patienten zuständig, und alle Patienten nahmen weiter an den Therapie- und Rehabilitationsmaßnahmen der Klinik teil. Aber diese Gruppenzugehörigkeit tat den Patienten und den Helfern gut, und jeder der Helfer gab sich Mühe, für *seine* Patienten besonders präsent zu sein.

Autonomie kann manchmal dadurch gefördert werden, daß in einem Team die Tagesabläufe neu bedacht und neu gestaltet werden, auf Stationen die Übergaben besser geplant und entsprechende Absprachen zuverlässig eingehalten werden. Die Teammitglieder können sich bei bestimmten Routinetätigkeiten abwechseln, eine zusätzliche regelmäßige Teamsitzung anberaumen oder eine überflüssige abschaffen. Häufig ist es dienlich, dabei einen externen Berater heranzuziehen, der sich noch nicht die Blinden Flecken der Einrichtung angeeignet hat und noch nicht der routinebedingten Einfallslosigkeit der Institution zum Opfer gefallen ist.

Institution und Entlastung

Besondere Beachtung verdient neben dem Team die Institution, zumal Helfer oft eine Neigung haben, Arbeitsprobleme zu personalisieren und sich selbst als Ursache von Störungen zu betrachten. Da erscheint es doppelt dringlich zu unterstreichen, daß Maßnahmen institutioneller Art möglich und sinnvoll sind. Einer Untersuchung von Shinn et al. (1984) zufolge wissen Mitarbeiter auch recht gut, was auf institutioneller Ebene getan werden müßte. In der Regel wird es aber nicht getan.

Dean (1983) hat darauf hingewiesen, daß eine Institution analog dem Individuum betrachtet werden kann: Sie funktioniert wie eine Person, interagiert mit den Mitarbeitern und Klienten, kann Spiele inszenieren und wieder abbrechen und so im Guten wie im Bösen auf ihre Mitglieder einwirken. Diese Sichtweise eröffnet für die Frage der Mitarbeiterbelastung eine neue Perspektive: Nicht nur einzelne Funktionsträger und Instanzen der Institution, sondern die Institution als Ganze muß betrachtet werden. Das ist in Einklang mit Äußerungen von Mitarbeitern über ihre Institution. Große Einrichtungen werden oft als Ungeheuer erlebt, mit verstecktem Spott belegt (›Die Firma‹ für die Stasi der ehemaligen DDR) oder zur Steigerung des Zusammengehörigkeitsgefühls zitiert (›Wir von Daimler‹). Die Mitarbeiter des Tavistock-Instituts in London sprechen von ›The Tavie‹, mit einem belustigten, liebevollen Unterton, etwa so, wie man das Ungeheuer von Loch Ness als ›Nessie‹ bezeichnet.
Viele Weichenstellungen des Arbeitslebens unterliegen also weder der Entscheidung des einzelnen Helfers noch der Kooperation im Team, sondern müssen auf Institutionsebene vorgenommen und dann vertreten werden. Solche Regelungen kosten Zeit und Geld und vermehren den Organisationsaufwand. Wer in diesem Bereich also an Innovationen denkt, sollte zunächst prüfen, ob hier Spielräume existieren oder entwickelt werden können.

Realistische Anfangsinformation

Vom Berufsanfänger ist zu fordern, daß er sich detailliert und ohne Beschönigung über die Besonderheiten der Institution informiert, in der er zu arbeiten beabsichtigt, dabei die eigenen Erwartungen relativiert und die Bereitschaft entwickelt, Strategien des Möglichen zu erarbeiten und anzuwenden. Schmidbauer (1983) hat die Destruktivität überhöhter Ideale betont. Für den Berufsanfänger ist es wohl unerläßlich, die verständlichen Unterlegenheitsgefühle anzunehmen, die ihn überkommen, ohne sich von ihnen blockieren zu lassen, auf erfahrene Kolleginnen und Kollegen zu hören und zugleich dem eigenen frischen Urteil zu trauen. Bissell et al. (1984) berichten, daß Schwesternschülerinnen im psychiatrischen Praktikum frühzeitig auf den Praxisschock vorbereitet werden und lernen, mit dem später zu erwartenden Burnout besser umzugehen. Beste (1989) hat eine ähnliche Langzeitbegleitung angehender Sonderpädagogen in den Jahren von Berufswahl, Studium und Referendariat konzipiert. Wir erinnern uns: In Kap. 8 hatten wir Idealisierung als regelmäßigen frühen Ausgangspunkt für spätere Burnout-Entwicklungen genannt.

Von seiten der Institution ist – damit korrespondierend – zu fordern, daß sie den Bewerber detailliert aufklärt, ihm Licht- und Schattenseiten der zukünftigen Tätigkeit aufzeigt und seine Entwicklungsmöglichkeiten realistisch darstellt, nicht aber in der Farbe Rosa. Tatsächlich wird die berufliche Belastung in manchen Institutionen und Abteilungen recht offen erörtert, in anderen gänzlich totgeschwiegen. Manche Behörden und Unternehmen bieten immerhin Informationsseminare zur Burnout-Prophylaxe an. In psychosozialen Einrichtungen dagegen wird das Thema überwiegend an der Basis verhandelt. In einem Stelleninserat klingt alles ganz schön und problemlos:

»Anders leben – anders arbeiten.
Wenn Sie die Trennung von Beruf und Privatleben aufheben und Ihre Idee von ganzheitlichem Leben und Erziehen verwirklichen wollen, und wenn Sie bereit sind, Ihre Familie um sechs bis sieben Pflegekinder zu erweitern, um gemeinsam eine längerfristige Perspektive zu entwickeln, dann sollten Sie sich bei uns melden!
Die . . . Kinderdörfer in Deutschland suchen weitere *Kinderdorf-Eltern.*«

Variabilität in Arbeitszeit und Gehalt

Es zeigt sich heute immer mehr, daß die Einteilung in volle, halbe und viertel Stellen längst nicht mehr ausreicht, den variierenden Lebenssituationen und Lebensbedürfnissen der Berufstätigen gerecht zu werden. Anzustreben ist vielmehr das Angebot einer Arbeitszeit, die individuell gewählt und auch wieder geändert werden kann. Das macht die Personalverwaltung unübersichtlicher, erhöht den Planungsaufwand und wird zur Einrichtung von Springerfunktionen in allen Bereichen führen müssen. Aber manche Firmen haben sich bereits jetzt zu diesem Schritt entschlossen und ernten erhöhte Arbeitszufriedenheit der Mitarbeiter dafür. Hierbei

könnte auch gehören, daß jemand angesichts einer sich ändernden Lebenssituation Kompetenzen und Aufgaben abgibt, also aus eigenem Wunsch in der Hierarchie absteigt und eine entsprechende Gehaltsminderung akzeptiert, ohne daß dies als Scheitern oder Versagen interpretiert wird.
Manchmal stellen sich, wenn man für den Arbeitsteinsatz neue Maßnahmen einführt, ganz überraschende, für die Betreffenden selbst unerwartete Neubewertungen ein.

Ein Kollege berichtet, daß sich seine Meinung zur Stechuhr grundlegend gewandelt hat. Als sie in der Klinik, in der er arbeitet, wieder eingeführt wurde, stand er an der Spitze des – letztendlich vergeblichen – Protestes dagegen. Wenige Wochen später sieht er jedoch, daß Überstunden, die früher gang und gäbe waren und zum täglichen Brot gehörten, jetzt fast gar nicht mehr angeordnet werden. Da mit Hilfe der Stechuhr jede Minute Anwesenheit präzis dokumentiert ist, kämen auf die Klinik erhebliche Lohnnachforderungen zu, die sie nicht zu zahlen imstande ist und auch nicht durch späteres Abfeiern auszugleichen vermag, ohne daß der laufende Betrieb zum Erliegen kommt.

Klientenzahl und Gruppengröße

Der Gedanke, der Helfer könne über Klientenzahl und Gruppengröße selbst entscheiden dürfen, wird gewiß alle diejenigen erschrecken, die in helfenden Institutionen mit Geld, Planung und Geldplanung verantwortlich umzugehen haben. Denn auch dieser Vorschlag kostet Geld, erhöht den Planungsaufwand und wird immer wieder zu Improvisationen und Kompromissen zwingen. Aber im Prinzip ist es natürlich sinnvoll, Klientenzahl und Gruppengröße so festzusetzen, daß Helferinnen und Helfer ihre besten Fähigkeiten entfalten können und weder über- noch unterfordert sind. Koocher (1980) empfiehlt für Therapeuten in Kliniken mit einer Klientel krebskranker Kinder als Maßnahme gegen das Burnout eine Gruppenbehandlung und Flexibilität in der Arbeitsplatz-Beschreibung.

Ich lernte einmal einen Kollegen kennen, der sehr fundierte Vorlesungen in anschaulich-einprägsamer Weise hielt, aus der die Studentinnen und Studenten oft bereichert und inspiriert nach Hause gingen. Ähnlich klug, nuancenreich und lebenserfahren ging es in seinen Oberseminaren zu, in denen 10 bis 15 Studenten höherer Semester saßen. Dagegen war er durch

Anfängerseminare mit 100 bis 200 Teilnehmern ziemlich überfordert, verlor in der Diskussion leicht den Faden und war irritierbar, geriet ins Schwadronieren und Polemisieren und brachte die Studenten gegen sich und den Lernstoff auf. Richtig wäre es also gewesen, er hätte die großen Seminare in andere Hände gelegt, z. B. die von jungen, streitvergnügten Assistenten, und sich auf die Arbeit mit wenigen fortgeschrittenen Studenten konzentriert.

Die Zuweisung konstanter, für alle Helferinnen und Helfer einer Institution einheitlicher Klientenzahlen und Gruppengrößen geht von der irrigen Annahme aus, die Mitarbeiter seien gleich arbeitsfähig und gleich belastbar. Aber dies ist natürlich nicht der Fall. Das Prinzip ›Gleicher Lohn für gleiche Arbeit‹ ist zwar eine richtige Weichenstellung zur Gleichbehandlung und verhindert Neid und Konflikt am Arbeitsplatz. Aber man muß dabei sehen: Diese angeblich gleiche Arbeit wird ohnehin von einem Mitarbeiter zu 20% geleistet, vom anderen zu 200% – bei gleichem Lohn.
Denkbar ist, daß über die Individualisierung von Klientenzahl und Gruppengröße nicht nur auf der Leitungsebene einer Institution entschieden wird. Es kann auch Gegenstand des Gesprächs in der Unterstützungsgruppe werden, freilich in ganz anderer Art und Weise, als man sich dies aus Teamsitzungen herkömmlich denkt: Nicht der Vorgesetzte weist einem Mitarbeiter ein zusätzliches Pensum zu, das der andere nicht schafft oder vor dem er sich drückt; sondern ein Helfer bietet dem anderen an, etwas von dessen Arbeiten zu übernehmen, weil ihn die Sache interessiert, er noch Kapazitäten und Kraft frei hat oder einfach deshalb, weil er etwas zur Entlastung des Kollegen beitragen will.

Gast-Arbeit in anderen Bereichen

Manche Helferinnen und Helfer klagen über zuviel sachfremde Arbeit, die sie von der Begegnung mit Klienten abhält. Diese sind hier nicht gemeint. Aber andere Helfer spüren eines Tages, daß ihnen der Umgang mit den Klienten manchmal zuviel wird und sie dann morgens am liebsten gar nicht aufstehen und zum Dienst gehen würden. Für sie kann es eine Entlastung darstellen, einmal von der eigenen Arbeit pausieren und in einer anderen Abteilung oder Funktion aushelfen zu können. So mag für manchen Helfer eine längere Fehlzeit oder die Entwicklung psychosomatischer Symptome sich erübrigen. Dies muß aber ohne Beschämung und Vertuschung möglich sein und als selbstverständlicher Vorgang behandelt werden, so, wie man sich einen Pullover anzieht, wenn es kalt ist, und ihn wieder auszieht, wenn einem warm genug ist. Darüber muß es in der Institution kein Gerede geben.

Bezahlte Fortbildung

Stets ist es dienlich zu wissen, in welcher Höhe der Institution Mittel für Fortbildungszwecke zur Verfügung stehen, welcher Anteil davon auf die eigene Abteilung entfällt und wer über ihre Verwendung zu entscheiden hat. Das gesetzliche Recht auf Bildungsurlaub stellt für viele Institutionen eine drohende Wolke dar. Manche von ihnen haben sich diese Rechtstatsache bisher so wenig zueigen gemacht, daß sie durchaus wahrheitsgemäß sagen können: »Wenn alle unsere Mitarbeiterinnen und Mitarbeiter diesen Bildungsurlaub nehmen, dann bricht unser Laden zusammen!« – aber damit hindern sie die Mitarbeiter auch daran, dieses Recht wahrzunehmen, und ersparen sich Maßnahmen zur Abwendung der Katastrophe. Oder es wird gesagt: »Natürlich können Sie diesen Bildungsurlaub nehmen. Aber die Leidtragenden werden unsere Klientinnen und Klienten sein.« Dann kommt sich derjenige, der ihn wirklich nimmt, vielleicht wie ein treuloser Geselle vor, und seine Schuldgefühle überschatten das, was ein *Bildungs-Urlaub* (mit diesen beiden Akzenten) sein könnte. Oder der Fortbildungscharakter der Mitarbeiterreise wird – vielleicht nur in kleinen spitzen Bemerkungen – in Zweifel gezogen.

Einige Insitutionen haben dagegen schon zu wegweisenden Entscheidungen gefunden. So nennt eine Sozialarbeiterin, deren bevorzugtes Urlaubsland Ägypten ist, als Wunsch für ihre Fortbildung die Besichtigung psychosozialer Einrichtungen in Ägypten. Das wird von dem Verband, bei dem sie arbeitet, akzeptiert, weil man davon ausgeht, daß sie hierin eine verantwortliche Wahl getroffen hat. Ein Team aus einer Firma beantragt als Fortbildung ein verlängertes gemeinsames Skiwochenende, so daß sie bei freiem Donnerstag und Freitag von Mittwochabend bis Sonntag zusammen sein können. Dem wird zugestimmt; die Personalabteilung nimmt an, daß in dieser gemeinsam verbrachten Zeit Außerdienstliches, aber eben auch viel Dienstliches besprochen werden wird, zum Besten der Arbeit.

Die Fortbildung mag thematisch bestimmte Aspekte der Arbeit und Zusammenarbeit behandeln, aber auch die Belastung selbst zum Gegenstand haben. Moracco et al. (1982) berichten von einem Projekt zur Verringerung von Lehrerstreß. In den Seminaren wurden Lehrer über Streß und Streßwirkungen informiert, lernten die Beobachtung ihrer eigenen Streßreaktionen kennen und entwickelten streßreduzierende Vorgehensweisen. Es wurden auch Unterstützungsgruppen gebildet, in denen Feedback gegeben und das Zusammengehörigkeitsgefühl gestärkt wurde. Pines et al. (1983) evaluierten ein eintägiges Seminar über Burnout mit 53 Teilnehmern. Sie fanden bei diesen danach eine gesteigerte Aufmerksamkeit für Zusammenhänge zwischen bestimmten Arbeitsbedingungen und Burnout, eine Verringerung des Burnout und eine Zunahme der Zufriedenheit in Äußerungen von Vorgesetzten, der Institution, der Klienten und Kollegen.

Es bewährt sich also, die Fortbildung während der Arbeitszeit als vorübergehenden kontrollierten Ausstieg aus der Arbeit und zugleich als Neueinstieg in die Arbeit zu betrachten und der Wahl der Form größtmögliche Freiheit einzuräumen.

Freijahr oder freies Halbjahr

Die Einrichtung des Forschungssemesters nach acht Semestern Dienst oder das Sabbatical nach sechs Jahren Tätigkeit an Schule und Hochschule diente ursprünglich der Forschung, der wissenschaftlichen und pädagogischen Neuorientierung oder der Wiederbegegnung mit dem Herkunftsland bei Berufsimmigranten. Mittlerweile wird in vielen Institutionen darüber nachgedacht, wie man dies den Mitarbeitern ermöglichen könne. Ministerien und Firmen interessieren sich für bestehende Modelle oder entwickeln sie gemäß den eigenen Bedürfnissen selbst. Überall wird nach Formen gesucht, Mitarbeitern eine längere Pause, eine andere Tätigkeit oder eine neue Spezialisierung zu ermöglichen. Natürlich sollen dabei auch die Interessen der Institution Berücksichtigung finden: Man mag sich wünschen, daß Mitarbeiter mit vermehrter Betriebstreue darauf reagieren, nicht so leicht ausbrennen und mit neuen Ideen an ihren

Arbeitsplatz zurückkehren. Aber die Chance zu längerer Arbeitsunterbrechung darf nicht an Bedingungen solcher Art geknüpft werden. Es muß möglich bleiben und auch akzeptiert werden, daß ein Mitarbeiter in dieser Zeitspanne eine vollständig andere Perspektive entwickelt und nach der Pause nicht wieder in die Institution zurückkehrt.

Supervision

Wenn Mitarbeiter *Fallberatung* wünschen, so ist zu fordern, daß sie dies nicht beantragen müssen, sondern bis zu einer zu vereinbarenden maximalen jährlichen Stundenzahl und Honorarhöhe nur mitteilen, und daß die Supervision während der Arbeitszeit stattfinden kann – denn es ist echte Arbeit. Der Helfer oder das Team wählen ihren Supervisor selbst und richten ihre Arbeitszeit so ein, daß für die Sitzungen genügend Zeit ist – Zeit, in der kein Telefon klingelt, keine plötzlich einberufene Konferenz die Helfer beansprucht und für Notfälle anderweitige Vorsorge getroffen ist. Helferinnen und Helfer, die ihre Institution schon länger kennen, bevorzugen oft einen externen Supervisor und einen Supervisionsort außerhalb der Institution.

In der *Team-Supervision* ist die Zusammenarbeit des Teams Gegenstand des Gesprächs. In aller Regel nehmen diejenigen daran teil, die für die Zusammenarbeit Klärungen, Neuentscheidungen oder generell eine Verbesserung der Kommunikation anstreben. Denkbar ist aber auch die gemeinsame Supervision von zwei Teams, die zusammenarbeiten müssen, dies aber als konflikthaft erleben. Damit ist immer zu rechnen; denn nie haben zwei Teams eine völlig identische Interessenslage, gleiche Ausstattung, gleiche Aufgaben und gleiches Ansehen. Für die Team-Supervision liegt es mindestens so sehr wie für die Fall-Supervision nahe, einen externen Supervisor zu engagieren. Auch für sie ist es vorteilhaft, wenn sie während der Arbeitszeit, aber außerhalb der Insitution stattfindet; ihr Entlastungs- und Erholungswert gewinnt so vermutlich eine ganz andere Qualität. Wenn Fall-Supervision und Team-Supervision in der gleichen personellen Zusammensetzung erfolgen können, so ist dies meist ein Gewinn, denn das eine wirft oft Fragen für das andere auf, und es ist gut, dann gleich daran arbeiten zu können, statt es auf andere Zeiten, Orte und Zusammenkünfte verschieben zu müssen.

Informationsfluß und Ressourcen-Nutzung

Einer der häufigsten Seufzer von Helferinnen und Helfer in unteren Rängen einer Institution lautet: ›Tja, davon haben wir ja gar nichts gewußt!‹ oder: ›Tja, wenn uns das rechtzeitig mitgeteilt worden wäre!‹ Man kann darin noch den Ärger über die Informationsverknappung von oben und deren nachteilige Folgen spüren. Geheimniskrämerei, Verheimlichen und Vertuschen, selektive Information und Desinformation gehören dazu. Manchmal klagen aber auch Vorgesetzte, daß sie von Mitarbeiterinnen und Mitarbeitern über wichtige Vorgänge nicht informiert werden. Es scheint sich dabei also um eine Lernaufgabe für alle Ebenen zu handeln.
Wenn zu einer bestimmten Frage eine Arbeitsgruppe gebildet wird, so ist es sinnvoll, Helferinnen und Helfer aus unterschiedlichen Ebenen und Berufen hinzuzuziehen. Oft ist es richtig, mit dem Vorsitz jemanden zu betrauen, der seinen Arbeitstag nahe bei dem Thema verbringt, nicht aber den Ranghöchsten, der sich dazu bereit erklärt, später aber seinen uninformierten Stellvertreter zu den Sitzungen schickt. Helferinnen und Helfer können ihren Vorgesetzten oft aus langjähriger Erfahrung viel beibringen, wenn diese dies akzeptieren.

In einer Krankenhausabteilung erlebte ich einmal folgendes: Eine Krankengymnastin sagte zu den Ärzten: »Ich glaube, über neuere Hebe- und Transporttechniken und über Belastungstheorien nach Operationen sind Sie gar nicht auf dem laufenden. Ich würde gern einmal einen Fortbildungstag darüber mit Ihnen machen.« Da drucksten die Ärzte, murmelten etwas über Zeitdruck, sagten auch, doch, doch, das sei im Studium unter Anatomie und Physiologie drangewesen. Aber man merkte: Es war in erster Linie ein Statusproblem. In der rangbewußten Klinik konnten sie die statusniedrige Krankengymnastin nicht als Dozentin akzeptieren.

Mitbestimmung

Die Gewährung einer Anhörungspflicht oder eines Mitwirkungsrechts reichen heute nicht aus, Helferinnen und Helfern das Gefühl selbstbestimmten Handelns zu vermitteln. Nur formal ermöglichtes

Mitreden bleibt eben oft folgenlos, wenn andere Interessen einem Einwirken der Mitarbeiter entgegenstehen. Die Mitbestimmung der unmittelbar von einer Entscheidung Betroffenen oder ihrer gewählten Vertretung muß also jedenfalls aufschiebende Wirkung haben, wenn keine Einigkeit erzielt werden kann, oder zur Berufung einer Schiedsinstanz führen können, die von beiden Seiten des Tisches akzeptiert wird.

Besonders bei Fragen des eigenen Arbeitsbereichs muß davon ausgegangen werden, daß Helferinnen und Helfer Experten in eigener Sache sind; sie in die Mitbestimmung aktiv einzubeziehen ist demgemäß ein Gebot der Vernunft. Für Betriebe und Behörden sind die Formen der Mitbestimmung durch Betriebsverfassungsgesetz und Bundes-Personalvertretungsgesetz gesetzlich geregelt; kirchliche, gewerkschaftliche und parteigebundene Einrichtungen sind diesen als sog. ›Tendenzbetriebe‹ rechtlich nicht gleichgestellt und haben daher in Sachen Mitbestimmung oft einen erheblichen Nachholbedarf. Jedenfalls kann man die Bestimmungen restriktiv oder initiativ auslegen und die Mitbestimmung der Mitarbeiter damit behindern oder fördern.

Eine Untersuchung von Riggar et al. (1984) verwirklichte mehrere der eben genannten Aspekte und eine Reihe weiterer in vorbildlicher Weise. In einer Klinik für chronische psychiatrische Patienten wurde folgender Maßnahmenkatalog beschlossen: Finanzielle Unterstützung der Mitarbeiterfortbildung und -beratung; Bezuschussung von Mitgliedsbeiträgen zu Fachverbänden; Förderung der Mitarbeiterbeteiligung an Konferenzen und externen Seminaren; Beratungsangebote bei Konflikten zwischen Mitarbeitern; Mitbestimmung bei Personalentscheidungen; betriebliches Vorschlagswesen. Zwei Jahre nach Beginn der Maßnahme war die Fluktuation in der Klinik von 30% auf 15% gesunken. Die Arbeitszufriedenheit blieb konstant, während die Arbeit selbst, die anfänglich als ›anstrengend‹ bezeichnet worden war, am Ende die Charakterisierung ›sehr anstrengend‹ erhielt. Man mag einwenden, dies seien Trostpflaster, um die Mitarbeiter ruhig zu halten. Aber solange keine anderen wirksameren Maßnahmen in Sicht sind, verdienen auch solche Schritte Prüfung und u. U. Nachahmung.

Generell müssen wohl Maßnahmen individuell, geschlechtsspezifisch und für jede Arbeit neu zusammengestellt werden. So weist z. B. Schmidbauer (1982) darauf hin, daß sich das Ausbrennen beschleunigt, wenn Verwaltungsarbeit den Helfer am Kontakt mit Klienten hindert. Aber Verwaltungsarbeit kann auch ein Refugium gegen Überlastung darstellen (London, 1981). Oder: Gewiß kann die Zugehörigkeit zu einer bestimmten Schulrichtung der Psychotherapie dem Helfer Sicherheit vermitteln. Aber diese Bindung kann auch eine zusätzliche Belastung darstellen, wenn sie, gemessen an der Vielschichtigkeit der Klientensituation, nur wenig auskunftsfähig und wegweisend ist und dem intuitiven therapeutischen Zugriff des Helfers im Wege steht (Levine, 1982).

Daß die Institution nicht nur ein Moloch ist, der Helferinnen und Helfer sich beliebig zurechtformt, sondern auch Gelegenheit zu vielleicht schmerzhaften, aber auch stärkenden und klärenden Lernprozessen gibt, läßt eine Darstellung von Dinslage (1982) erkennen. Er nennt als Ergebnis der eigenen längeren Zugehörigkeit zu einer helfenden Einrichtung sechs Entwicklungstendenzen in seinem eigenen Leben:

1. Abkehr von einem technikorientierten Vorgehen
2. Entdecken und Nutzen der Therapeut-Klient-Beziehung
3. Betonung von Motivations- und Entscheidungsprozessen sowie Persönlichkeitsaspekten
4. Ersetzen der Subjekt-Objekt-Beziehung durch das dialogische Prinzip bei der Arbeit mit Klienten
5. Abkehr vom Schulendenken
6. Integration verschiedener Therapieansätze.

Wir schließen hier die Darstellung der Maßnahmen ab, die Belastung und Deformation entgegenwirken können. Gewiß sind alle diese Erfahrungen, Vorschläge und Praktiken vernünftig und beherzigenswert. Aber in der ganzen Zweckmäßigkeit dieses Planens und Handelns mag noch etwas fehlen. Ihm wenden wir uns im letzten Abschnitt zu.

22. Das Bonner Burnout-Prophylaxe-Programm: (BBPP)

Es gibt mittlerweile eine ganze Reihe von Seminaren und Trainingsmaßnahmen, die dem Burnout entgegenwirken. Als Element kommen in solchen Seminaren regelmäßig vor:

- Identifikation und Beeinflussung von Streßquellen in der Person und in ihrem Arbeitskontext,
- Frühzeitige Wahrnehmung der eigenen Belastungsreaktionen,
- Entwicklung geeigneter Bewältigungsstrategien,
- Präventive Beseitigung kumulativer Belastungsbedingungen,
- Soziale Unterstützung.

Das folgende Seminar strebt den Schutz der seelischen Gesundheit im Vorfeld an, also *bevor* schwerere Beeinträchtigungen und Schädigungen, Verhärtungen und Deformationen eintreten. Ich habe es in den letzten 12 Jahren mit Menschen aus nahezu allen Helfer-Berufen und weiteren Berufsfeldern durchgeführt. Die Thematik wird in 10 Schritten selbsterfahrungsbezogen erarbeitet. Je nach gewünschter Intensität und Vertiefung empfiehlt sich eine Dauer von 1–3 Tagen.

Definition

Der Begriff Burnout wird definiert. Seine Bedeutung im Arbeitsleben wird aufgezeigt.

Burnout-Belastung

Die Seminarteilnehmerinnen und -teilnehmer haben Gelegenheit, ihre gegenwärtige Burnout-Belastung einzuschätzen und Beispiele von Burnout-Erfahrungen zusammenzutragen. Ist ihre eigene akute Belastung gering, so werden sie gebeten, die Frage der übermäßigen Beanspruchung für frühere und zukünftige Arbeitskontexte sowie für eigene Mitarbeiter zu sichten.

Belastungsindikatoren

Hier wird untersucht, welche inneren Hinweise (Gedanken, Stimmungen, Handlungen, physiologische Signale, körpersprachliche Anzeichen) dem Menschen verraten, daß er belastet ist. Jeder von uns erfährt dies u. a. über eines oder mehrere seiner Organe, z. B. Lunge, Magen, Herz, Nacken, Darm, Muskulatur usw. Aber wir neigen dazu, auf diese Signale zu wenig zu achten. Die Teilnehmer lernen, diese Signale als Frühwarn-System zu begreifen, das ihnen etwas Wichtiges über ihren Belastungs-Status mitteilen möchte.

Belastungsquellen in der Umgebung

Nunmehr werden Arbeitsplatz sowie weitere Lebensumstände daraufhin untersucht, wie dort Belastungen entstehen und bestehen, zunächst unabhängig von der Frage, welche davon beeinflußbar sind. Hier ist an irrationale Arbeitsabläufe zu denken, an Kreativitätsvernichtung, an belastendes Arbeitstempo, Schwierigkeiten mit Kolleginnen und Kollegen, autoritäres Vorgesetztengehabe, Kompetenzbeschneidungen ohne Not, Mobbing, Angst vor dem Verlust des Arbeitsplatzes usw.

Belastungsquellen in der eigenen Person

Viele Belastungen sind selbst verursacht. Wir hängen grüblerisch unproduktiven Gedanken nach, lassen uns von schlechten Stimmungen beherrschen, trauen uns nichts zu, obwohl unsere Leistungen gut sind, verwickeln uns in Streitereien ohne Sinn und Verstand, planen unsere Arbeit nicht umsichtig usw.

Ungeeignete Reparaturversuche

Viele Menschen sehen durchaus, daß sie mit diesen kumulativ wirkenden Belastungen nicht zurechtkommen und zu deren Behebung immer wieder das Falsche tun, und können dennoch nicht davon ablassen. Es ist gut, sich solcher dysfunktionaler Vorgehensweisen, die oft gegen alle Erfahrung mit erstaunlicher Hartnäckigkeit beibehalten werden, bewußt zu werden.

Geeignete Bewältigungsstrategien

Andererseits tut kein Mensch angesichts einer Burnout-Gefährdung *ausschließlich* das Falsche. Es gilt also, die angemessenen

Anteile der Bewältigung aufzuspüren und zu fördern. Wenn dies gelingt, so werden die ungeeigneten Reaktionen wie von selbst zurückgedrängt. Anderen Seminarteilnehmern bei deren Bewältigungsverhalten zuzuschauen ist oft ungemein lehrreich und ermutigend. Die Seminargruppe wird auf diese Weise zu einer reichhaltigen Ressource zur Behebung der Burnout-Gefährdung. Schließlich spricht der Erfolg selbst für sich und zieht weiteren Erfolg nach sich.

Verankerung im Alltag

Was die Seminargruppe auf diese Weise erarbeitet, soll in verschiedenen Lebensbereichen jedes Teilnehmers konkret und spezifisch verankert werden. Dazu gehören Planungen und Entscheidungen bezüglich der eigenen Person, in Partnerschaft, Familie und Freundeskreis sowie für den Umgang mit Mitarbeitern, Kollegen und Vorgesetzten. Auch die Haltung, die der Mitarbeiter seiner Firma oder Behörde gegenüber findet, ist von großer Bedeutung.
Für alle Maßnahmen zur Burnout-Bewältigung gilt:
›Mehr hilft mehr‹ und ›Viele Köche retten den Brei‹, d. h. wer das Burnout beherzt und auf mehreren Ebenen gleichzeitig angeht, hat eine bessere Chance zu dessen Behebung als jemand, der sich nur halbherzig zu einer singulären kleinen Umstellung entschließt.

Widerstände

In einer solchen Stimmung von Aufbruch und Optimismus ist es unerläßlich, zwischendurch innezuhalten und sich zu fragen: Welche inneren und äußeren Kräfte werden sich meiner entschiedenen Burnout-Prophylaxe entgegenstellen: Eigene Bequemlichkeit und Trägheit, Verharmlosung und Konfliktscheu? Kollegen, die allem Neuen abhold sind und die ihre eigene Burnout-Gefährdung nicht sehen wollen? Vorgesetzte, die Burnout-Prophylaxe als Arbeitsverweigerung betrachten? Mitarbeiter, die in dem Interesse des Vorgesetzten nicht die Fürsorge erkennen?
Das alles gilt es zu bedenken, damit die eigenen Schritte nicht überstürzt erfolgen und Gegenreaktionen wecken, sondern zum Erfolg führen.

Soziale Unterstützung

Jede Burnout-Prophylaxe beginnt bei der eigenen Person. Aber sie gewinnt eine größere Wirksamkeit, wenn sie sich im Bewußtsein vieler Personen gleichzeitig als Notwendigkeit festsetzt. Viele Augen sehen einfach mehr als zwei; wenn viele Personen über das Burnout nachdenken und damit zugleich die Bedeutung der Thematik unterstreichen, sc läßt sich mehr erreichen, als wenn jeder nur seine privaten Erfahrungen sammelt.

Gegen solche Seminare wird oft ins Feld geführt, daß sie Kosten verursachen und, wenn sie während der Arbeitszeit stattfinden, die Belastungen für die anderen Mitarbeiter zunächst noch erhöhen. Das scheint plausibel, greift aber zu kurz. Wenn ein dreitägiges Seminar im Laufe der Jahre nur 3 Fehltage zu vermeiden hilft, die durch Krankheit, Unpäßlichkeit und Arbeitsunzufriedenheit entstehen, so hat es sich schon bezahlt gemacht. In der Regel sind die Wirkungen weit günstiger auf zahlreichen Gebieten, von denen Krankheitsrate, Arbeitsqualität und Arbeitszufriedenheit nur einige sind. Weiterhin ist mittlerweile bekannt, daß nach der Teilnahme an einem solchen Training der Umgang mit Vorgesetzten, Kollegen und Mitarbeitern sich bessert, die Pünktlichkeit zunimmt, Unfälle, Kurzerkrankungen und Arbeitsausfall durch Arztbesuche abnehmen, die Arbeit stärker bejaht wird und die Identifikation mit der Arbeit zunimmt.

Zahlreiche Bedingungen des Arbeitslebens sind von einer Art, daß Burnout-Gefährdungen immer wieder auftreten werden. Es ist Aufgabe von Personal- und Planungs-Abteilungen sowie von Vorgesetzten und Mitarbeitern, auf die Gestaltung der Arbeitsabläufe und der Zusammenarbeit in einer Weise Einfluß zu nehmen, daß deren Burnout-Potential sich in Grenzen hält, sowie über Korrektur- und Ausgleichsmaßnahmen nachzudenken. Das BBPP-Training leistet einen Beitrag dazu, das Problembewußtsein auf diesem Gebiet zu erhöhen, die Handlungskompetenz des einzelnen zu erweitern und die Zusammenarbeit zu verbessern.

Aufgrund unserer psychotherapeutischen Ausbildung wissen wir über alle Belastungen und über alle Möglichkeiten der Burnout-Prophylaxe eigentlich gut Bescheid. Es scheint, daß wir von diesem Wissen oft nicht konsequent genug Gebrauch machen oder daß wir das Thema, was die eigene Person angeht, nicht wichtig genug nehmen. Wenn jede Leserin und jeder Leser heute damit beginnt, eine einzige der hier genannten Initiativen zu ergreifen, bezüglich der eigenen Person, im Team, als Vorgesetzte oder Vorgesetzter, den eigenen Zielgruppen gegenüber und im Kontext seiner und ihrer Institution, so wird es ihm und ihr vermutlich bald ein wenig besser gehen, und Angehörige, Klienten und Mitarbeiter werden es ihm oder ihr danken.

V. Selbstbegegnung

Wir haben nun Belastungen, Deformationen und Überlebensstrategien von Helferinnen und Helfern gesichtet. Es scheint aus den Gefährdungen, die am Lebensweg des Helfers lauern, prophylaktische Schritte, Gegenmaßnahmen und Auswege zu geben, und die meisten Helfer finden über kurz oder lang vermutlich die Reaktionsformen heraus, die ihnen dabei helfen. So könnten wir die Darstellung hier zu Ende bringen, wenn es sich dabei um ein rein technisches Problem handeln würde. Aber dies ist nicht der Fall. Vielmehr lassen Belastung, Burnout, Deformation und die gegen sie gewählten Vorgehensweisen bestimmte Haltungen der Helfer erkennen, und diese gilt es abschließend zu betrachten.

Helferinnen und Helfer stehen täglich vor der Aufgabe, ihr Menschenbild zu bedenken: Ist es spekulativ oder lebendig? Haben sie es übernommen oder erfahren? Ist es typisierend, oder läßt es dem einzelnen Freiheit? Kann der Engpaß des Klienten darin noch als Versuch der Selbstheilung begriffen werden? Traut es dem Menschen Fähigkeiten und Entwicklungsmöglichkeiten zu, die ein wenig über die Alltagsbewältigung hinausweisen? Sollen für Klienten andere Eigenschaften charakteristisch sein als für den Helfer selbst, oder begegnen sie einander im Menschenbild auf gleicher Ebene?

Wenn Helferinnen und Helfer vor der Übernahme einer Aufgabe stehen, so könnte die erste Frage, die sie an sich selbst richten, lauten: Bin ich dem gewachsen, und kann ich es auch bei Widerständen und Schwierigkeiten durchstehen? Das könnte dazu führen, daß manche Aufgabe *nicht* übernommen, manche Helferpraxis nicht eröffnet und manche Therapie nicht begonnen wird. Aber wahr ist auch: Materielle Gründe zwingen viele Helfer dazu, bei dieser Frage kompromißbereit zu sein.

Der Auftrag ist angenommen und die Arbeit beginnt. Da mögen Helferinnen und Helfer sich fragen: Stellt mein Handeln eine gute Annäherung an mein Menschenbild dar? Bleiben Spielräume für Entwicklungen des Klienten, die mein Menschenbild nicht vorgesehen hat? Habe ich als Helfer Offenheit und Freiheit, während der Behandlung auch selbst Entwicklungsimpulse zu erfahren? Verhalte ich mich dem Klienten gegenüber künstlich oder natürlich, fassadenhaft oder spontan, alltagsartig oder rollengebunden? Bin ich präsent, oder beobachte ich Nachlässigkeiten an mir? Kann ich Kritik des Klienten aufmerksam aufnehmen und mich sorgsam mit ihr beschäftigen? Unterlaufen mir Überredungsversuche und Ausweichmanöver, Tricks und kleine Unlauterkeiten?

Schließlich geht eine Arbeit zu Ende. Da mag der Helfer sich fragen: Wie zufrieden mit seinem Einsatz und dem Ergebnis ist er? Kann er es dem Klienten ohne Verklausulierung sagen? Ist er froh, daß der Klient endlich die Behandlung beendet, oder ist er gekränkt, daß dieser ihn verläßt? Findet er, daß zwischen Leistung und Bezahlung eine gute Entsprechung bestanden hat? Könnte er, wenn er die Behandlung mit dem Blick des Klienten betrachtet, einem anderen Hilfesuchenden sich selbst als Helfer empfehlen? Würde er, wenn er selbst in Not wäre, sich als Helfer aufsuchen?

Alle diese Fragen sind nicht von technischer Art. Vielmehr bezeichnen sie kritische Momente im Arbeitsprozeß des Helfers, in denen es sich für Belastung, Burnout und Deformation entscheiden oder ihnen entgehen kann, und zwar nicht auf Grund einer besonderen Geschicklichkeit, sondern durch aufrichtige Selbstprüfung. Bei jeder Arbeit und in jeder Sitzung begegnet der Helfer ja einerseits dem Klienten, aber andererseits sich selbst mit seinen Fähigkeiten, Irritationen, Verführbarkeiten und erneuten Versuchen, einer guten inneren Leitlinie zu folgen.

Manche Helferinnen und Helfer mögen das Helfen selbst bereits für einen moralischen Akt halten und alle persönlichen Privilegien, die damit verbunden sind, mit dem beruhigten Gewissen genießen, selbst eine ethisch hochstehende Vorleistung bereits erbracht zu haben. Aber davon kann keine Rede sein. Ein Tun mag Gutes bewirken und doch ganz unterschiedlich motiviert sein, und mancher eigene Vorteil läßt sich im Windschatten des Helfens vorzüglich genießen. Es bedarf also einer Fundierung des Helfens in einem etwas größeren Bezugssystem.

Für mich selbst ist dabei manchmal klärend, die Aufmerksamkeit von dem Prozeß des Helfens und der Tüchtigkeit des Helfers

wegzuverlegen und dem Aufforderungscharakter der Situation zuzuwenden: Was muß getan werden? Wer kann es übernehmen? Tut er es in aller Ernsthaftigkeit und Konzentration? Sieht er sein Tun in erster Linie als Chance zur *eigenen* Selbstentfaltung *und* als Aufgabe im Lebenskontext des bedürftigen *Gegenüber*? Wir haben an verschiedenen Stellen gesehen, daß eine Fehlentwicklung auf beiden Seiten eintreten kann. Viktor Frankl hat in diesem Zusammenhang einmal darauf hingewiesen, daß wir das Leben vielleicht seltener fragen sollten, was wir von ihm erwarten können, sondern wohin es uns stellt. Offenbar gibt es hier in verschiedenen Lebensbereichen wiederkehrende Erfahrungen: Wer dem eigenen Vorteil besonders atemlos nachläuft, findet ihn immer nur für kurze Zeit. Innere Lebensfülle und Verdichtung dagegen stellen sich im Offensein für Aufgaben ein.
Die Begegnung mit Burnout-Gefährdung, Burnout-Bewältigung und Burnout-Prophylaxe hat also u. a. mit dem Reifungsweg zu tun, auf dem wir uns befinden. Marie Jahoda, die berühmte Sozialwissenschaftlerin, hat in ihrer Selbstbiographie (1997) notiert, der Mensch habe im Laufe seines Lebens fünf unüberbrückbare Gegensätze anzuerkennen:

alt und jung
männlich und weiblich
Leben und Tod
Individuum und Gesellschaft
Natürliches und Übernatürliches

Wenn wir diese Polaritäten in unserem Leben erkennen und zu bejahen lernen, so können sie klärend und wegweisend für die Art werden, in der wir auf unsere Anfälligkeit für Burnout und berufliche Deformation antworten.

Anhang

Anhang 1: Untersuchung über Alter und Berufswahl von Helferinnen und Helfern

UNIVERSITÄT ZU KÖLN
Seminar für
Heilpädagogische Psychologie
und Psychiatrie
Prof. Dr. Jörg Fengler

50931 Köln, den
Frangenheimstraße 4
Tel. 0221/4702958 (d.)
0228/645333 (pr.)

BERUFLICHE MOTIVATION

Wir bitten Sie, sich auf diesem Blatt an einer kurzen schriftlichen Befragung zu beteiligen. Wir wollen untersuchen, welche Berufe in welchem Lebensalter als besonders anziehend und erstrebenswert betrachtet werden. Ihre Angaben werden selbstverständlich anonym ausgewertet.

Links auf diesem Blatt sehen Sie Ihre eigene Altersachse. Sie beginnt mit Ihrer Geburt und reicht bis zur Gegenwart. Daneben ist Platz für Eintragungen von Berufswünschen, die Sie in verschiedenen Lebensaltern gehabt haben. Beginnen Sie bitte mit dem *ersten* Berufswunsch, der Ihnen erinnerlich ist, neben der entsprechenden Altersangabe, und fahren Sie dann mit weiteren Berufswünschen bei dem jeweiligen Lebensalter fort. Die Zahl der Nennungen ist Ihnen freigestellt.
Wenn Sie für einen bestimmten Beruf Ihr damaliges Lebensalter nicht mehr genau wissen, so schreiben Sie bitte ›ungefähr‹ vor die Jahresangabe. Ihre letzte Eintragung soll Ihren gegenwärtigen Berufswunsch bezeichnen.

Jetzt geht es los:

0 Geburt
1
2
3
4
5
6
7
8
9
10
11
12
13
14
15
16
17
18
19
20
21
22
23
24
25
26
27
28
29
30
31
32
33
34
35
36

Herzlichen Dank für Ihre Mitarbeit! Bitte nun zurück an mich!

○ weiblich ○ männlich

Anhang 2: Untersuchung zur Belastung und Entlastung von Helfern

UNIVERSITÄT ZU KÖLN
Seminar für
Heilpädagogische Psychologie
und Psychiatrie
Prof. Dr. Jörg Fengler

50931 Köln, den
Frangenheimstraße 4
Tel. 0221/4702958 (d.)
0228/645333 (pr.)

Sehr geehrte Teilnehmerin, sehr geehrter Teilnehmer
der Fachtagung des DHS in Osnabrück,

mit den Fragen auf diesem Blatt knüpfe ich an den Vortrag über DAS HELFEN UND DIE HELFER an, den ich am Dienstag, dem 3. November, um 9 Uhr im Europa-Saal halte. Über die Helfer im allgemeinen ist viel geschrieben worden – ich würde mit Ihrer Unterstützung gern im Rahmen einer Untersuchung etwas dazu beitragen, daß das Helfen im Bereich der Suchtkrankenhilfe mit seinen Besonderheiten besser verstanden und gewürdigt wird.

Ich bitte Sie also, die Fragen auf diesem Blatt möglichst jetzt gleich zu beantworten und mir das Blatt gleich nach meinem Vortrag am Dienstag früh zu übergeben. Sonst besteht auch die Möglichkeit, daß Sie es mir an meine Dienstadresse in Köln (siehe oben!) übersenden. Herzlichen Dank!

1. Ich arbeite gegenwärtig vorwiegend oder ausschließlich mit (bitte nur eine Ankreuzung!) Konsumenten von

   ○ Alkohol
   ○ Medikamenten
   ○ Illegalen Drogen
   ○ Spielern
   ○ Personen mit Eßstörungen
   ○ Sonstige, z. B. ....

2. Die Belastung bei dieser Arbeit empfinde ich als (bitte ankreuzen!)

   ○———○———○———○———○
   1 2 3 4 5
   sehr gering … sehr hoch

3. Am stärksten belastet mich bei dieser Arbeit, daß oder wenn (bitte den Satz mit eigenen Worten zu Ende führen!)

   daß oder wenn ....

4. Die wichtigste Entlastung bei dieser Arbeit ist für mich, daß oder wenn . . . (bitte auch diesen Satz mit eigenen Worten zu Ende führen!)

   also daß oder wenn ....

5. Ich verbringe in unmittelbarem Kontakt mit Süchtigen pro Woche etwa

   .... Stunden

6. Ich bin .... Jahre alt.

7. Ich bin weiblich/männlich (bitte das Zustreffende unterstreichen!)

8. Ich bin im Bereich der Suchtkrankenhilfe (bitte das Zutreffende ankreuzen!)
   - ○ hauptberuflich tätig
   - ○ auf Honorarbasis stundenweise tätig
   - ○ ehrenamtlich tätig
   - ○ als Angehörige(r) tätig

9. Mit Süchtigen arbeite ich seit .... Jahren

10. Ich erhalte in dieser Tätigkeit (bitte das Zutreffende eintragen!)
    - ○ keine Supervision
    - ○ ungefähr .... Stunden Supervision pro Monat

Wenn Sie noch eine eigene Stellungnahme zufügen mögen, so ist hier Raum dazu:

Ich danke Ihnen, daß sie die Fragen beantwortet haben. Am besten wäre es, wenn Sie mir das Blatt gleich nach dem Vortrag am Dienstag morgen übergeben würden.
Falls Ihnen dies nicht möglich ist, bitte ich Sie, ihn mir sobald wie möglich nach Köln zu übersenden:

Prof. Dr. Jörg Fengler
Universität Köln
Frangenheimstraße 4
50931 Köln.

Herzlichen Dank!

Anhang 3: Untersuchung über Helfer-Reaktionen auf eine fiktive Klienten- bzw. Partneräußerung

UNIVERSITÄT ZU KÖLN
Seminar für
Heilpädagogische Psychologie
und Psychiatrie
Prof. Dr. Jörg Fengler

50931 Köln, den
Frangenheimstraße 4
Tel. 0221/4702958 (d.)
0228/645333 (pr.)

Vortrag: PSYCHOTHERAPIE UND PARTNERSCHAFT

Sehr geehrte Teilnehmerin dieser Tagung,
sehr geehrter Teilnehmer dieser Tagung;

auf diesem Blatt lade ich Sie ein, an einem kleinen Gedankenexperiment teilzunehmen, das in Zusammenhang mit dem Vortrag steht.

Denken Sie also zunächst an eine beliebige Person des anderen Geschlechts, die schon einmal Rat, Beratung oder Therapie bei Ihnen erhalten hat. Wenn diese Person ungefähr in ihrem eigenen Alter ist, ist es besonders gut.

Stellen Sie sich nun vor, diese Person sagt während eines dieser Gespräche zu Ihnen:

»ICH BIN JA GAR NICHTS WERT. KEIN MENSCH INTERESSIERT SICH FÜR MICH, ICH BIN AUCH NICHT ATTRAKTIV, UND ICH HABE AUCH NOCH NICHTS WELTBEWEGENDES GEMACHT IN MEINEM LEBEN.«

Die Person seufzt. Ihnen kommt es so vor, als habe sie so etwas Ähnliches schon häufiger gesagt.

Antworten Sie selbst bitte jetzt in Gedanken spontan so, wie Sie der Person tatsächlich antworten würden, und schreiben Sie Ihre Antwort dann auf dieses Blatt!

Sachregister

Literatur

Abbotts, P. et al.: Implementing the 1988 Education Reform Act: A study of stress levels generated in teachers and headteachers of special schools. Maladjustment & Therapeutic Education, 9 (1) 16–27 (1991)

Abel, P.: Burnout in der Seelsorge. Matthias Grünewald, Stuttgart (1995)

Ackerley, G. D.; Burnell, H.; Holder, C. D.; Kurdek, L. A.: Burnout among licensed psychologists. In: Professional Psychology, Research and Practice, 19, (6), 624–631, 1988

Akademie für Jugendfragen: Kongreß Supervision – Referate und Unterlagen zum Kongreß »Supervision im Spannungsfeld zwischen Person und Institution« 20.–22. Sept. 1979 in Münster. Eigenverlag der Akademie für Jugendfragen, Münster, 1979

Allan, G. J. et al.: Doctoral students' comparative evaluations of best and worst psychotherapy supervision. In: Professional Psychology: Research and Practice, 17, (2), 91–99, 1986

Andriessen, H. C. I.; Miethner, R.: Praxis der Supervision. Beispiel: Pastorale Supervision. Fachbuchhandlung für Psychologie – Verlagsabteilung, Eschborn bei Frankfurt am Main, 1985

Anstötz, Ch.: Wie »ausgebrannt« sind Geistigbehindertenpädagogen wirklich? – Eine empirische Studie zum Thema Burnout. In: Behindertenpädagogik, 26, (1), 49–58, 1987

Anstötz, Ch.: Burnout bei Lehrern für Geistigbehinderte? – Eine Ergänzungsstudie zum Beitrag in BHP 26 (1987) 1 (Wie »ausgebrannt« sind Geistigbehindertenpädagogen wirklich?). In: Behindertenpädagogik, 26, (3), 286–289, 1987

Antons, K.: Praxis der Gruppendynamik. Hogrefe Verlag, Göttingen, 1994

Antons, K.: Heilungsprozesse. Therapeutisch bewirkte Veränderungen beim Suchtkranken im tiefenpsychologischen Licht. Unveröffentlichtes Manuskript. Lehrbrief No. 5 der Weiterbildung zum Sozialtherapeuten, 1982

Antons, K.: Helfen oder Lieben? Trennung und Scheidung in psychosozialen Berufen. Rowohlt Verlag, Reinbek, 1987

Apenburg, E.; Kuhn, K.: Berufliche Belastungen, soziale Unterstützung und Gesundheit. Wuppertaler Psychologische Berichte, Nr. 4, 1985

Arana, G. W.: The impaired physician: A medical and social dilemma. In: General Hospital Psychiatry, 4, (2), 147–153, 1982

Aronson, E.; Pines, A. M.; Kafry, D.: Ausgebrannt. Vom Überdruß zur Selbstentfaltung. Klett-Cotta Verlag, Stuttgart, 1983

Balsam, A.; Garber, N.: Characteristics of psychotherapy supervision. In: Journal of Medical Education, 45, (10), 789–797, 1970

Bang, R.: Hilfe zur Selbsthilfe für Klienten und Sozialarbeiter. Reinhardt, München, 1960

Bang, R.: Psychologische und methodische Grundlagen der Einzelhilfe (case-Work). Reinhard Verlag, München, 1968
Bargatz, Th.: Anti-Streß-Programm. Aktive Vorbeugungsmaßnahmen gegen Burnout-Syndrom und Streß. Copress, München (1995)
Barner, A. E.: Do teachers like to teach? Pointer, 27 (1), 5–7 (1982)
Barth, A.: Burnout bei Lehrern. Hogrefe, Göttingen 1992
Bartusis, M. A.: Spouses of women psychiatrists. Psychiatric Annals, 7, (4), 190–196, 1977
Bates, E.: Doctors and their spouses speak: Stress in medical practice. In: Sociology of Health & Illness, 4, (1), 25–39, 1982
Beck, C. L. et al.: Burnout in teachers of retarded and nonretarded children. Journal of Educational Research, 76 (3), 169–173 (1983)
Beese, F.: Zusammenarbeit zwischen Ärzten und Psychologen in der Psychotherapie. In: Psychotherapie, Psychosomatik, Med. Psychologie, 31 (6), 192–194, 1981
Bensky, J. M. et al.: Public Law 94–142 and stress: A problem for educators. Exceptional Children, 47 (1), 24–29 (1980)
Bernhard, P.: Spaltungsprozesse in der institutionellen Zusammenarbeit eines psychotherapeutischen Teams. In: Praxis der Psychotherapie und Psychosomatik, 29, (6), 282–289, 1984
Beste, E.: Formen informeller und institutioneller Beratung und Begleitung in Ausbildung und Beruf des Gehörlosenlehrers. Schriftliche Hausarbeit im Rahmen der Ersten Staatsprüfung für das Lehramt an Sonderschulen, Universität Köln, Heilpädagogische Fakultät, 1988
Bettschardt, W.; Meng, H.; Stern, E.: Seelische Gesundheit. Erhaltung, Erziehung, Verantwortung. Arbeiten aus dem Aufgabenbereich der Psychohygiene. Huber Verlag, Bern, 1959
Birmingham, P. K.; Ward, R. J.: A high-risk suicide group: The anesthesiologist involved in litigation. In: American Journal of Psychiatry, 142, (10), 1225–1226, 1985
Bissell, B. H.; Feather, R. B.; Ryan, D. M.: Helping students survive institutionalized patients and burnout in staff in chronic psychiatric care facilities. In: Perspectives in Psychiatric Care, 22, (3), 108–114, 1984
Blösch, L.: Soziales Netzwerk / Soziale Unterstützung, Lebensbelastung und Befindlichkeit. Eine Standortbestimmung aus psychologischer Sicht. In: Zeitschrift für Klinische Psychologie, 16, (4), 311–320, 1987
Bloom, R. B.: The effects of disturbed adolescents on their teachers. Behavioral Disorders, 8 (3), 209–216 (198)
Boenner, K. H.; Walenzik, M.: Die Pulsfrequenz als physiologischer Parameter der Belastung von Lehrern durch den Unterricht in einer Sonderschule für Lernbehinderte. Eine Erkundungsstudie. In: Heilpädagogische Forschung, 9, (3), 375–385, 1982
Boice, R.; Hertli, P.: Do psychologists practice what they teach? In: Teaching of Psychology, 9, (2), 86–88, 1982

Boice, R.; Meyers, P. E.: Which setting is healthier and happier, academy or private practice? In Professional Psychology: Research & Practice, 18, (5), 526–529, 1987
Borg, M. G.: Occupational stress in British educational settings: A review. Educational Psychology, 10 (2), 103–126 (1990)
Boy, A. V.; Pine, G. J.: Avoiding counselor burnout through role renewal. In: Personnel & Guidance Journal, 59, (3), 161–163, 1980
Bradfield, R. H. et al.: Recipe for burnout: The special education teachers' diet. Academic Therapy, 19 (4), 499–504 (1984)
Bradfield, R. H. et al.: Special teacher stress: Its product and prevention. Academic Therapy, 21 (1), 91–97 (1985)
Bradfield, R. H. et al.: Stress and the special teacher: How bad is it? Academic Therapy, 20 (5), 571–577 (1985)
Brandau, H. (Hrsg.): Supervision aus systemischer Sicht. Otto Müller Verlag, Salzburg, 1991
Brenner, S. O.; Sorbom, D.; Wallius, E.: The stress chain: A longitudinal confirmatory study of teacher stress, coping and social support. In: Journal of Occupational Psychology, 58, (1), 1–13, 1985
Bressler, B.: Suicide and drug abuse in the medical community. In: Suicide: A Quarterly Journal of Life Threatening Beh., 6, (3), 169–178, 1976
Bronsberg, B.; Vestlund, N.: Ausgebrannt. Die egoistische Aufopferung, Verlag, München, 1988
Brunner, E. J.; Bruhn, D.; Klaus, W.: Unterscheidet sich das Persönlichkeitsbild des Sozialarbeiters von dem des Durchschnittsbürgers? Ergebnisse einer empirischen Untersuchung. In: Archiv für Wissenschaft und Praxis in der sozialen Arbeit, 10, (4), 288–291, 1979
Buber-Neumann, M.: Milena, Kafkas Freundin, Ullstein Verlag, Berlin, 1990
Buchka, M.; Hackenberg, J.: Das Burn-out-Syndrom bei Mitarbeitern der Behindertenhilfe. Ursachen – Formen – Hilfen. Verlag Modernes Leben, Dortmund, 1987
Burisch, M.: Das Burnout-Syndrom. Theorie der inneren Erschöpfung, Springer Verlag, Berlin, Heidelberg, 1989
Burke, R. J.; Shearer, J.; Deszca, E.: Correlates of burnout phases among police officers. In: Group & Organization Studies, 9, (4), 451–466, 1984
Caemmerer, D. von: Praxisberatung (Supervision). Ein Quellenband. Lambertus Verlag, Freiburg, 346 S., 1970
Carifio, M. S.; Hess, A. K.: Was kennzeichnet den »idealen« Supervisor? In: Report Psychologie, 13, (5/6), 18–27, 1988
Casement, H.: Vom Patienten lernen. Verlag Klett-Cotta, Stuttgart, 1989
Cherniss, C.: Staff Burnout. Job Stress in the Human Services. Beverly Hills, CA: Sage, 1980
Cherniss, C.: Stress, burnout and the special services provider. In: Special Services in the Schools, 2, (1), 45–61, 1985

Cherniss, C.: Observed supervisory behavior and teacher burnout in special education. Exceptional Children, 54 (5), 449–454 (1988)
Christensen, C. P.: Effects of cross-cultural training on helper response. In: Counselor Education & Supervision, 23, (4), 311–329, 1984
Christensen, O. C.; Goula, J. R.; Prosser, R. L.: The discouraged teacher and the nonproductive student. In: Elementary School Guidance & Counseling, 10, (4), 254–259, 1976
Clinebell, H. J.: Modelle beratender Seelsorge. Kaiser Verlag, München, Grünewald Verlag, Mainz, 1971
Conrad, G.; Pühl, H.: Team Supervision – Gruppenkonflikte erkennen und lösen. 3. Auflage. Marhold Verlag, Berlin, 1985
Constable, J. F.; Russell, D. W.: The effect of social support and the work environment upon burnout among nurses. In: Journal of Human Stress, 12, (1), 20–26, 1986
Cook, J. E. et al.: Stressors and remediation techniques for special educators. Exceptional Children, 49 (1), 54–59 (1982)
Corsini, R. J.: Handbuch der Psychotherapie, 2 Bände. Beltz Verlag, Weinheim, 1983
Couchon, W. D.; Bernard, J. M.: Effects of timing of supervision on supervisor and counselor performance. In: The Clinical Supervisor, 2, (3), 3–20, 1984
Crane, S. J.; Iwanicki, E. F.: Perceived role conflict, role ambiguity, and burnout among special education teachers. In: Remedial & Special Education, 7, (2), 24–31, 1986
Cronin-Stubbs, D.; Brophy, E. B.: Burnout: Can social support save the psych nurse? In: Journal of Psychosozial Nursing & Mental Health Services, 23, (7), 8–13, 1985
Csikszentmihalyi, M.: Das Flow-Erlebnis. Verlag Klett-Cotta, Stuttgart, 1987
Däumling, A. M.: Zur Problematik der Psychohygiene. Bericht 20. Kongreß der Deutschen Gesellschaft für Psychologie. Hogrefe Verlag, Göttingen, 88–102, 1957
Däumling, A. M.: Psychologische Leitbildtheorien. In: Psychologische Rundschau, 11, (2), 92–108, 1960
Däumling, A. M.; Fengler, J.; Nellessen, L.; Svensson, A.: Angewandte Gruppendynamik. Klett Verlag, Stuttgart, 1974
Davis-Sacks, M. L.; Jayaratne, S.; Chess, W. A.: A comparison of the effects of social support on the incidence of burnout. In: Social Work, 30, (3), 240–244, 1985
Dean, J. C.: The treatment facility as coalcoholic. In: International Journal of the Addictions, 17, (6), 1091–1098, 1982
De Frank, R. S.; Stroup, C. A.: Teacher stress and health: Examination of a model. In: Journal of Psychosomatic Research, 33, (1), 99–109, 1989
DePaepe, J. et al.: Burnout symptoms experienced among special physical

educators. A descriptive longitudinal study. Adapted Physical Activity Quarterly, 2 (3), 189–196 (1985)

Deissler, K. J.: Macht und Machtmißbrauch in der Rehabilitation Heroinsüchtiger. In: Soziale Arbeit, 31, (11), 486–492), 1982

Deutsch, C. J.: A survey of therapists' personel problems and treatment. In: Professional Psychology: Research and Practice, 16, (2), 305–315, 1985

Dinslage, A.: Zur Änderung therapierelevanter Überzeugungen durch berufliche Sozialisation. Ein Beispiel. In: Verhaltenstherapie und psychosoziale Praxis, 14, (1), 9–21, 1982

Dinslage, A.: Rollengenie oder Erwartungsopfer? Zur Situation von Mitarbeitern in therapeutischen Gemeinschaften. In: Gruppendynamik, 14, (2), 173–185, 1983

Dixon, B. et al.: Administrator's role in fostering the mental health of special services personnel. Exceptional Children, 47 (1), 30–36 (1980)

Dorst, B.: »Die Menschen belasten dich? Trag' sie nicht auf den Schultern, schließ' sie in dein Herz.« (H. Camara) – Über Narzißmus und Spiritualität des Helfens. Überarbeitete u. gekürzte Fassung eines Vortrags anl. der 30-Jahr-Feier der Düsseldorfer Telefonseelsorge. Vandenhoeck & Ruprecht Verlag, 1989

Drigalski, V. D.: Blumen auf Granit. Eine Irr- und Lehrfahrt durch die deutsche Psychoanalyse, Ullstein Verlag, Frankfurt, Berlin, Wien, 1979

Duxbury, M.; Armstrong, G. D.; Drew, D. J.; Henly, S. J.: Head nurse leadership style with staff nurse burnout and job satisfaction in neonatal intensive care units. In: Nursing Research, 33, (2), 97–101, 1984

Edding, C.: Verkaufte Gefühle. Balanceakt in der Trainerrolle. In: Gruppendynamik, 19, 339–349, 1988

Edelwich, et al.: Ausgebrannt. Otto Müller Verlag, Salzburg, 1980

Eichinger, J. et al.: Situational shifts in sex role orientation: Correlates of work satisfaction and burnout among women in special education. Sex Roles, 25 (7–8), 425–440 (1991)

Eichmann, K.; Meyer, I.: Kursbuch Psychotherapie. Weixler Verlag, München, 1985

Elsaesser, P. S.: »Wenn sie dir zu nahe kommen ...« Die seelische Ökonomie des Psychotherapeuten. Beltz Verlag, Weinheim, Basel, 1981

Emener, W. G.; Luck, R. S.; Gohs, F. X.: A theoretical investigation of the construct burnout. In: Journal of Rehabilitation Administration, 6 (4), 188–196, 1982

Enzmann, D.; Kleiber, D.: Helfer – Leiden. Asanger-Verlag, Heidelberg, 1989

Fahs Beck, D.: Counselor burnout in family service agencies. In: Social Casework, 68, (1), 3–15, 1987

Fairchild, T. N.: Obtaining consumer feedback as a means of evaluating

school psychology intern performance. In: Psychology in the Schools, 22, 419–428, 1985
Farber, B. A.: Clinical psychologists perception of psychotherapeutic work. In: Clinical Psychologist, 38, (1), 10–13, 1985
Farber, B. A.; Heifetz, L. J.: The process and dimensions of burnout in psychotherapists. In: Professional Psychology, 13, (2), 293–301, 1982
Fatzer, G.; Eck, C. D. (Hrsg.): Supervision und Beratung – Ein Handbuch. Ed. Humanist. Psychologie, Köln, 1990
Fengler, J.: Selbstkontrolle in Gruppen. Kohlhammer-Verlag, Stuttgart, 1980
Fengler, J.: Grenzen der Gruppendynamik. In: Bachmann, C. H. (Hrsg.), Kritik der Gruppendynamik. Grenzen und Möglichkeiten sozialen Lernens. Fischer Verlag, Frankfurt, 118–156, 1981
Fengler, J.: Supervision. In: Geistige Behinderung, 25, (4), 252–265, 1986.
Fengler, J.: Das Helfen und der Helfer – Besonderheiten im Bereich der Suchtkrankenhilfe. In: Deutsche Hauptstelle gegen die Suchtgefahren (Hrsg.). Mitarbeit in der Suchthilfe, Hoheneck Verlag, Hamm, 1988
Fengler, J.: Hörgeschädigte Menschen. Kohlhammer-Verlag, Stuttgart, 1990
Fengler, J.: Burnout und berufliche Deformation im Sozialarbeiterberuf. Theorie und Praxis der Sozialen Arbeit, 6, 202–211 (1993 a)
Fengler, J.: Funktionen, Rollen, Posen. Trainerstile im Wandel. In: Schwarz, G. et al. (Hg.) Gruppendynamik, Geschichte und Zukunft. WUV Universitäts-Verlag Wien, S. 95–104 (1993 b)
Fengler, J.: Burnout und berufliche Deformation im Sozialarbeiterberuf. Theorie und Praxis der sozialen Arbeit, 6, 202–211 (1993 c)
Fengler, J.; Jansen, G.: Heilpädagogische Psychologie. Kohlhammer Verlag, Stuttgart, 1994, 2. Auflage
Fengler, J.: Konkurrenz und Kooperation in Gruppe, Team und Partnerschaft. Pfeiffer, München (1996 a)
Fengler, J.: Belastende Faktoren psychotherapeutischer Arbeit mit geistig behinderten Menschen – zur Psychohygiene der Therapeutenperson. In: Lotz, W., Stahl, B., Irblich, D. (Hrsg.): Wege zur seelischen Gesundheit für Menschen mit geistiger Behinderung. Psychotherapie und Persönlichkeitsentwicklung. Huber, Bern, 112–140 (1996 b)
Fenton, N.: Gruppenberatung – Group Counseling. Selbstverlag der Deutschen Bewährungshilfe (e. V.), Bonn-Bad Godesberg, 1972
Finketscher, E.; Liebner, K.: Probleme bei der Behandlung und Begutachtung von Pädagogen aus psychotherapeutischer Sicht. In: Wissenschaftliche Zeitschrift der Martin-Luther-Universität Halle-Wittenberg – Mathematisch-Naturwissenschaftliche Reihe, 35, (2), 3–6, 1986
Fimian, M. J. et al.: Sources and manifestations of occupational stress as reported by full-time special education teachers. Exceptional Children, 49 (6), 540–543 (1983 a)

Fimian, M. J.: A comparison of occupational stress correlates as reported by teachers of mentally retarded and nonmentally retarded handicapped students. Education & Training of the Mentally Retarded, 18 (1), 62–68 (1983 b)

Fimian, M. J.: Organizational variables related to stress and burnout in community-based programs. In: Education and Treating in the Mentally Retarded, 19, (3), 201–209, 1984

Fimian, M. J.: The development of an instrument to measure occupational stress in teachers of exceptional students. Techniques, 1 (4), 270–285 (1985 a)

Fimian, M. J. et al.: Substance abuse and teacher stress. Journal of Drug Education, 15 (2), 139–155 (1985 b)

Fimian, M. J.: Social support, stress, and special education teachers: Improving the work situation. Pointer, 31 (1), 49–53 (1986 a)

Fimian, M. J.; Pierson, D.; Mc Hardy, R.: Occupational stress reported by teachers of learning disabled and nonlearning disabled handicapped students. In: Journal of Learning Disabilities, 19, (3), 154–158, 1986 b

Fimian, M. J.: Alternate-forms and alpha reliability of the Teacher Stress Inventory. Psychology in the Schools, 24 (3), 234–236 (1987 a)

Fimian, M. J. et al.: Stress, burnout, and role problems among teacher trainees and first-year teachers. Journal of Occupational Behaviour, 8 (2), 157–165 (1987 b)

Fimian, M. J. et al.: Occupational stress and receipt of professional counseling in special education. Perceptual & Motor Skills, 65 (3), 995–999 (1987 c)

Finlay-Jones, R.: Factors in the teaching environment associated with severe psychological distress among school teachers. In: Australian & New Zealand Journal of Psychiatry, 20, (3), 304–313, 1986

Flader, D.: Psychoanalyse als Gespräch. Suhrkamp Verlag, Frankfurt, 1982

Finlay-Jones, R.: Factors in the teaching environment associated with severe psychological distress among school teachers. Australian & New Zealand Journal of Psychiatry, 20 (3), 304–313 (1986)

Foxworth, M. D. et al.: Occupational stress and the teacher of gifted elemantary students: A preliminary. Roeper Review, 6 (2), 105–107 (1983)

Foxworth, M. D. et al.: The factorial validity of the Teacher Occupational Stress Factor Questionnaire for the teacher of the gifted. Educational & Psychological Measurement, 44 (2) 527–532 (1984)

Frank, R.; Vaitl, D.: Entwicklung eines mehrdimensionalen Fragebogens zur Erfassung von Supervisionsaspekten (FSPT). In: Diagnostica, 33, (1), 30–42, 1987

Freudenberger H. J.: Das Erschöpfungssyndrom von Mitarbeitern in alternativen Einrichtungen. In: Petzold, H.; Vormann, G. (Hrsg.), Therapeutische Wohngemeinschaften, Erfahrungen, Modelle, Supervision. Pfeiffer Verlag, München, 88–104, 1980

Freudenberger, H., North, G.: Burnout bei Frauen. Über das Gefühl des Ausgebrannt-Seins. Fischer, Frankfurt (1994)
Frey-Wehrlin, C. D.: Supervision – ein Konzept und sein Schatten. In: Analytische Psychologie, 13, (4), 238–249, 1982
Gaertner, A.: Supervision. In: Kreft, D., Mielenz I. (Hrsg.), Wörterbuch sozialer Arbeit. Beltz Verlag, Weinheim, 457–459, 1980
Garvey, M.; Tuason, V. B.: Physician marriages. In: Journal of Clinical Psychiatry, 40, (3), 129–131, 1979
Geldern, M. V.; Schenke, S.: Burnout bei Geistigbehinderten? Eine Befragung von pädagogischem Personal in Kindertagesstätten. Unveröffentlichte Diplomarbeit, Universität Köln, 1985
Gerspach, M.: Über das Tabu der Verletzlichkeit. Zur Betroffenheit bei der Arbeit mit schwierigen Kindern. Behindertenpädagogik, 25 (4), 410–423 (1986)
Getzel, G. S.; Salomon, R.: Group supervision: An organizational approach. In: Clinical Supervisor, 3, (1), 27–43, 1985
Gillespie, D. F.: Correlates for active and passive types of burnout. In: Journal of Social Service Research, 4, (2), 1–16, 1980/81
Gillespie, D. F.; Cohen, S. E.: Causes of worker burnout, In: Children & Youth Services Review, 2, 115–124, 1984
Ginsberg, M. R.; Weissberg, R. P.; Cowen, E. L.: The relationship between supervisors' satisfaction with supervision and client change. In: Journal of Community Psychology, 13, (4), 387–392, 1985
Goldberg, M.: Conjoint therapy of male physicians and their wives. In: Psychiatric Opinion, 12, (4), 19–23, 1975
Goldney, R. C. et al.: The psychiatrist's family: A comparative study. In: Australian & New Zealand Journal of Psychiatry, 13, (4), 341–347, 1979
Greben, S. E.: Dear Brutus: Dealing with unresponsiveness through supervision. In: Canadian Journal of Psychiatry, 30, 48–53, 1985
Green, H.: Ich hab' dir nie einen Rosengarten versprochen. Rowohlt Verlag, Reinbek, 1975
Green, R. C.; Carroll, G. J.; Buxton, W. D.: Drug addiction among physicians: The Virginia experience. In: Journal of the American Medical Association, 236, (12), 1372–1375, 1976
Greenbaum, M.: Resignations among professional mental health leaders: A study of a mild epidemic. In: Archives of general Psychiatry, 19, (3), 266–280, 1968
Greenglass, E. R.; Pantony, K. L.; Burke, R. J.: A gender-role perspective on role conflict, work stress and social support. Special issue: Work and family: Theory, research and applications. In: Journal of Social Behavior & Personality, 3, (4), 317–328, 1988
Greer, J. G. et al.: Learned helplessness: A piece of the burnout puzzle. Exceptional Children, 50 (6), 524–530 (1984)
Guggenbuehl-Craig, A.: Macht als Gefahr beim Helfer. Psychologische Praxis Bd. 45, Karger Verlag, Basel, 1983

Guy, J. D.; Liaboe, G. P.: Personal therapy for the experienced psychotherapist: A discussion of its usefulness and utilization. In: Clinical Psychologist, 39, (1), 20–23, 1986
Hambrecht, M.: Wenn Helfer zu Komplizen werden. In: Psychologie Heute, 3, 28–33, 1987
Harris, B. A.: Not enough is enough: The physician who is dependent on alcohol and other drugs. In: New York State Journal of Medicine, 86, (1), 2–3, 1986
Heckhausen, D.: Psychosoziale Belastung von Ärzten. Quintessenz (1995)
Heigl-Evers et al. (Hrsg.): Die Balintgruppe. Bd. 1–5, Springer Verlag, Berlin, 1988–1991
Hege, M.: Engagierter Dialog, KTB, Reinhardt Verlag, München, 1974
Hellman, I. D.; Morrison, T. I.; Abramowitz, S. I.: The stress of psychotherapeutic work: A replication and extension. In: Journal of Clinical Psychology, 42, (1), 197–205, 1986
Hendrickson, B.: Is »exhausted« an apt description of your present state of mind? You may be suffering from teacher burnout. But don't despair; you'r not alone, and there is a cure. In: Learning, Jan., 37–39, 1979
Henscheid, E.; Lierow, C.; Maletzke, E.; Poth, Ch.: Dummdeutsch. Ein satirisch polemisches Wörterbuch, Fischer Verlag, Frankfurt, 1985
Herink, R.: The Psychotherapy Handbook. New American Library, New York, 1980
Herrick, J.; Takagi, C. Y.; Coleman, R.; Morgan, L. J.: Social workers who left the profession: An exploratory study. In: Journal of Sociology & Social Welfare, 10, (1), 78–94, 1983
Hess, E. K.: Growth in supervision: Stages of supervisee and supervisor development. In: Clinical Supervisor, 4, (1/2), 51–67, 1986
Holiman, M.; Lauver, P. J.: Related Perspective: The counselor culture and client centered practice. In: Counselor Education & Supervision, 26, (3), 184–191, 1987
Holt, P.; Fine, M.; Tollefson, N.: Mediating stress: Survival of the hardy. In: Psychology in the Schools, 24, (1), 51–58, 1987
Hunter, K.; Jenkins, J. Q.; Hampton, L. A.: Burnout among Providers of emergency and health care. In: Crisis Intervention, 12, (4), 141–152, 1982
Huppertz, N.: Supervision. Analyse eines problematischen Kapitels der Sozialarbeit. Luchterhand Verlag, Darmstadt, 1975
Hutt, C. H. et al.: A phenomenological study of supervisees' positive and negative experiences in supervision. In: Psychotherapy: Theory, Research & Practice, 20, (1), 118–123, 1983
Izraeli, D. N.: Burning out in medicine: A comparison of husbands and wives in dual-career couples. Special issue: Work and family: Theory, research and applications. In: Journal of Social Behavior and Personality, 3, (4), 329–346, 1988

Jayaratne, S.; Chess, W. A.: Job satisfaction, burnout and turnover: A national study. In: Social Work 29, (5), 448–453, 1984
John, R.; Fallner, H.: Handlungsmodell Supervision. Beratung, theoretische Grundlegung und praktische Anwendung. Luis Schreder Verlag, Meyen, 1980
Johnson, A. B. et al.: Stress and teachers of the learning disabled, behavior disordered, and educable mentally retarded. Psychology in the Schools, 19 (4), 552–557 (1982)
Johnson, A. B. et al.: Frequency and intensity of professional burnout among teachers of the mildly handicapped. College Student Journal, 18 (3), 261–266 (1984)
Jahoda, M.: Ich habe die Welt nicht verändert. Lebenserinnerungen einer Pionierin der Sozialforschung. Hrsg. von Engler, St., und Hasenjürgen, B., Campus, Frankfurt (1997)
Jones, J. W.: Dishonesty, burnout and unauthorized work break extensions. In: Personality and Social Psychology Bulletin, 7, (3), 406–409, 1981
Jung, C. G.: Erinnerungen, Träume, Gedanken. Walter-Verlag, Olten, 1968
Jürgens, G.: Familientherapie in Deutschland. Eine Erhebung zur Ausbildung und Arbeit von praktizierenden Familientherapeuten. In: Arbeiten aus dem Fachbereich Psychologie, Nr. 54, Universität Hamburg, Sondersammelgebiet Psychologie an der Univ. Saarbrücken. 1982
Junkers, G.; Petermann, F.; Rönnecke, B.; Schmidtchen, S.: Anwendungsfelder der klinischen Psychologie und Psychotherapie in verschiedenen Lebensaltern. Deutsche Gesellschaft für Verhaltenstherapie (DGVT) und Gesellschaft für wissenschaftliche Gesprächspsychotherapie (GwG), 1982
Justice, B.; Gold, R. S.; Klein, J. B.: Life events and burnout. In: Journal of Psychology, 108, (2), 219–226, 1981
Kadushin, A.: Games people play in supervision. In: Social Work, 13, (3), 23–32, 1968
Kahill, S.: Relationship of burnout among professional psychologists to professional expectations and social support. In: Psychological Reports, 59, 1043–1051, 1986
Kaiser, R. B.: The way of the journal. In: Psychology Today, 3, 64–76, 1981
Kanfer, F. et al.: Selbstmanagement-Therapie. Springer, Berlin (1996)
Kaslow, F. W.; Schulman, N.: How to be sane and happy as a family therapist or the reciprocal impact of family therapy teaching and practice and therapists' personal lives and mental health. In: Journal of Psychotherapy & the Family, 3, (2), 79–96, 1987
Kelly, G. A.: Der Motivationsbegriff als irreführendes Konstrukt. In:

Thomae, H. (Hrsg.): Die Motivation menschlichen Handelns. Verlag Kiepenheuer & Witsch, Köln, 498–510, 1965
Kemper, J.: Alternde und ihre jüngeren Helfer. Ernst Reinhardt Verlag, München, 1990
Kennedy, E.: Handbuch der Lebensberatung, Styria Verlag, Köln, 1978
Kersting, H. J.: Kommunikationssystem Gruppensupervision. Aspekte eines Lern-Lehr-Verfahrens. Lambertus Verlag, Freiburg, 1975
Kersting, H. J.: Kommunikationssystem Supervision – Unterwegs zu einer konstruktivistischen Beratung) ibs, Aachen, 1991
Kersting, H. J.; Neumann-Wirsig, H. (Hrsg.): Konstruktion von Wirklichkeiten. ibs, Aachen, 1991
Kestnbaum, J. D.: Expectations for therapeutic growth: One factor in burnout. In: Social Casework, 65, (6), 374–377, 1984
Khan, J. A.; Cross, G. D.: Mental Health professional and client values: Similar or different? In: Australian Journal of Sex, Marriage & Family, 4, (2), 71–78, 1985
Kleiber, D.: Die Zukunft des Helfens. Neue Wege und Aufgaben psychosozialer Praxis. Beltz Verlag Weinheim, 1986
Kleiber, D.; Enzmann, D.: Burnout – Eine internationale Bibliographie. Hogrefe Verlag, Göttingen, 1990
Klitzung, W. v., Klitzung, K. v.: Psychische Belastung in der Krankenhaus-Pflege. Vandenhoeck und Ruprecht, Göttingen (1994)
Knapp, S.; VandeCreek, L.: Malpractice risks with suicidal patients. In: Psychotherapy: Theory, Research & Practice, 20, (3), 274–280, 1983
Koocher, G. P.: Pediatric cancer: Psychosocial problems and high cost of helping. In: Journal of Clinical Child Psychology, 9, (1), 2–5, 1980
Kraiker, A.; Kutschera, R.: Der alternativ Chauvi. Eichborn Verlag, Frankfurt, 1987
Krampen, G.: Comparison of values of psychotherapists, alcoholics, and nonclients. In: Zeitschrift für Klinische Psychologie & Psychotherapie, 27, (2), 146–150, 1979
Krell, H. L. et al.: Child abuse and worker training. In: Social Casework 64, (9), 532–538, 1983
Kremer, L.; Hofmann, J. E.: Teachers' professional identity and burnout. In: Research in Education, 34, 89–95, 1985
Künzel, R.; Schulte, D.: »Burn-out« und Praxisschock Klinischer Psychologen. In: Zeitschrift für Klinische Psychologie, 15, (4), 303–320, 1986
Kyriacou, C.; Pratt, J.: Teacher stress and psychoneurotic symptoms. In: Brit. Journal of Educational Psychology, 55, (1), 61–64, 1985
Lawrenson, G. M. et al.: A survey of classroom teachers of the emotionally disturbed: Attrition and burnout factors. Behavioral Disorders, 8 (1), 41–49 (1982)
Leake, G. J.; King, A. S.: Effect of counselor expectations on alcoholic recovery. In: Alcohol Health & Research World, 1, (3), 16–22, 1977

Lepine, R.: The therapist and his therapy. In: Sociologie et Societes, 17, (1), 157–161, 1985
Leppin, A.: Sozialer Rückhalt und Gesundheit. In: Newsletter, Klinische Psychologie, 2, (1), S. 10–13, 1990
Levine, M.: Method or Madness: On the alienation of the professional. In: Journal of Community Psychology, 10, (1), 3–14, 1982
Lewin, K.: Frontiers in Group Dynamics. In: Human Relations, 1, 5–41, 1947
Lievegoed, B. C.: Dem einundzwanzigsten Jahrhundert entgegen. Info Verlag, Frankfurt, 1988
Lippenmeier, N. (Hrsg.): Beiträge zur Supervision, Bd. 1–10, Selbstverlag der Gesamthochschule Kassel, 1982 ff.
London, P.: Behavior control. New American Library, New York, 1989
London, R.: The impact of the practice of hypnosis upon the therapist. In: Australian Journal of Clinical Hypnotherapy, 2, (1), 15–35, 1981
Lyans, R. G.: A moral theory of burnout: The evaluation of work. In: Loss, Grief & Care, 3, (1/2), 59–66, 1989
MacLennan, B. W.: Paraprofessionals as group psychotherapists. In: Group, 6, (1), 21–26, 1982
Maher, E. L.: Burnout and commitment: A theoretical alternative. In: Personnel & Guidance Journal, 61, (7), 390–393, 1983
Mahrer, A. R.: Experiental psychotherapists: A »prognostic test« and some speculations about their personalities. In: Psychotherapy: Theory, Research & Practice, 15, (4), 382–389, 1978
Malcolm, J.: Fragen an einen Psychoanalytiker. Zur Situation eines unmöglichen Berufs. Verlag Klett-Cotta, Stuttgart, 1983
Marks, F. et al.: The themes and consequences of consultations between a psychiatrist and a tutorial class teacher working with children from a deprived inner-city area. Child Care, Health & Development, 11 (2), 61–69 (1985)
Maslach, Ch.: Burnout – The cost of caring. Prentice Hall Press, New York, 1982
Maslach, C.; Jackson, S. E.: The role of sex and family variables in burnout. In: Sex Roles, 12, (7/8), 837–851, 1985
Maynard, E. D.: The intervener: Managing personal crisis. In: Emotional First Aid: A Journal of Crisis Intervention, 2, (3), 39–46, 1985
McIntyre, Th. C.: The effect of class size on perceptions of burnout by special education teachers. Mental Retardation and Learning Disability Bulletin, 11 (3), 142–145, 1983
McIntyre, Th. C.: The relationship between locus of control and teacher burnout. British Journal of Educational Psychology, 54 (2), 235–238, 1984
Mc Kamy, E. H.: Impact of psychotherapist's pregnancy on herself and her patients. In: Birth Psychology Bulletin, 5, (1), 9–22, 1984

Medway, F. J.; Forman, S. G.: Psychologists' and teachers' reactions to mental health and behavioral school consultation. In: Journal of School Psychology, 18, (4), 338–348, 1980
Meidinger, H., Enders, Ch.: Burnout-Seminare für Lehrer. Ausgebrannt und aufgebaut. Luchterhand, München (1997)
Meier, S. T.: Toward a theory of burnout. In: Human Relations, 36, (10), 899–910, 1983
Meyer, E. (Hrsg.): Burnout und Streß. Schneider Verlag, Hohengeren, 1991
Meyer, J. H.: Burnout: Developmental influences. In: Canadian Counselor, 16, (2), 67–73, 1982
Miller, A.: Das Drama des begabten Kindes. Suhrkamp Taschenbuchverlag, Frankfurt, 1979
Missel, P.: Burnout in der Suchthilfe. Verlag für Angewandte Psychologie, Göttingen (1995)
Mitransky, U.: Belastung von Erziehern. Qualitative und quantitative arbeitspsychologische Untersuchung der psychischen und physischen Belastung von Heimerziehern. Lang, Frankfurt, 1990
Moore, A. C.: Well-being and the woman psychiatrist. In: Journal of Psychiatric Treatment & Evaluation, 4, (5), 437–439, 1982
Moos, R. H. (Hrsg.): Coping with life crises. Plenum Press, New York, London, 1986
Moracco, J. C.; Mc Fadden, H.: The counselor's role in reducing teacher stress. In: Personnel & Guidance Journal, 60, (9), 549–552, 1982
Morgan, S. R.; Krehbiel, R.: The psychological condition of burned out teachers with a nonhumanistic orientation. In: Journal of Humanistic Education & Development, 24, (2), 59–67, 1985
Morgan, S. R.; Reinhart, J. A.: Training as a factor contributing to burnout in teachers of emotionally disturbed children. In: Education, 106, (2), 185–192, 1985
Morsink, C. V.: Changes in the role of special educators: Public perceptions and demands. Exceptional Education Quarterly, 2 (4), 15–25, 1982
Müller, H. Z.: Ausgebrannt. Wege aus der Burnout-Krise. Herder, Freiburg (1997)
Myers, M. F.: Overview: The female physician and her marriage. In: American Journal of Psychiatry, 14, (11), 1386–1391, 1984
Myles, B. S. et al.: Autism and stress: An individualized intervention plan for teachers. Focus on Autistic Behavior, 6 (3), 8–16, 1991
Nagy, S.; Davis, L. G.: Burnout: A comparative analysis of personality and environmental variables. In: Psychological Reports, 57, (3), 1319–1326, 1985
Nestmann, F.: Die alltäglichen Helfer. De Gruyter Verlag, Berlin, New York, 1988
Newman, A. S.: Ethical issues in the supervision of psychotherapy. In: Professional Psychology, 12, (6), 690–695, 1981

Niehoff, M. S.: Burnout and alcoholic counsellors. In: Counselling and Values, 29, (1), 67–69, 1984
Norcross, J. C.; Prochaska, J. O.: Psychotherapist heal thyself-I. The psychological distress and self-change of psychologists, counselors, and laypersons. In: Psychotherapy, 23, (1), 1986
Notman, M. T.: Suicide in female physicians. In: Psychiatric Opinion, 12 (4), 29–30, 1975
Olson, J. et al.: Causes of burnout in SLD teachers. Journal of Learning Disabilities, 15 (2), 97–99, 1982
Patrick, P. K.: Self-preservation: Confronting the issue of nurse impairment. In: Journal of Substance Abuse Treatment, 1, (2), 99–105, 1984
Pearson, M. M.: Drug and alcohol problems in physicians. In: Psychiatric Opinion, 12, (4), 14–18, 1975
Pettes, D. E.: Supervision in der Sozialarbeit. Lambertus Verlag, Freiburg, 1971
Pierson-Hubeny, D.; Archambault, F. X.: Role stress and perceived intensity of burnout among reading specialists. In: Reading World, 24, (4), 41–52, 1985
Pierson-Hubeny, D.; Archambault, F. X.: Role stress and perceived intensity of burnout among school psychologists. In: Psychology in the Schools, 24, (3), 244–253, 1987
Pinchoff, D. M.; Mirza, M.: The changing role of the state hospital director: Restructuring the top management team. In: Administration in Mental Health, 10, (2), 92–103, 1982
Pines, A.: Aronson, E.: Combatting burnout. In: Children & Youth Services, 5, (3), 263–275, 1983
Pines, A.; Kafry, D.: Occupational tedeum in the social services. In: Social Work, 23, (6), 499–507, 1978
Pines, A.; Maslach, Ch.: Characteristics of staff burnout in mental health settings. In: Hospital & Community Psychiatry, 29 (4), 233–237, 1978
Pitts, F. N.; Schuller, A. B.; Rich, C. L.; Pitts, A. F.: Suicide among U.S. women physicians, 1967–1972. In: American Journal of Psychiatry, 136 (5), 694–696, 1979
Plessen, U.; Kaatz, S.: Supervision in Beratung und Therapie. Otto Müller Verlag, Salzburg, 1985
Poth, Ch.: Mein progressiver Alltag, Rowohlt Verlag, Reinbek, 1975
Poth, Ch.: Unser täglich Frust. Rowohlt Verlag Reinbek, 1978
Potter, B. A.: Job burnout and the helping professional. In: Clinical Gerontologist, 2, (2), 63–65, 1983
Price, D. M.; Murphy, P. A.: Staff burnout in the perspective of grief theory. In: Death Education, 8, (1), 47–58, 1984
Protter, B.; Travin, S.: The significance of countertransference and related issues in a multiservice court clinic. In: Bulletin of the American Academy of Psychiatry & the Law, 11, (3), 223–230, 1983

Przytulla, H.: Supervision – eine problematische Methode, Probleme am Arbeitsplatz zu lösen. In: Frühförderung interdisziplinär, 4, (4), 151–156, 1985
Pühl, H. et al.: Supervision und Psychoanalyse. Kösel Verlag, München, 1986
Pullis, M. E.: Stress as a way of life: Special challenges for the LD resource teacher. Topics in Learning Disabilities, 3 (2), 24–36, 1983
Quattrochi-Tubin, S. et al.: The burnout syndrom in geriatric counsellor and service workers. In: Activities, Adaption & Aging, 3, (1), 65–76, 1982
Quinn, W. H.: The stuck-case clinic as a group supervision model. In: Journal of Marital & Family Therapy, 11, (1), 67–73, 1985
Rafferty, J. P. et al.: Validity of the Maslach Burnout Inventory for family practice physicians. In: Journal of Clinical Psychology, 42, (3), 488–492, 1986
Rappe-Giesecke, K.: Theorie und Praxis der Gruppen- und Teamsupervision. Springer Verlag, Berlin, 1990
Raquepaw, J. M.; Miller, R. S.: Psychotherapist Burnout: A Componential Analysis. In: Professional Psychology, Research and Practice, 20, (1), 32–36, 1989
Rauchfleisch, U.: Psychologische Probleme der »helfenden« Berufe. In: Wege zum Menschen, 35, (2/3), 77–82, 1983
Reich, G.: Der Einfluß der Herkunftsfamilie auf die Tätigkeit von Therapeuten und Beratern. In: Praxis der Kinderpsychologie & Kinderpsychiatrie, 33, (2), 61–69, 1984
Reimer, Ch.; Doenges, S.: Arzt und Suizid. In: Psychiatrica Fennica, 69–74, 1981
Reimer, Ch.; Freisfeld, A.: Einstellungen und emotionale Reaktionen von Ärzten gegenüber Alkoholikern. In: Therapiewoche, 34, (22), 3514–3520, 1984
Rich, Ch. L.; Pitts, F. N.: Suicide by male Physicians during a five-year period. In: American Journal of Psychiatry, 136, (8), 1089–1090, 1979
Rich, Ch. L.; Pitts, F. N.: Suicide by psychiatrists: A study of medical specialists among 18. 730 consecutive physician deaths during a five-year period, 1967–72. In: Journal of Clinical Psychiatry, 41 (8), 261–263, 1980
Richtberg, W.: Lernen in der Supervision. In: Archiv für Wissensch. & Praxis in der soz. Arbeit, 8, (4), 278–285, 1977
Richter, H. E.: Die Gruppe. Rowohlt Verlag, Reinbek, 1972
Riemann, F.: Grundformen helfender Partnerschaft. Pfeiffer Verlag, München, 1979
Riggar, T. F. et al.: Burnout and job satisfaction in rehabilitation administrators and direct service providers. In: Rehabilitation Counseling Bulletin, 27, (3), 151–160, 1984

Riggar, T. F. et al.: Rehabilitation personnel burnout: Organizational cures. In: Journal of Rehabilitation Administration, 8, (3), 94–104, 1984
Riley, A. W.; Frederiksen, L. W.: Organisational behavior management in human service settings: Problems and prospects: In: Journal of Organizational Behavior Management, 5, (3/4), 3–16, 1983
Robertiello, R. C.: The occupational disease of psychotherapists. In: Journal of contemporary Psychotherapy, 9, (2), 123–129, 1978
Rochefort, Ch.: Das Ruhekissen. Suhrkamp Verlag, Frankfurt, 1977
Rogers, K. R.: Die nichtdirektive Beratung. Kindler Verlag, München, 1972
Rogers, C. R.: Partnerschule, Kindler Verlag, München, 1975
Roller, B.: The group therapist: Stages of professional and personal development. In: SmallGroup Behavior, 15, (2), 265–269, 1984
Roth, J. K.: Hilfe für Helfer: Balint-Gruppen. Konflikte im Beruf verstehen lernen und wirksam helfen können. Piper Verlag, München, 1984
Roy, A.: Suicide in doctors. In: Psychiatric Clinics of North America, 8, (2), 377–387, 1985
Rubington E.: Staff burnout in a detox center: An exploratory study. In: Alcoholism Treatment Quarterly, 1, (2), 61–71, 1984
Rüger, U.; Blomert, A. F.; Förster, W.: Coping. Theoretische Konzepte, Forschungsansätze, Meßinstrumente zur Krankheitsbewältigung. Vandenhoeck & Ruprecht, Göttingen, 1990
Russel, D. W.; Altmeier, E.; Van Velzen, D.: Job-related stress, social support, and burnout among classroom teachers. In: Journal of Applied Psychology, 72, (2), 269–274, 1987
Ruthe, K.: Wenn Erfolg zur Droge wird. Strategien gegen Streß, Arbeitssucht und Burnout. Brendow, München (1995)
Saß et al.: DSM IV. Hogrefe, Göttingen (1996)
Schall, T.: Erschöpft, müde, ausgebrannt. Echter, Stuttgart (1993)
Schloss, P. J. et al.: Stress reduction for professionals working with aggressive adolescents. Exceptional Children, 49 (4), 349–354, 1983
Schmidbauer, W.: Ausgebrannt? Helfer-Syndrom und Burnout in den helfenden Berufen. In: Unsere Jugend, 34, (4), 165–169, 1982
Schmidbauer, W.: Helfen als Beruf. Die Ware Nächstenliebe. Rowohlt Verlag, Reinbek, 1983
Schmidbauer, W.: Alles oder Nichts. Über die Destruktivität von Idealen. Rowohlt Verlag, Reinbek, 1983
Schmidbauer, W.: Die hilflosen Helfer. Rowohlt Verlag, Reinbek, 1985
Schmidbauer, W.: Die Angst vor Nähe. Rowohlt Verlag, Reinbek, 1986
Schmidt, R.: Die Kosten der Einfühlung. Zur psychischen Belastung der Psychotherapeuten in der Psychotherapie. In: Individualpsychologie, 11, 231–240, 1986
Schulz von Thun, F.: Miteinander reden lernen. Störungen und Klärungen. Psychologie der zwischenmenschlichen Kommunikation. Rowohlt Verlag, Reinbek, 1981

Scobel, W. A.: Was ist Supervision? Verlag für Medizinische Psychologie, 1989
Seifert, R.: Die Begleitung lebensbedrohlich erkrankter Schüler. Eine Herausforderung für den Sonderpädagogen an der Schule für Körperbehinderte. Zeitschrift für Heilpädagogik, 42 (8), 503–513, 1991
Settin, J. M.; Bramel, D.: Interaction of client class and gender in biasing clinical judgment. In: American Journal of Orthopsychiatry, 51, (3), 510–520, 1981
Shin, M. et al.: Coping with job stress and burnout in the human services. In: Journal of Personality & Social Psychology, 46, (4), 864–876, 1984
Sidle, A.; Moos, R.; Adams, J.; Cady, P.: Development of a coping Scale. Arch. Gen. Psychiatry, 28, 70–77, 1973
Simon, F. B.; Albert, B.; Klein, Ch.: Organisationsstruktur und therapeutische Strategie. Kommunikationstherapie in der Institution. In: Gruppenpsychotherapie, Gruppendynamik, 17, 19–36, 1981
Simon, W.: Suicide among physicians: Prevention and postvention. In: Crisis, 7 (1), 1–13, 1986
Simmonds, J.: »Crossing the boundary« from student to qualified social worker. In: Journal of Social Work Practice, 1, (2), 3–12, 1984
Siegers, F. M. J.: Praxisberatung in der Diskussion – Formen, Ziele, Einsatzfelder. Lambertus Verlag, Freiburg, 1974
Smaby, M. H.; Tamminen, A. W.: Helping while learning: A skilled group helper training program. In: Journal of Specialists in Group Work, 8, 159–168, 1983
Smith, R.: Rehabilitation personnel burnout: Organizational cures. In: Journal of Rehabilitation Administration, 8, (3), 104, 1984
Snider, P. D.: The duty to warn: A potential issue of litigation for the counseling supervisor. In: Counselor Education & Supervision, 25, (1), 66–73, 1985
Solly, D. C.; Hohenshil, T. H.: Job satisfaction of school psychologists in a primarily rural state. In: School Psychology Review, 15, (1), 119–126, 1986
Sommer, G.; Fydrich, T.: Soziale Unterstützung und Sozu-B. DGVT (Hrsg.): Materialien, Nr. 22, 1989
Stierlin, H.: Das erste Familiengespräch. Verlag Klett-Cotta, Stuttgart, 1977
Stout, J. K.; Williams, J. M.: Comparison of two measures of burnout. In: Psychological Reports, 53, (1), 283–289, 1983
Strassmeier, W.: Untersuchungen zum Phänomen des ›Ausbrennens‹ bei Mitarbeitern an Schulen für Geistigbehinderte. Zeitschrift für Heilpädagogik, 43 (10), 649–655, 1992
Strömbach, R.; Fricke, P.; Koch, H. B.: Supervision. Protokolle eines Lernprozesses. Burckardt-Haus Verlag, Gelnhausen–Berlin, 1975
Strotzka, H.: Entwicklungen helfender Berufe. In: Kleiber, D.; Rommels-

pacher, B. (Hrsg.), Die Zukunft des Helfens. Neue Wege und Aufgaben psychosozialer Praxis. Verlagsunion Beltz, Weinheim, 89–102, 1986
Suran, B. G.; Sheridan, E. P.: Management of burnout: Training psychologists in professional lifespan perspectives. In: Professional Psychology; Research & Practice, 16, (6), 741–752, 1985
Sutton, G. W. et al.: An evaluation of teacher stress and job satisfaction. Education, 105 (2), 189–192, 1984
Swensen, C.: Commitment and the personality of the successful therapist. In: Psychotherapy: Theory, Research & Practice, 8, (1), 311–36, 1971
Szefel, A.: Hospitalizacja psychiatryczna lekarzy i innych osob wyzszym wyksztalceniem. Psychiatria Polska, 16 (5–6), 383–388, 1982
Taylor, L. et al.: Reducing stress – related burnout through a network support system. Pointer, 27 (4), 5–9, 1983
Thompson, D.; Arora, C.: Do you have those mid-career blues? In: Association of Educational Psychologists Journal, 6, (2), 7–11, 1983
Thompson, J. W.: Burnout in group home houseparents. In: American Journal of Psychiatry, 137, (6), 710–714, 1980
Tremblay, J. M.; Herron, W. G.; Schultz, C. L.: Relation between therapeutic orientation and personality in psychotherapists. In: Professional Psychology: Research & Practice, 17, (2), 106–110, 1986
Ullrich, A.: Krebsstation – Belastungen der Helfer. Verlag Peter Jany, Frankfurt, 1989
Vaillant, G. E.; Sobowale, N. C.; McArthur, C.: Some psychologic vulnerabilities of physicians. In: New England Journal of Medicine, 287 (8), 372–375, 1972
Varghese, R.; Vassil T.: Supervision in social work: A three dimensional perspective. In: Journal of Applied Social Sciences, 9, (2), 187–202, 1985
Veninga, R. L.: Burnout and Personality. In: Clinical Gerontologist, 2, (2), 61–63, 1983
Vincent, M. O.: Doctor and Mrs.: Their mental health. In: Canadian Psychiatric Association Journal, 15 (5), 509–515, 1969
Vollmer, H.: Das Burnout-Syndrom. Überreuther, Stuttgart (1996)
Wallius, E.: Work, health and well-being for teachers in Swedish comprehensive schools: X. Teacher stress: Theory and research. In: Stressforskningsrapporter (Stress Research Reports), 161, S. 39, 1982
Wallston, K. et al.: The helper-therapy principle applied to weight management specialists. In: Journal of Community Psychology, 11, (1), 58–66, 1983
Walton, D. E.: An exploratory study: Personality factors and theoretical orientations of therapists. In: Psychotherapy: Theory, Research and Practice, 15, (4), 390–395, 1978

Watkins, C. E.: Burnout in counseling practice: Some potential professional and personal hazards of becoming a counselor. In: Personnel & Guidance Journal, 61, (5), 304–305, 1983
Watmough, M.: Psychologists under stress. In: Association of Educational Psychologists Journal, 6, (2), 3–7, 1983
Watzlawick, P.: Wie wirklich ist die Wirklichkeit? Huber Verlag, Bern, 1980
Watzlawick, P.: Anleitung zum Unglücklichsein. Piper Verlag, München, 1983
Watzlawick, P.: Das Schlechte des Guten. Piper Verlag, München, 1986
Weaver, J. D.: Work-Related stressors and means of coping among crisis intervention workers and their spouses. In: Emotional First Aid: A Journal of Crisis Intervention, 1 (4), 14–24, 1984
Weinbach, R. W.: Implementing change: Insights and strategies for the supervisor. In: Social Work, 29. (3), 282–286, 1984
Weinberg, S. et al.: Burnout among the employees of state residential facilities serving developmentally disabled persons. In: Children & Youth Services Review, 5, (3), 239–253, 1983
Weiskopf, P. E.: Burnout among teachers of exceptional children. Exceptional Children, 47 (1), 18–23, 1980
White, B. P. et al.: ›It'll be a challenge?‹: Managing emotional stress in teaching disabled children. Young Children, 41 (2), 44–48, 1986
Whitehead, J. T.: Probation officer job burnout: A test of two theories. In: Journal of criminal Justice, 15, (1), 1–16, 1987
Willi, J.: Co-Evolution. Rowohlt Verlag, Reinbek, 1985
Wolfgang, S. L.: Physicians who commit suicide. A stacked deck. In: Psychiatric Opinion, 12 (4), 24–29, 1975
Wright, L.: Evan Coppersmith: Supervision of supervision: how to be »meta« to a metaposition. In: Journal of Strategic & Systemic Therapy, 2, (2), 40–50, 1983
Yalom, J. D.: Theorie und Praxis der Gruppenpsychotherapie. Ein Lehrbuch. Pfeiffer Verlag, München, 1989
Zabel, R. H., Zabel, M. K.: Factors in burnout among teachers of exceptional children. Exceptional Children, 49 (3), 261–263, 1982
Zabel, M. K. et al.: Factors of emotional exhaustion, depersonalization, and sense of accomplishment among teachers of the gifted. Gifted Child Quarterly, 28 (2), 65–69, 1984 a
Zabel, R. H. et al.: A model of stress and burnout among teachers of behaviorally disordered students. Behavioral Disorders, 9 (3), 215–221, 1984 b
Zastrow, Ch.: Understanding and preventing burnout. In: British Journal of Social Work, 14, (2), 141–155, 1984
Zedeck, S.; Maslach, Ch.; Mosier, K.; Skitka, L.: Affective response to work and quality of family life: Employee and spouse perspectives. Special

issue: Work and Family: Theory research, and applications. In: Journal of Social Behavior & Personality, 3, (4), 135–157, 1988
Zucker, P. J.; Worthington, E. L.: Supervision on interns and postdoctoral applicants for licensure in University Counseling Centers. In: Journal of Counseling Psychology, 33, (1), 87–89, 1986